사회는 갈등을 만들고 갈등은 사회를 만든다

인문사회과학총서 77

사회는 갈등을 만들고 갈등은 사회를 만든다

한국사회의 갈등 지형과 연대적 공존의 모색

박길성

KOREA
UNIVERSITY
PRESS
고려대학교
출판문화원

이 책은 고려대학교출판부가 조성한
인문사회과학출판기금으로 만들어졌습니다.

차례

제III부 한국사회의 갈등 해법

제7장 공동가치의 탐색

제8장 연대적 공존의 모색

제1장 총론

모든 경계에는 꽃이 핀다

1. 비지배적 상호의존

'모든 경계에는 꽃이 핀다.' 시인 함민복의 시, 〈꽃〉의 첫 줄이다(함민복, 1996). 만물의 태동을 이 시구만큼 격하게 아우르는 표현이 어디 있을까 싶다. 한 줄의 극서정적인 표현이 극현실적인 오늘의 한국사회가 나아가야 할 혜안을 보여 준다.

세상의 큰일은 경계와 경계가 만나 만들어진다. 이념을 기준으로 표현하면 보수와 진보의 합작에서 나온다. 독일의 통일이 대표적인 사례이다. 통일은 오랜 세월 경계와 대립과 화해가 만들어 낸 작품이다. 공존은 진보가 만들어 냈고, 통일은 보수가 만들어 냈다. 전자의 대명사가 빌리 브란트이고, 후자의 대명사가 헬무트 콜이다. 물꼬는 진보가 트고, 마무리는 보수가 한 셈이다. 이 대목에서 어느 쪽의 공이 더 크냐의 질문은 무의미하다. 한국의 통일도 이와 크게 다르지 않을 것으로 생각한다. 누가 시작을 했고 누가 마무리를 했느냐가 중요한 것이 아니다. 짧은 호흡으로 보면 적대적이고 배타적인 듯이 보이지만, 긴 호흡으로 보면 진보와 보수의 비지배적 상호의존의 협업이 통일을 만들어 낸 것이다.

오늘의 한국사회는 경계와 경계가 만나 꽃을 피우는 이치에서 많이 벗어나 있다. 이를테면 한국사회 갈등의 중심으로 간주되곤 하는 보수와 진보는 더욱 그러하다. 보수와 진보의 근간을 역사적 경험에서 정리해 보면, 보수란 도덕, 교양, 능력, 양보로 살아야 하며, 진보란 결기, 비판, 우애, 동료애로 살아야 하는 것이 아닌가 싶다. '보수다워야 한다'는 것은 도덕과 교양으로 절차를 중시하며 살아가야 한다는 뜻이며, '진보다워야 한다'는 것은 결기와 우애로 변화를 중시하며 살아가야 한다는 뜻이기도 하다. 시대에 따라 지배 세력에 따라 부각되는 가치가 있는가 하면, 침잠하는 가치가 있기 마련이다. 가치로서의 보수와 진보는 그 누구도 부정할 수 없다. 경계의 이쪽과 저쪽 혹은 안과 밖은 인간이 함께 더불어 살기 좋은 세상을 어떻게 만들 것인가를 놓고 추구하는 사회 가치의 우선순위와 방법론의 차이일 뿐이다.

이를테면 보수가 강조하는 자유, 성장, 경쟁, 효율, 진보가 강조하는 평등, 분배, 복지, 형평은 어느 한쪽이 절대선일 수 없다. 보수적 가치와 진보적 가치는 이분법적 대립의 실체가 아니다. 다만 우선순위가 다를 뿐이다. 다시 말해 시대 상황과 그 안에서 요청되는 사회적 목표를 어떻게 설정하느냐에 따라 효율이냐 형평이냐 혹은 개인의 책임이냐 사회의 책임이냐 또는 수월성이냐 평준화냐로 우선순위의 방점이 달리 나타난다. 시대 상황에 따라 그것들은 서로 넘나들 수 있다. 중요한 것은 자유와 평등, 성장과 분배, 효율과 형평은 대립적일 수는 있으나 배타적일 수는 없다는 것이다. 비지배적 상호의존의 관계로 묶여 있기 때문이다.

자유민주주의자들은 '계급'을 배타의 대상이 아니라 매력적인 담론으로 인식하여야 한다. 이들은 평등을 논의의 한가운데로 끌어들여야 한다. 그래야 공정이 확보된다. 그런가 하면 사회민주주의자들은 '개인'이나 '책임'을 매력적인 담론으로 인식하여야 한다. 개인의 책임을 논의의 한가운데로 끌어들이면 주장은 훨씬 더 풍부해진다. 그래야 공생이 확보된다. 보수가 진보의 가치를 주목하면 더 윤택해지고, 진보가 보수의 가치를 주목하면 더 유연해진다. 보수가 수구가 되지 않기 위해서는, 진보가 독단이 되지 않기 위해서는 상대의 존재적 가치를 겸허한 존경으로 받아들여야 한다.

보수와 진보는 서로 상대방이 기여한 몫을 정당하게 인식하며, 상호의존 관계를 통해 역사의 중요한 장이 열린다는 점을 인정해야 한다. 그래야 삶이 제대로 영근다. 이 점은 비단 이념적 단절에만 적용되는 것이 아니다. 시간적 단절(과거-현재), 세대적 단절(구세대-신세대), 계급적 단절, 지역적 단절, 문화적 단절 등 다양한 형태의 단절을 경험하고 토해 내는 한국사회가 풀어 내야 할 첫 과제이다.

⋮

2. 민주주의는 타협이고 절충이다

'통하면 아프지 않다'(通卽不痛)고 할 때의 통(通)은 단순한 소통이 아니라 타협과 절충을 의미한다. 민주주의는 타협이고 절충이다. 형식적·절차적 민주주의를 넘어 실질적 민주주의로의 이행의 핵심은 타협과 절충을 어떻게 제도화하느냐에 달려 있다. 이 대목에서 한국은 여전히 민주주의의 성숙 단계에 훨씬 못 미친다. 선진국의 조건으로 여겨지는 복지국가와 정당정치는 모두 타협과 절충의 산물이다. 어느 한 쪽의 일방적 주장으로 만들어진 것이 결코 아니다.

타협과 절충을 정치의 구성적 요건으로 설정하는 것은 극히 정치현실론적인 입장이며, 도구적 가치론으로 읽힐 수 있다. 그러나 타협과 절충의 철학이 정치철학적인 원칙과 진리를 희생시켜서는 안 된다는 정치본질론적인 주장을 부정하는 것이 아님을 지적해 둘 필요가 있다. 동의할 수 있는 최소조건의 탐색이 갈등을 풀어 내는 해법이기 때문이다.

갈등은 소멸되거나 분쇄되는 것이 아니라 관리되거나 조정되는 것이다. 조정이란 적절한 선에서 타협을 만들어 낸다는 의미이다. 서양에서 타협 혹은 절충(compromise)은 사회적으로 높게 평가되는 긍정적 규범이자 덕목이다. 이들 사회는 갈등적일 수밖에 없는 사회관계에 있어 타협이나 절충을 바탕으로 문제 해결의 가능성을 숙지하고 있는 것이다. 타협이나 절충을 빼고 문제를 민주적으로 합리적으로 해결할 수 있는 방안이 없기 때문이다. 그러나 한국사회에서 타협 혹은 절충의 의미는 그리 긍정적이지 않다. 타협이나 절충은 야합 혹은 사이비 등과 같이 매우 부정적인 행동이나 처신으로 여겨진다. 타협하고 절충한다는 것은 무언가 석연치 못하고 떳떳하지 못한 쪽이 제안하는 방편으로 여겨지곤 한다. 이런 점에서 한국사회는 갈등 문제를 풀어 나가는 데 원천적인 한계를 안고 있는지도 모른다. 절충의 공간이 매우 협소하거나 때로는 아예 존재하지 않기 때문이다. 역사적으로 보더라도 우리 사회는 갈등을 관리하거나 제도화를 가능하게 하는 절충(折衷), 타협(妥協), 조정(調停), 조제(調劑), 거중(居中)의 규범과 공간이 부재하거나 매우 협소했다.

정치는 타협이다. 민주주의에는 반드시 반대 진영이 있기 마련이다. 반대 진영을 만들어 내는 것이 민주주의이다. 따라서 상대편과의 타협 없는 민주주의는 불가능하다. 현실정치에서 원하는 모든 것을 얻을 수는 없다는 것은 상식이다. 건강한 사회의 구현은 이러한 상식을 어떻게 실천하느냐에 달려 있다. 분명한 점은 일도양단의 이분법이 세상을 재단하고 편을 가르는 데는 유용할 수는 있겠지만 세상을 설명하고 만들어 내는 데는 한계가 있다는 것이다.

한국사회는 거친 일도양단의 이분법 경계 짓기에서 좀처럼 벗어나지 못하고 있다. 이분법이 일상화되어 있다. 보수와 진보, 성장과 분배, 효율과 형평, 경쟁과 복지, 집단과 개인, 공공과 민간, 한결같이 이분법적인 대척으로 배열되어 있다. 이분법적인 대립은 지배와 독점을 향한 진영의 논리로 이어지고 선과 악, 옳고 그름의 배타적 구획으로

⋮

전개된다. 이분법은 균형과 조화를 놓치기 십상이고, 소통의 단절로 이어진다. 이분법적인 편 가름은 척박한 한국 정치 공간과 맞물려 더 선명하게 드러난다. 균형을 잃는 일이 다반사이며, 소통의 통로는 막히고 편 가름과 쏠림은 더 심해진다. 말은 거칠어지고, 글은 점점 더 자극적으로 흘러간다. 갈등은 걷잡을 수 없이 증폭한다.

사회는 갈등을 통하여 변화하고 정치에 의해 관리된다. 한국사회는 갈등은 있으나 정치는 없는 사회이다. 오늘날 한국사회에서 나타나는 기이한 현상의 하나는 모두가 정치를 갈망하지만 정작 정치를 하려 들지 않는다는 점이다. 정치란 타협하고 협상하고 절충하는 기술이다. 그 이상도 그 이하도 아니다. 정당정치란 복잡하고 첨예하게 얽혀 있는 사회 현안을 정당이 타협과 협상과 절충의 주체가 되어 풀어 가는 것이다. 민주화를 달성하였지만 사회운영의 질서는 여전히 민주화 이전의 권위주의적 질서와 크게 다르지 않다고 하는 것은 타협과 절충의 정치가 정착하지 못하고 있기 때문이다. 한국 정치가 실종된 원인이다. 결국 한국사회에서 정치란 갈등을 부추기는 역할만을 하고 만다. 한국 정치가 낙후되었다고 지적할 때 그 의미는 무엇보다 타협과 절충의 공간이 매우 협소함을 의미한다. 타협하고 절충하는 것이 정치이다. 안타깝게도 한국사회에서 타협과 절충은 협잡(挾雜)의 다른 이름으로 간주된다. 다른 의견, 다른 세력과 대화하고 타협하고 설득하고 의미 있는 일을 만들어 내는 것이 정치이다. 정치를 해야 할 정치인이 정치를 하지 않을 때 국민은 행복에서 멀어지고 국가의 품격은 떨어진다.

⋮

나의 입장 못지않게 다른 입장도 나름의 논거와 이유가 있음을 인정해야 한다. 사회 공간에서 내가 누릴 수 있는 자유는 다른 여러 사람의 자유와 양립할 수 있는 것이어야 한다. 이 점에서 타협은 불가피하다(김우창, 2008:34). 어느 시대, 어느 사회에서나 통용되는 보편적 진리의 하나이다. 대화하고, 협상하고, 절충하는 것이 소통이다. 이른바 '큰 정치', '저변이 넓은 정치'란 절충과 타협의 공간을 상호 인정하는 소통을 정치의 핵심으로 끌어안는 정치를 말한다. 동전의 양면을 보아야 전체가 보인다고 하지 않는가. 상대적 사고를 키워야 한다는 의미이다. 그래야 민주주의가 커진다. 민주주의가 주는 최대 교훈은 진리는 외길이 아니며, 이런 점에서 타협과 절충은 절대선이다.

3. 한국사회는 갈등을 토해 내고 있다

한국사회는 갈등을 토해 내고 있다 하여도 크게 틀린 말이 아니다. 토해 내는 갈등의 규모와 강도 그리고 종류를 감안하면 심각한 수준을 넘어 우려스러울 정도이다. 갈등에 관한 조사에서 일관되게 나타나는 결과는 한국 성인 10명 중 8-9명이 우리 사회의 갈등을 심각한 것으로 인식하고 있다는 것이다. 갈등의 경제적 비용도 엄청나다. 삼성경제연구소의 보고서에 의하면 만약 한국사회의 갈등 지수를 OECD 회원국의 평균 수준까지 낮춘다면 2010년 기준으로 1인당 GDP가 27%(약 5,023달러) 증가할 것이라고 한다(박준 외, 2009). '갈등

⋮

비용 300조'라는 공영광고도 방영된 적이 있다. 갈등에 관한 주관적 인식은 물론이고 사회경제적 비용의 측면에서 한국사회의 갈등 상황은 우려의 수준을 넘어섰음을 말해 준다. 갈등의 일상화와 구조화로의 길로 들어섰음을 의미한다.

갈등이 일상화되고 구조화되는 상황으로 깊숙이 들어가고 있지만, 갈등을 관리하고 조정하는 역량은 대단히 취약하다. 갈등이 존재한다는 사실이 문제는 아니다. 문제는 갈등을 조정하고 관리할 수 있는 사회제도적, 문화적, 정서적 기반을 가지고 있느냐 하는 것이다. 갈등이 발생할 경우 어떻게 대처하고 대응하는가의 문제이다. 이 대목에서 한국의 상황은 갈등의 발생 지점보다 더 우려스럽다. 우리 국민 8명 가운데 1명이 소송에 관여하는 것으로 집계되었다. 2010 사법연감 자료에 의하면 전국 법원에 접수된 소송사건은 약 634만 건으로, 국민 8명당 1명이 소송에 관여되었다는 계산이 나온다. 고소 공화국, 소송 만능주의라는 이름이 붙여질 만하다. 단순하게 표현하면 모든 분쟁을 법정에 들고 가서 풀겠다는 것이다. 이것은 공적 영역, 사적 영역 모두에서 갈등을 관리하거나 조정할 수 있는 기제가 매우 취약함을 의미한다. 갈등의 자발적 해결 가능성이 모두 무너졌다는 주장이 나오는 것도 이러한 이유에서이다. 이러한 현상은 주요 정치적 쟁점의 최종 판단을 사법기관에 맡기는 정치의 사법화 문제라는 심각한 상황으로 이어진다. 갈등 공화국, 소송 국가란 갈등이 확산되고 갈등의 균열 지점이 늘어나고 있다는 뜻이다. 갈등이 사회 발전의 원동력이긴 하지만, 정작 사회정치적 발전에 순기능을 담당하는 동력으로서의 갈등, 다시 말해 사회정치적으로 의미 있는 갈등이 확산되는지 의문을 제기하지 않을 수 없다.

외국인에게 한국사회는 '늘 새로운' 것으로 비쳐진다고 한다. 우리는 한국사회를 '다이내믹'(dynamic)이라는 단어로 수식한다. 외국인에 의한 '새롭다'와 우리의 '다이내믹' 사이에는 놀라울 정도의 유사점이 있음을 확인할 수 있다. 휙휙 옮겨 다니는 한국사회의 모습이 배경에 깔려 있다. 갈등을 전제하지 않고는 늘 새로운 것을 그리고 역동을 생각할 수 없기에 늘 새롭다는 것이나 역동적이라는 것의 상당 부분은 한국사회가 어떤 의미에서 갈등 덩어리임을 의미하는 것인지도 모른다. 덩어리의 외연과 내포, 그리고 덩어리를 구성하는 화학적 요소를 진단해 보아야 할 것이다.

한국사회가 짊어지고 있는 갈등 덩어리는 양적으로 거대할 뿐만 아니라 갈등의 다양한 지점들이 다층적으로 복잡하게 얽혀 있는 복합적 요소로 이루어져 있다. 갈등의 구성은 복합적이고, 갈등의 구조는 복잡하며, 갈등의 형성은 압축적이다. 오늘의 한국사회 갈등은 복합, 복잡, 압축으로 요약된다. 동시대의 현상이라고 보기 힘들 만큼 다양한 형태의 갈등이 동시다발적으로 표출된다는 점에서 복합 갈등이며, 갈등을 만들어 내는 축이 다층적으로 중첩되어 있다는 점에서 복잡 갈등이며, 갈등의 형성이 매우 응축적으로 진행되었다는 점에서 압축 갈등이다. 복합 갈등이 '비동시성의 동시성'에 의해 비롯하는 갈등이라면, 복잡 갈등은 '다층적 중첩'에서 기인하며, 압축 갈등은

⋮

'과속과 쏠림'이 만들어 내는 갈등이다.

복합, 복잡, 압축의 갈등 양상 속에서 이념 갈등은 과잉 동원되고, 경제 갈등은 억압된다. 97년 외환위기 이후 한국사회를 억누르는 지배적인 갈등은 경제 갈등이다. 갈등과 관련된 일련의 조사에서 일관되게 나타나는 결과를 살펴보면 오늘의 한국사회에서 가장 심각한 갈등은 물질적 이해를 둘러싼 경제 갈등이다. 그러나 사회적인 질곡으로서의 경제 갈등의 표출은 억눌려 있다. 외환위기 이후 한국사회가 강요된 조정과 갈등적 조율을 겪으면서 두드러지게 부각된 것은 양극화, 빈곤과 불평등으로 요약되는 경제적 문제였고, 이것이 대다수 한국인들의 일상을 규정했다고 할 수 있을 정도로 중차대한 문제로 등장했다. 허시먼의 개념을 빌리자면 나눌 수 있는 갈등이 사회의 가장 두드러진 문제이자 갈등의 원천으로 나타난 것이다(Hirschman, 1994). 하지만 현실에서는 이러한 갈등의 양상은 억눌려졌다. 대신 언론이나 정당들은 시민들이 그다지 크게 중요하게 여긴다고 볼 수 없는 이념과 같은 문제를 동원했고, 이를 바탕으로 사회적 균열을 만들었으며, 이를 중심으로 정치적 경쟁을 벌였다. 이러한 문제는 근자에까지 지속되고 있다. 실제로 한국의 대다수 사람들은 불평등과 같은 경제적 이슈를 가장 중요한 균열선이나 핵심적인 갈등으로 인식한다. 이념 갈등이 사회의 주된 이슈로 생산되고 소비되는 것은 이념 갈등의 가장 큰 수혜자인 정당과 언론에 의해 과잉 포장되고 과잉 동원되는 데서 비롯한다. 편향성의 정치가 지속적으로 이념 갈등을 주된 이슈로

⋮

생산하고 소비한다.

한국사회에서 이념 갈등은 과잉 포장되고 과잉 동원되고 있다. 한국사회는 이념 갈등에 허덕인다는 표현이 더 정확하다. 이념 갈등으로 치르는 사회적 비용이 너무 크다. 한국사회의 이념 갈등이 우려의 수준을 훨씬 넘어서는 것은 실제 내용에 비해 갈등이 과장되는 것에서 비롯한다. 과잉이란 한국사회의 본유적인 갈등이라기보다는 특정 세력이나 집단에 의해 과도하게 부풀려지거나 동원되면서 갈등이 증폭되는 것이다. 그렇다고 이념 갈등의 실체가 없다고 주장하려는 것은 결코 아니다. 한국사회의 이념 갈등은 현대사에 뿌리를 두고 있고 있음이 분명하다. 분단과 전쟁, 민주와 반민주, 성장과 분배에서 비롯하는 대결의 역사를 경험하면서 이념 갈등이 형성되었다. 문제는 이념 갈등이 특정의 세력에 의해 그 실체와는 무관하게 외연이 과장되고 있다는 점이다. 특히 이념 갈등은 한국사회의 특징으로 언급되곤 하는 소용돌이 정치의 중심에 위치하고 있다.

현재 진행되고 있는 이념 갈등은 한국사회 내의 본질적인 갈등이라기보다는 정치엘리트 집단이 정권을 획득하기 위한 수단으로 갈등을 사유화하고 증폭시킨 측면이 크다는 것이다. 이러하기에 대부분의 논쟁은 이분법적인 흑백논리로 무차별적으로 적용된다. 이념 갈등의 넓은 스펙트럼은 사라지고 극단적인 대립의 양상만이 남게 된다.

4. 한국 정치에 관한 몇 마디

한국 정치가 낙후되고 거칠다는 것은 비단 어제오늘의 얘기가 아니다. 한국 정치를 돌아보면, 권력만 잡으면 세상을 뒤집을 수 있다는 담대한 수준을 넘어 원대한 야망만이 정치 공간을 가득 채우고 있다. 정작 정권을 교체하거나 재창출해서 무엇을 하겠다는 것인지는 분명하지 않다. 시대를 펼치겠다는 주장에 시대정신이 보이지 않는다. 추구하는 가치는 보이지 않고, 정치의 이익만이 난무한다. 한국사회에서 가장 당혹스러운 역설 가운데 하나는 세상 모든 것은 빠르게 글로벌 규범에 적응하고 있는데도 유독 정치는 열렬히 그리고 자의적으로 기존의 오랜 관행에 남으려고 한다. 다시 말해 정치적 행위가 이루어지는 제도나 관행은 좀처럼 바뀔 기미가 없다.

한국의 정치 지형은 왜 이다지도 거칠고 선진화와는 거리가 먼가. 무엇을 갖추고 있지 못하기에 가장 낙후되고 사회 발전의 가장 큰 걸림돌로 여겨지나. 결론부터 얘기하면 우리나라 정치인은 정치를 하지 않기 때문이다. 정치란 타협과 절충의 기술(art of compromise)이다. 정치는 도구적 수단이다. 그 이상도 그 이하도 아니다. 정치란 과도한 이상(理想)의 무게에 짓눌려서는 안 된다. 정치 이상을 앞세우며 자신들의 규범적인 판단에서 한 발짝도 물러나지 않으며 공허한 담론 속에 감정적 극단으로 서로를 몰아치는 비정치적인 행태만이 난무하는 것이 오늘의 한국 정치 상황이다. 합리적인 정치 지형은 발붙일 공간이 없다. 한국 정치는 권력을 잡기 위해 시쳇말로 돌직구만 던지

려고 한다.

가까운 예로 우리 사회는 지난 대선 과정을 통해 극한의 갈등을 경험하였다. 야권의 후보 단일화 과정에서 온라인을 중심으로 벌어졌던 격렬한 대립은 증오로 이어졌다. 사실 큰 지향은 물론 구체적인 정책에 있어 두 후보의 차이를 찾기는 쉬운 일이 아니었음에도 불구하고 극심한 편 가르기가 난무했고, 사퇴한 후보 측 지지자들은 온오프라인에서 극도의 실망감과 분노, 허탈함을 표출하였다. 여당 후보와 야당 후보 간의 선거 과정 역시 우리 사회의 극심한 분열과 대립을 보여주기는 마찬가지였다. 사실 이번 대선은 어찌 보면 두 후보 간의 정책에 있어서의 차이를 크게 찾기 어려웠던 선거였다. 모두가 복지와 경제민주화를 주된 정책으로 내세웠기 때문이다. 그리고 어떤 맥락에서 보면 두 후보가 만들고자 했던 나라의 모습이 크게 다르다고 보기도 어려웠다. 그러나 대선 과정에서는 사회가 양 진영으로 나뉘어져 상대방을 대화의 대상으로 인정하지 않는 극심한 갈등이 나타났다.

이는 대선 이후에도 연결되어 노동자들을 비롯한 여러 사회적 약자들이 목숨을 끊는 극단의 현상이 발생하였다. 그리고 세대별로 각기 상이한 후보를 지지함에 따라 세대 균열의 지점이 극명하게 드러났다. 기성 매체는 이러한 균열과 갈등을 적극적으로 부추기는 데 주저하지 않았다. 그리고 대통령은 역사상 최다 득표를 했음에도 불구하고 그에 못지않은 강력한 반대집단에 직면하게 되었다. 언제 어떻게 불거질지 모르는 갈등이 광범위하게 잠복되어 있는 셈이다.

⋮

이러한 대립과 증오의 사슬을 느슨하게 만들어야 할 과제가 우리에게 주어진 것이다. 이러한 대립과 증오는 순전히 이성적으로만 생각하자면 잘 납득이 안 되는 것일 수도 있다. 이는 바라는 나라의 모습이 크게 상이하다고 생각되지 않기 때문이다. 양극화가 진행될수록 보수적 주장인 기회의 평등은 진보적 주장인 결과의 평등에 밀릴수밖에 없다. 오늘의 한국사회의 발전 단계로 볼 때, 진보적인 주장이 커지는 것은 그리 의아한 일이 아니다. 이런 정황에 무감각할 한국 정치가 아니다. 그런데 이번 대선을 거치면서 사회의 거의 전방위적 영역에서 격렬한 갈등과 대립이 표출되었다. 가치 논쟁과 사실 논쟁과 정책 논쟁을 구분하지 못한 채 합리적인 사고와 건실한 논쟁은 사라지고 권력의 중심부를 향한 격렬한 소용돌이 현상만이 관찰된다.

5. 기능적 수월성을 넘어 가치에 대한 고민이 필요하다

자유롭고 평등한 사람들이 법치와 참여를 통해 조화와 화합 속에서 공동의 이익을 추구하는 배려의 사회를 어떻게 만들어 낼 것인가? 시공간을 초월한 인류사회의 보편적인 질문이다. 균열의 모든 지점이 갈등을 분출하고 있는 한국적 상황에서는 더 없이 중요한 과제임이 분명하다. 민주화를 달성한 사회라고 보기 어려울 만큼, 갈등은 격화되고 좀처럼 조정될 기미를 보이지 않는다. 오늘의 한국사회는 권력은 있으나 권위는 없고, 쏠림은 있으나 신뢰는 없고, 관계는 있으나 연대

⋮

는 없는 사회로 정리된다. 계층, 이념, 세대, 지역, 문화 등 균열의 지점도 매우 다양하다. 우리 사회는 갈등을 만드는 데는 선수(選手)이지만, 논쟁의 과정을 거쳐 갈등을 마무리하는 데는 전병(煎餠)이라 하여도 크게 틀린 말이 아니다. 증폭된 사회갈등을 조정하고, 새로운 공존의 방법을 모색해야 할 필요성이 증대되고 있다. 새로운 사회질서를 향한 공동 가치를 만들어야 할 시점이다. 무엇보다도 가치에 대한 고민이 결여된 정책 중심 기획의 한계를 극복하여야 한다.

창의성이란 서로 다른 것을 연결하는 것이다. 스티브 잡스의 얘기이다. 갈등에도 창의성이 요청된다. 갈등의 근원인 서로 다른 이해(interest)를 연결하고 서로 다른 정체성(identity)이 소통하는 연결의 통로를 찾는 것이 창의성이다. 쟁론(爭論, contention)에서 연결의 통로를 찾아본다. 쟁론은 사회를 역동적으로 만들어 내는 자산임에 틀림이 없다. 그러나 합리적 쟁론이어야 한다. 절충하겠다는 쟁론이어야 한다. 타협을 염두에 두고 진행되어야 할 쟁론이어야 한다. 힘으로 제압하려는 폭압적 쟁론이나 나의 주장만이 옳다는 독선적 쟁론으로는 사회의 역동성을 만들어 낼 수 없다. 오늘의 한국사회는 갈등을 풀어낼 수 있는 건실하고 합리적인 백가쟁명이 필요한 상황이지만 해법을 모색하려는 담론은 놀랍게도 너무 단조롭다. 대부분 이분법적인 쟁론이다. 명분이든 실리든 이분법의 한쪽 끝을 잡아야 살아남을 수 있었던 역사적 유제로부터 좀처럼 넘어서지 못하고 있다.

거중(居中)에서 연결의 통로를 찾아본다. 거중의 미덕이 들어설 공간을 마련해 보는 것이다. 우리 사회에서 극단적인 주장을 하는 목소리가 너무 크다. 중간지대가 설 자리가 없다. 거중의 토양이 뿌리내릴 공간이 없다. 합의할 수 있는 가치와 규범을 기대하기 어렵다. 공론의 장이 되어야 할 사회 영역들이 갈등의 증폭자 역할을 한다. 한국사회는 극단적인 이중의 함정에 빠져 있다. 하나는 실용주의의 함정이고, 다른 하나는 근본주의의 함정이다. 실용주의 함정이란 안 하는 것보다 무언가 하는 것이 낫다는 함정이며, 근본주의의 함정은 내가 하는 것이 다른 사람이 하는 것보다 낫다는 함정이다.

한국사회는 경직되어 있다. 유연해져야 한다. 강박감처럼 가지고 있는 기득권 같은 사고에서 조금 거리를 두면 유연해질 수 있다. 금과옥조처럼 여기는 자신들의 신화로부터 조금 거리를 두면 더 유연해질 수 있다. 이념이든 세대이든 계층이든 문화이든 말이다. 예컨대 오늘날 이른바 정통 보수, 정통 진보가 들어설 자리는 점점 더 좁아진다. 최근의 한국사회 정황에 해당하는 예를 들어보면, 복지를 위해 국가의 역할이 커져야 한다는 보수가 있는가 하면, 한미 동맹은 강화되어야 한다고 주장하는 진보도 있다. 공공적 개방성이 한국사회를 이끄는 힘이 되어야 한다.

역사의식이란 화합할 수 있는 능력, 그 누구와도 함께 더불어 사는 지혜를 말한다. 자유롭고 평등한 시민들 사이의 연대는 공동체 구성원들 사이의 신뢰에 기반을 둔 공유된 책임이라는 내용으로 민주주의 사회에서 늘 하나의 규범으로 인정되어 왔다. 본디 시민이라는 용

⋮

어에는 '사회적으로 책임 있는'(socially responsible)의 수식어가 생략되어 있는 셈이다. 사회적 책임이 시민의 본유적 조건이기 때문이다. 시민 담론이 책임 담론과 연결되어야 하는 까닭이다. 책임감 있는 시민(citizen with responsibility)이 질서라고 한다면 책임감 없는(without responsibility) 시민은 혼란이다. 규제와 억압의 시대에는 책임을 물을 필요가 없다. 요구만 하면 된다. 그러나 자율의 시대에는 책임이 따른다. 개인주의는 책임성이 동반되어야 한다. 개인주의가 사회적 덕목으로 인정받기 위해서는 책임성이 필수적이다. 책임성이 동반되지 않은 개인주의는 시민의식의 결여와 같은 얘기이다.

공존은 그 자체에 내재적 가치가 있다. 추가적인 정당화가 필요 없다. 연대적 공존의 요체는 시민적 덕목의 함양에 있다. 가치 지향적인 접근이다. 연대적 공존은 비단 이 시대에만 요청되었던 것은 아니다. 그러나 시장가치가 모든 덕목을 제압하는 요즘이기에 공존은 더 큰 시대적 요청으로 등장한다. 시장은 인간에게 번영을 가져다준 소중한 수단이자 제도임에는 틀림이 없다. 그러나 모든 것을 시장의 논리로 재단을 한 결과가 무엇인지는 매우 자명하다. 기능적 수월성만이 존재적 가치로 인정되는 시대를 성찰하는 시대정신이 요청된다.

시대를 규정하는 틀이 시대정신이라고 한다면, 시대정신이란 어떤 의미에서 시대의 결핍이라 할 수 있다. 시대가 다급하게 갈망하는 그 무엇을 의미한다. 시대정신을 중시하는 까닭은 당대의 사람들이 무엇을 갈구하는지를 짚어 낼 수 있기 때문이다. 시대정신은 당대의 사람들이 어떤 희망을 가지고 있으며 어떤 욕망이 꿈틀거리는지를 보여 주는 척도이기도 하다. 갈등하는 오늘의 한국사회가 가장 결여하고 있는 것은 무엇인가. 아마도 우애와 배려로 다듬어진 더불어 사는 사회가 핵심일 듯싶다. 함께 배려하며 성장하는 것 같은 것 말이다. 오늘의 한국사회는 갈등 정치를 넘어선 연대적 공존을 시대정신으로 요청하고 있다.

이 책은 의미와 가치에 대한 고민이 결여된 채 기능적 수월성(functional excellence)만을 강조하는 오늘의 시대 상황을 성찰한다. 연대적 공존이 결여된 경쟁의 프로젝트가 한계에 부딪힌 지는 오래되었다. 경쟁에서 살아남아야 한다는 규범 외에는 의지할 규범이 없는 사회로 치닫고 있다. 경쟁의 양 못지않게 우려스러운 것은 경쟁의 질에도 있다. 시간을 잘게 나누어서 평가하고 길게 호흡할 여지를 주지 않는다. 사회 전체가 단기 성과에 성말라 있다. 경계를 명확하게 구분하는 배제의 기제는 점점 늘어나는 반면, 경계를 넘나드는 포섭의 기제는 점점 협소해진다. 끌어들여 말하게 하는 것이 필요하다. 의견 표출과 수렴의 장은 넓어야 하고, 포섭의 기제가 많아야 한다. 이 대목에서 우리 사회는 매우 취약하다. 민주주의는 서둘러서는 안 되고 쉽게 잊어버려서도 안 된다. 서둘러서는 안 된다의 의미는 절충과 타협의 덕목을 무한히 강조하는 것이며, 쉽게 잊어서는 안 된다고 하는 것은 역사란 갈아엎어지는 것이 아니라 퇴적층처럼 차곡차곡 쌓이는 것이기 때문이다.

⋮

6. 스웨덴에서 공존 가치의 가능성을 본다

스웨덴의 사회질서와 발전 동력은 어디에서 나오나? 두 가지를 지적해 볼 만하다. 하나는 완벽한 평등과 완벽한 경쟁이 하나의 사회 안에서 공존하는 시스템이 작동하는 것이며, 다른 하나는 '얀테의 법칙'으로 요약되는 사회적 습속이다. 전자가 제도에 관한 것이라면, 후자는 문화에 관한 것이다.[1]

스웨덴은 무상 교육, 평생 소득을 보장하는 고복지 사회(high welfare society)이다. 그런가 하면 시장의 논리가 철저하게 적용되는 고경쟁 사회(high competition society)이다. 고복지와 고경쟁이 공존한다는 사실을 선뜻 납득하기 쉽지 않다. 복지냐 시장이냐, 평등이냐 경쟁이냐, 효율이냐 형평이냐의 이분법적 사고에 익숙한 우리의 사고로서는 독해하기 어려운 것이 사실이다. 고복지 사회로서 스웨덴의 명성은 익히 알려진 얘기이다. 그러나 고경쟁 사회로서 스웨덴의 명성은 쉽게 수긍하기 어렵다. 왜냐하면 복지와 시장이 공존하는 시스템은 좀처럼 상상하기 어렵기 때문이다. 수월성과 평준화의 양극단밖에 모르는 사회제도에 익숙한 한국사회로서는 스웨덴의 제도와 문화가 아주 생경스러울 수밖에 없다. 그러나 스웨덴의 사례를 보면서 이분법을 넘어선 공존의 사회제도가 현실적으로 가능함을 확인할 수 있다. 기업에게 해고의 자유를 보장한다. 유럽 최저 수준의 법인세를 적용한다. 고용 보

1 스웨덴의 얀테의 법칙에 관한 자세한 설명은 이어지는 제7장, 5절 '문화적 해법'을 참조.

장을 앞세워 국민의 세금으로 기업을 구제하는 정책을 배제한다. 이쯤 되면 밀턴 프리드먼류의 시장주의 사회라 칭해도 손색이 없다. 고용과 해고가 비교적 자유로운 유연한 노동시장과 경쟁에서 탈락한 약자들을 위한 강력한 사회 안전망이 공존한다. 시장의 장점과 한계, 복지의 장점과 한계를 분명하게 진단하는 사회의 질서를 견지하고 있는 것이다. 돈으로 살 수 있는 것을 최대한 보장함과 동시에 돈으로 살 수 없는 것에 무한한 가치를 인정한 사회의 모습인 것이다. 시장 지상주의(market fundamentalism)와 복지 지상주의(welfare fundamentalism)를 공히 경계한다. 시장의 중요한 가치를 해치지 않으면서 시장의 과잉을 견제한다. 모든 것에 인센티브와 가격 환산을 적용하지만, 그 어느 것에도 인센티브와 가격 환산을 일방적으로 적용하지 않는다. 치우침이 없는 절제의 가치를 본다.

흔히들 외국의 사례를 보는 이유는 크게 둘로 나누어진다. 하나는 호기심에서 비롯된 외국 사례의 소개이다. 다른 하나는 외국의 사례를 보면서 우리는 이렇게 할 수 없을까 하는, 이른바 벤치마킹으로 소개된 외국 사례이다. 우리의 문제를 푸는 해법이나 상징으로 외국의 사례를 안으로 환원시켜 보는 것이다. 스웨덴의 이야기를 한 것은 전자도 후자도 아니다. 스웨덴은 그네들 방식대로의 문화 토양과 경로의존의 발전으로 이해하여야 한다. 우리 사회가 스웨덴의 방식을 덥석 잡을 수도 없고 잡아서도 안 된다고 생각한다. 다만 우리의 길을 찾아 나서는 데 실제로 가능한 이론치가 있다는 확신을 갖게 하는 지렛

⋮

대로 생각해 본다.

7. 책의 구성과 감사의 말

이 책은 총론을 포함하여 총 3부 8장으로 구성되어 있다. 전체적인 기조에 해당하는 총론은 한국사회의 갈등에 대면하는 해법으로 '비지배적 상호의존의 협업'을 제시한다. 역사의식이란 화합할 수 있는 능력, 그 누구와도 더불어 사는 지혜로 규정하며, 연대적 공존을 시대정신으로 설정한다. 갈등을 토해 내는 한국사회의 현장을 소개하며, 기능적 수월성을 넘어 가치에 대한 성찰을 주문한다.

제1부는 한국사회의 갈등 지형에 관한 논의이다. 3장으로 구성되어 있다. 첫 장은 다양한 이해 당사자들이 새로운 갈등 구조를 생산하거나 기존의 갈등 구조를 재생산하는 양상을 보이며, 갈등 동원을 둘러싼 쟁론이 한국사회의 구조와 변동을 독해하는 핵심 축으로 등장하였음을 다루었다. 한국사회를 갈등 정치의 시각에서 진단한다. 둘째 장은 한국사회의 갈등 양식을 복합(compound), 복잡(complex), 응축(compressed)의 3C 개념으로 정리함과 동시에 한국인이 지니고 있는 갈등 인식을 논의한다. 한국사회의 갈등을 시공간의 측면에서 접근한 것이다. 셋째 장에서는 세대 갈등 양상을 특화하여 갈등의 실체를 밝히고 세대 갈등을 과잉 동원하는 기제를 설명한다. 아울러 연금과 일자리와 같은 경제적 이슈를 둘러싼 오늘날 세대 갈등의 주소

를 진단한다.

제2부는 한국사회의 체제적 성격에 관한 논의이다. 한국 현대사의 최대 변고인 97년 외환위기의 사회적 의미를 규명하는 것이다. 발전국가의 유제를 그대로 안고 신자유주의 체제로 진입함에 따른 딜레마를 집중적으로 분석한다. 이에 따른 사회적 결과를 굴절의 시각에서 정리한다. 대학의 굴절된 모습을 특화하여 설명한다. 굴절의 실상으로 글로벌 스탠더드의 실체를 조명하며 오늘의 한국사회가 처한 상황을 글로벌 스탠더드의 배반으로 진단한다.

제3부는 무엇을 어떻게 할 것인가에 대한 논의이다. 연대적 공존의 길을 모색함에 있어 공동가치의 탐색이 중요하다는 인식을 바탕으로 네 가지를 구체적으로 제안한다. 비지배적 상호의존, 거중의 미덕, 강자의 양보, 그리고 운동의 해법을 넘어선 문화적 해법을 공동가치의 사회적 구성으로 채워 본다. 마지막 장에서는 연대가 개인의 자유와 공동체 의식이 조화를 이룰 수 있는 최소조건이자 최대 덕목임을 강조하며, 공정의 논리에 의한 연대적 공존의 토양을 모색한다.

사회학은 큰 흐름을 시원시원하게 설명해 주기는 한다. 하지만 개인의 생활방책을 딱 찍어 제시하기엔 학문적 노즐의 구경이 너무 크다(남윤호, 2013). 사회학의 정체성에 관한 논평이 글을 마무리하는 시점에 적지 않은 부담으로 내리누른다. 책을 쓸 때마다 사회학자로서 거시 변화를 읽어 내는 스케일과 일상모습을 담아내는 디테일에 충실해야 한다는 집필의 엄격함을 가지고 있지만 어느 정도 다가서 있는지 두려

⋮

움이 있다. 오늘의 한국사회를 진단하고 해법을 모색하기 위한 건실한 쟁론을 위한 소재가 나오기를 기대한다.

이 책을 구성하는 각 장은 출처를 언급하고는 있지만 대부분 완전히 새로 손보았다. 어떤 장은 세 편의 글이 하나의 논제에 맞게 한 장으로 재구성되기도 하였다. 또한 책에서 방점을 찍은 여러 쟁점은 다양한 형태의 학술 장에서 진지한 토론을 거쳐 갈리기도 하고 힘이 붙어지기도 하였다. 이를테면, 이념 과잉의 논제, 세대 갈등의 실체, 공동가치의 모색, 타협과 절충의 명제 등 거론된 이슈가 제법 많았다.

소박한 책이기는 하지만 기획에서부터 출간에 이르기까지 여러 도움을 받았다. 3년 전 한국연구재단의 한국사회과학연구사업(SSK)에 '사회통합을 위한 연대적 공존의 모색'을 신청하여 지원을 받아(시민적 연대사업단 과제번호 NRF-2010-330-B00151) 수행된 연구이다. 공동연구를 하는 박만섭, 곽준혁, 필립 페팃, 롤란드 블레이커 교수와의 학문 경계를 넘어선 학제 간 토론으로부터 많은 논의 거리를 모을 수 있었다. 고려대 한국사회연구소에 추진한 갈등 프로젝트의 일환으로 진행된 두 번의 조사에 참여하면서 기본 자료를 수집하고 발표하는 기회를 갖게 되었다. 한국사회 갈등의 현주소를 파악하는 출발점이 되었다. 책의 출간은 고려대학교출판부의 출판지원기금에 의해 이루어졌다. 항상 신선한 문제를 제기해 주며 연구의 방향을 함께 나눈 김경필, 박라인, 강수환의 도움을 잊을 수 없다.

자유롭게 키워 주신 부모님께 늘 깊이 감사하는 마음을 가지고 있다. 과유불급(過猶不及)의 말씀을 항상 간직하려고 한다. 학자로의 길에 든든한 지지를 보내 주시는 장모님의 격려에 감사를 드린다. 학문과 사랑의 동반자로 필자를 지켜보아 주는 아내의 넉넉함과 열정을 귀하게 생각한다. 아빠의 일이라면 무조건 좋아하는 주현, 주희가 있어 행복한 글쓰기를 한다.

제 I 부

한국사회의 갈등 지형

제2장 갈등 정치의 시대

1. 이중성의 딜레마

오늘의 한국사회는 이중성의 딜레마에 처해 있다. 구래의 권위주의를 타파하는 데는 성공하였지만 새로운 권위를 만들어 내지 못하고 있다. 국가와 제도에 대한 불신은 커지지만 이를 줄일 수 있는 방안은 마땅히 떠오르지 않는다. 사적 이해는 과도하게 분출하지만 공적 이해를 담아내는 공공선의 창출은 대단히 취약하다. 연줄이나 연고는 여전히 강하지만 시민적 연대는 미약하다. 공동체의 복원이 강조되고 있으나 공동체의 우애는 그리 넉넉하지 않다. 운동성은 강하지만 제도화는 약하다. 갈등을 조정하는 공론의 장으로 언론과 인터넷이 지목되고 있지만 정작 이들의 역할은 갈등의 조정자보다는 증폭자로 부각된다. 자기주장은 강하지만 책임의식은 부족하다. 갈등을 둘러싼 목소리는 크지만 쟁점과 사실에 근거한 주장은 빈약하다. 논쟁은 있으나 일도양단의 이분법적인 흑백논리로 일관한다. 분쟁은 있으나 이를 관리할 기제는 좀처럼 찾아볼 수 없다. 갈등의 시각에서 오늘의 한국사회를 요약하면 갈등은 증폭되고 있으나 이를 내재화하거나 조정할 수 있는 사회통합으로의 통로는 좀처럼 열리지 않는다. 사회는 갈등을 만들어 내지만 갈등이 사회를 만들어 가는 기제는 부족하다.

이중성의 딜레마는 상당 부분 지난 반세기 한국사회 발전의 상징인 압축 성장에서 기인한다. 압축 성장의 과정을 거치면서 한국사회는 안전보다는 모험을, 개인적 가치보다는 집단적 가치를 추구하였다. 과정보다는 결과를, 협의나 협상보다는 독단이나 동원을 바탕으로 모든 일을 만들어 내려 하였다. 이러하기에 압축 성장은 소통의 부재, 신뢰의 부재, 권위의 부재로 이어졌으며, 사회통합의 통로는 막히고, 사회갈등은 좀처럼 수그러들 기미를 보이지 않는다.

압축에 따른 명과 암이 한국사회만큼 분명하게 드러나는 사회도 없어 보인다. 외형적 기준으로 볼 때, 압축 성장의 가장 밝은 부분은 한국을 세계 7대 강대국의 반열에 올려놓은 것이다(박길성, 2010). 여기서 7대 강대국이란 극히 일상적인 기준으로 설정된 인구 5천만 명의 규모, 일인당 국민소득 2만 달러를 달성한 국가군을 의미한다. 얼마 전까지 세계적으로 단 여섯 국가에 불과하였다. 미국, 일본, 독일, 프랑스, 영국, 이탈리아가 여기에 해당한다. 2011년 말 기준으로 한국이 5천만 인구규모와 2만 달러 국민소득 조건을 충족하는 일곱 번째 국가에 진입하였다.

압축 성장은 비단 산업화에만 해당되는 것은 아니다. 압축 성장은 우리의 사회적 유전자로 일컬어지기에 충분할 만큼 광범하고 동시에 깊게 자리 잡고 있다. 한국사회가 달성한 민주화, 시민사회화, 정보화, 세계화는 하나같이 압축 성장의 궤적을 밟고 있다. 한국사회, 한국인의 사전에 연착륙(soft landing)이란 단어는 존재하지 않았다. 연착륙은 최선은 고사하고 차선의 선택으로도 고려되지 않았다. 실제로 한국사회는 점진적이라는 것에 강한 거부감을 보인다고 하여도 크게 틀린 주장이 아니다. 압축 성장의 노정에서는 짧은 기간 동안 정해진 목표를 달성하기 위해 수단과 방법을 가리지 않는 성과주의가 지상 최고의 가치로 여겨졌다. 절차와 과정의 정당성은 무시되면서, 안전보다는 모험, 내실보다는 외형, 심사숙고보다는 임기응변이 생존에 더 유리한 사회로 여겨졌다. 여기에 대책 없는 모험주의가 성공의 신화로 각광을 받기까지 하였다. 성과주의에 매몰되면서 개발 시대의 유제인 갈등의 일상화는 한국인의 삶의 일부로 자리 잡았다. 압축 성장의 경로의존(path-dependence)이 갈등의 궤적에도 그대로 나타난 것이다. 압축 갈등의 현장은 오늘날 한국사회가 겪고 있는 갈등의 일상화, 다양화, 견고화, 구조화로 나타나며, 이러한 갈등의 현장은 압축의 경로의존이 우리 사회에 남겨 놓은 가장 어두운 부분의 하나이다.

갈등의 전람회장이 있다면 그것은 아마도 오늘의 한국사회가 아닌가 싶을 정도로 갈등은 보편화되고 일상화되었으며, 그 종류도 매우 다

⋮

양하다. 권위주의적 억압의 시대를 오랫동안 거치고, 압축적 민주화를 경험하면서 한국사회의 갈등은 구조화되는 양상을 보인다. 갈등은 장기화되기도 하며 상황에 따라서 휘발적인 모습을 보이기도 한다. 특히 97년 외환위기 이후 한국사회는 지구상에 존재하는 거의 대부분의 갈등을 두텁게 경험하고 있다. 아마도 종교 갈등과 같이 특수한 역사문화적 상황이 개입된 갈등을 제외하면 현대사회에서 목도되는 모든 갈등을 한국사회에서 확인할 수 있을 것이다. 최근에는, 정치적 이해관계와 맞물린 특정 이슈이긴 하지만, 종교 갈등을 우려하는 상황도 나타나곤 한다.

다양한 이해당사자들이 일상적 이슈를 정치화시켜 새로운 갈등 구조를 생산하거나 기존의 갈등 구조를 재생산하는 양상을 보인다. 갈등이 사회의 주요 어젠다로 등장하였으며, 갈등 동원을 둘러싼 쟁론이 한국사회의 구조와 변동을 독해하는 중심축이 되었다. 한국사회가 갈등 정치(politics of conflict)의 시대로 들어선 것이다.

2. 갈등의 현장

한국 성인 10명 중 8–9명이 우리 사회의 갈등을 심각한 것으로 인식한다(한국여성개발원, 2005; 한국사회연구소, 2007; 2011). 뿐만 아니라 과거와 비교하여 오늘날 갈등을 더욱 심각한 것으로 생각한다.[2] 삼성경제연구소의 보고서에 의하면 한국은 OECD 회원국 중에서 네 번째로 사회갈등이 심한 국가로 발표된 바 있다. 한국보다 갈등이 심한 국가는 터키, 폴란드, 슬로바키아이며, 스칸디나비아 국가들의 갈등 지수가 가장 낮은 것으로 나타났다. 만약 한국의 갈등 지수를 OECD 평균 수준까지 낮춘다면 1인당 GDP가 27%(5,023달러) 증가할 것이라는 이른바 갈등의 경제적 비용이 발표되었다(박준 외, 2009). 외환위기 이후 오늘날까지 한국사회는 통합의 국면보다는 갈등의 국면에 머물러 있음을 실증적으로 보여 주는 연구 보고도 나왔다(노대명 외, 2009). 한때 공중파 방송에 등장한 '갈등비용 300조'라는 공영광고는, 산출의 근거나 실체가 분명하지는 않으나, 보는 사람으로 하여금 섬뜩하게 만든다.

이렇듯 갈등에 관한 주관적 인식은 물론이고 사회경제적 비용의 모든 면에서 오늘의 한국사회가 안고 있는 갈등의 상황은 우려의 수준을 넘어서고 있음이 분명하다. 뿐만 아니라 갈등이 확산되고 갈등의 균열 지점은 늘어나고 있지만, 정작 사회정치적 발전에 순기능을 담당하는 갈등, 다시 말해 사회정치적으로 의미 있는 갈등이 확산되는지, 의문을 제기하지 않을 수 없다.

---

2 2005년 한국여성개발원 조사에서는 68%가 10년 전과 비교하여 사회갈등이 더 심각해졌다고 인식하는 것으로 나타났다. 고려대학교 한국사회연구소 2007년 조사에 의하면 10년 전과 비교하여 완화되었다고 생각하는 사람은 18.8%, 비슷하다고 생각하는 사람은 24.5%, 더욱 심해졌다고 생각하는 사람은 55.6%로 집계되었다. 한국사회연구소 2011년 조사에 의하면 5년 전과 비교하여 완화되었다고 생각하는 사람은 14.8%, 비슷하다는 응답은 44.4%, 더욱 심각해졌다는 응답은 40.8%로 집계되었다.

우리 국민 8명 가운데 1명이 소송에 관여한다는 놀라운 통계가 발표되었다(사법연감, 2010). 2009년 전국 법원에 접수된 소송 사건은 약 634만 건으로, 국민 1인당 연간 0.13건의 소송을 진행하는 셈이다. '고소 공화국', '소송 국가'라는 이름이 붙을 만하다. 고소 공화국의 불명예는 우리와 비슷한 사법 체계를 가진 일본과 비교하면 분명하게 드러난다. 일본보다 인구 단위당 무려 60배가 넘는 고소 건수를 보인다. 물론 고소의 비율이 낮은 것이 반드시 바람직한 것만은 아니다. 일본의 낮은 고소율에 대해, 분쟁이나 갈등을 법으로 해결하기보다는 강제적으로 합의를 유도했기 때문이라는 내부 비판이 강하게 제기되곤 한다. 일본의 낮은 고소율은 지역 사회나 조직에 의한 사회적 제재 장치가 강하게 작동하여 고소 자체를 부정적으로 여기는 문화에서 비롯하는 측면이 크다. 어떤 의미에서 일본이 억제된 갈등사회라고 한다면, 한국은 정제되지 않은 과잉 표출의 갈등사회라 할 수 있을 것이다. 한국의 경우 최근 10년 사이 소송이 꾸준히 증가하는 것으로 집계된다. 소송 증가율은 인구 증가율보다 5배나 높은 것으로 집계되었다. 크고 작은 갈등이나 분쟁이 발생하면 '법대로 하자'고 외치며 소송과 법정으로 달려가는 소송 만능주의가 팽배하고 있다. 그러나 정작 우리 사회가 법에 대해 그리 당당한 사회인가를 자문해 보면 그렇다고 대답하기에는 주저되는 부분이 많다.

고소 공화국으로 칭해지는 현상을 통해 오늘의 한국사회가 직면하고 있는 갈등의 양상을 읽어 낼 수 있다. 첫째, 갈등이 일상화되어 있다. 둘째, 사회가 물질과 정서의 모든 면에서 점점 더 각박해지고

⋮

있다. 셋째, 갈등이 발생할 경우 이를 조정할 제도와 문화의 공간은 매우 취약하고 협소하다. 오늘날 한국사회의 갈등 모습을 그대로 보여 주는 단면이다.

그렇다. 오늘날 한국사회의 갈등은 일상화되어 있고, 종류는 다양하며, 강도는 심각하며, 좀처럼 수그러들 기미를 보이지 않다는 점에서 구조화되어 있다. 상황에 따라서는 휘발적일 수 있는 잠재적 위험성을 지닌다. 국민들이 인식하는 갈등 유형별 심각성의 분포를 살펴보면, 한국사회에서 제기되는 갈등의 유형이 매우 다양함을 확인할 수 있다. 그리고 한국인은 전반적으로 모든 유형의 갈등에 대해 심각한 것으로 인식한다는 것이다. 한국사회연구소의 조사에 의하면(2007), 빈부 격차를 의미하는 가난한 집단과 부유한 집단의 갈등에 대해 90.1%, 정규직과 비정규직의 갈등은 83.9%, 경영자와 노동자의 갈등은 83.1%가 심각하다고 인식한다. 정치적 갈등 고리인 여당과 야당 사이의 갈등도 84.0%가 심각하다고 인식하는 것으로 조사되었다. 지역 갈등도 영남과 호남, 수도권과 지방, 도시와 농촌, 강남과 강북의 영역으로 세분되어서 나타난다. 특히 강남과 강북의 갈등을 더 심각한 것으로 인식한다. 지역 갈등의 여타 항목에 비해 약 10% 이상 심각하게 간주한다. 여타 갈등에 대해서는 경제 갈등보다는 약하지만 여전히 우려스러울 정도로 심각하게 인식하고 있는 것으로 조사되었다.

그렇다. 한국사회는 점점 더 각박해지고 있다. OECD 회원국을 기준으로 삶의 질과 직접 관련된 열악한 지표 몇 가지를 나열해 보면 한국사회에서의 생활이 얼마나 팍팍한지 쉽게 수긍이 된다. OECD 회원국 중에서 최저 출산율 1위, 최장 근로시간 1위, 자살률 1위, 자살률이 증가하는 유일한 국가, 사교육비 부담 1위, 남녀 임금 격차 1위, 저임금 노동자 비중 1위, 노인 빈곤율 1위, NEET[3] 1위. 하나같이 사회가 각박해지고 있음을 보여 주는 지표들이다. 뿐만 아니라 OECD 국가 중 고령화 속도는 가장 빠르게 진행될 전망이다. 지속가능성에 대한 우려를 떨쳐 버릴 수 없는 상황이다.

서울대 사회발전연구소의 국민의식조사에 의하면 2007년 한국사회에서 제1의 성공 조건으로 돈을 꼽은 비율이 60.5%로 나타났다. 10명 중 6명이 돈을 성공의 최고 잣대로 생각하고 있는 것이다. 10년 전 현대 한국인의 의식과 관행조사(1998)에서 나타난 35.8%와 비교하여 커다란 차이가 있는 것으로 나타났다(사회발전연구소, 1998; 2007). 성공의 제1의 조건으로 돈을 지적한 비율이 10년 사이에 35.8%에서 60.5%로 급증한 것이다. 경제의 중요성에 대한 인식이 늘어나는 것은 물론이고 믿을 것은 돈밖에 없다는 사회적 세태를 그대로 보여 준다. 경쟁만을 강요하는 규범 속에서 미래에 대한 불안은 점

3 NEET(Not in Education, Employment or Training)는 정규 학업을 마친 5년 후 교육기관에 소속되지 않고 채용되지 않았으며 직업훈련에도 참여하지 않는, 그야말로 일하지 않고 일할 의지도 없는 청년 무직자를 뜻하는 것으로, 대부분의 국가에서 시간이 지나면 뚜렷하게 감소하는 경향을 보이는 것과는 대조적으로 한국은 정규학업을 마친 후 3년까지의 시기보다 5년까지의 NEET 비율이 더 높아지는 등 청년취업의 구조가 위험한 상황임을 보여 준다.

점 커져만 간다.

행복 지수도 낮다. 2011년 OECD는 국내총생산(GDP)과 같은 경제지표로 나타낼 수 없는 삶의 만족이나 풍요를 지표화한 행복 지수를 발표한 바 있다. 34개 회원국을 대상으로 11개 생활 영역으로 세분화하여 측정하였다. 한국은 전체적으로 하위권인 26위를 차지하였으며, 이 중에서 '어려울 때 의지할 사람이 있다'와 같은 공동체 생활 영역에서 최하위권(33위)을 차지한 것으로 나타났다(OECD, 2011). 공동체 생활 영역에서의 지표가 최하위인 것은 다소 놀라운 조사 결과이다. 그동안 오랫동안 각인되었던 공동체로서의 한국사회 모습이 어쩌면 허구일 수도 있기 때문이다. 한국사회의 지속가능성에 대한 우려가 심각하게 제기되지 않을 수 없다. 위에서 정리한 사회갈등과 관련된 다양한 지표를 통해 확인할 수 있는 것은 한국사회의 갈등이 어느 정도로 심각하게 잠복되어 있으며, 언제 어떤 형태로든 폭발적으로 표출될 수 있다는 점이다.

그렇다. 갈등이 일상화되는 상황으로 깊숙이 들어가고 있지만, 갈등을 관리하고 조정하는 역량은 대단히 취약하다. 갈등이란 사회 구성의 필수요건인 만큼 갈등 발생 자체가 문제인 것은 아니다. 문제는 갈등을 조정하고 관리할 수 있는 사회제도적, 문화적, 정서적 기반을 가지고 있느냐 하는 것이다. 갈등이 발생하였을 때 갈등을 풀어 냄에 있어 절차적 조정의 기제에 의존하는 비중이 대단히 낮다. 한 조사에 의하면 한국인은 갈등을 잘 처리하는 편이라고 응답한 비율이 17%

⋮

에 불과한 것으로 나타났다(국정홍보처, 2006). 갈등 조정의 제도화 수준 역시 초보적인 단계에 머물러 있다. 첨예화되고 일상화된 갈등을 어떻게 관리하고 조정하느냐에 따라 사회통합의 방향이 결정되고, 갈등을 어떻게 관리 조정하느냐에 따라 사회 발전의 면모가 달라진다. 갈등의 관리나 조정의 대목에서 한국사회는 매우 취약하다.

3. 절반의 성공, 87년 민주화

사회는 갈등을 만들고, 갈등은 사회를 만든다. 갈등은 사회 구성의 불가피한 현상이다. 갈등은 다양한 이해집단의 소통 방식이기도 하다. 사회는 갈등을 거치면서 새로운 모습으로 변한다. 정치사회학자 립셋은 갈등은 합의만큼이나 민주주의를 위해 필수적 요소라고 설파한 바 있다(Lipset, 1960). 사회통합과 사회갈등은 동전의 양면과 같다. 갈등의 긴장 없이 변화를 기대하기는 어렵다. 변화를 추구하며 갈등을 덮어 두겠다는 것은 현실적이지 않으며 이치에도 맞지 않는다. 이러하기에 갈등을 부추길 필요도 없지만 갈등을 금기시할 필요도 없다. 갈등은 통합의 대척점이 아니다. 갈등은 때로 적당한 긴장과 새로운 동력을 창출하여 좀더 성숙한 사회통합을 만들어 내는 기능적 측면이 있기 때문이다.

민주주의란 갈등을 양산하는 체제인 동시에 갈등을 조정하는 체제이다. 어떤 의미에서 민주주의는 갈등을 조장하는 체제이다. 민주주의는 갈등을 연료로 굴러가는 체제이다. 무페의 지적처럼 갈등과 경쟁이 민주 사회 발전의 원동력임이 분명하다(Mouffe, 1993). 동시에 민주주의는 갈등을 관리하고 조정하는 데 가장 효과적인 체제이다. 민주주의는 불완전을 전제하고 있다. 불완전한 사회 구성을 통합 과정으로 유도하는 것이 민주주의이다. 민주주의 사회일수록 대화하고 타협하고 절충할 것을 무한히 강조하는 것은 민주주의란 끊임없이 가꾸어 나가야 할 불완전한 체제이기 때문이다.

민주주의만큼 끊임없이 가꾸어야 하는 과정의 미학을 강조하는 제도도 없을 것이다. 잠시라도 한눈을 팔면 후퇴하는 것이 민주주의이다. 민주주의에는 이를 거스르려는 유혹이 많다. 어찌 보면 민주주의는 비효율적이기도 하다. 절차를 밟고 개개인의 의견을 들어주다 보면 일은 늦어지고, 되는 것은 별로 없는 것처럼 보이기 때문이다. 흔히들 얘기하는 것처럼 되는 것도 없고 안 되는 것도 없는 늪에 빠질 수도 있다. 그러나 다소 돌아가더라도 절차를 따르고, 당장은 화려하지 않더라도 기본에 충실할 때 뒤탈이 없고 찬사가 쏟아지고 궁극적으로 잘했다고 평가한다. 민주주의는 다름을 인정하는 것이다. 다름을 받아들이는 것이다. 상대방의 의견도 존재적 가치가 있음을 받아들이는 것이다. 절차적 민주주의를 넘어선 실질적 민주주의의 핵심은 다름을 인정하고 받아들이며, 과정을 기다리는 데 있다. 무엇보다도 차이가 빚어내는 긴장을 끌어안아야 민주주의가 작동한다.

갈등은 어느 사회, 어느 시대를 막론하고 있기 마련이다. 갈등이 사회를 만들기 때문이다. 문제는 갈등을 어떻게 조정하고 관리하느냐에 달려 있다. 앞서 소개된 갈등 관련 자료들이 암시하듯이 한국사회는 갈등사회 그 자체라고 해도 틀림이 없다. 오늘날 굳이 선진사회와 후진사회를 구분하려고 한다면, 이를 구획하는 기준은 갈등을 조정하고 관리하는 사회적 역량의 여부일 것이다. 선진사회란 사회갈등을 관리하고 조정하는 제도와 문화적 역량을 갖춘 반면 후진사회는 그러하지 못하다. 문제는 갈등이 존재한다는 사실이 아니라, 갈등을 조정하고 관리할 수 있는 역량을 가지고 있느냐 하는 것이다. 첨예화되고 일상화된 갈등을 어떻게 관리하고 조정하느냐에 따라 사회통합의 방향이 결정된다. 갈등을 어떻게 관리 조정하느냐에 따라 사회 발전의 면모가 달라지기 때문이다.

민주화 이후 국정 운영이나 조직 운영에서 최대 현안의 하나는 갈등 조정 메커니즘의 창출이다. 이 대목에서 한국사회는 매우 부족하다. 더욱이 오늘의 상황은 얼마나 더 많은 몫을 가질 것인가의 포지티브(positive) 경쟁의 시기가 아니라, 내놓아야 할 몫에 대한 네거티브(negative) 경쟁을 하는 어려운 시기이다. 원천적으로 갈등을 내재화하거나 갈등을 조정할 수 있는 공간은 구조적으로 더욱 협소해진다. 갈등 조정의 방안이 더 절실하게 요청되는 까닭이 여기에 있다.

87년 민주화는 한국 현대사가 만들어 놓은 대표적인 금자탑의 하나이다. 정치적 이해 타산에 의한 표피적 타협으로 이루어진 형식적 민주화라는 한계를 지니지만, 형식적 민주화의 달성은 이제껏 권위주의

⋮

체제에 억눌려 왔던 사회 각 부분에서 자신의 목소리와 요구를 분출할 수 있는 계기가 되었고, 이에 따라 사회갈등의 지형은 양적, 질적으로 크게 팽창 확대되었다(윤상우, 2012:97-98). 87년 민주화 체제는 한국사회로 하여금 양산된 갈등으로서의 민주주의를 경험하게 만들었지만, 갈등 조정 기제로서의 민주주의는 만들어 내지 못하였다. 다시 말해 87년 민주화는 권위주의적 통치 체제에서 오랫동안 억압되고 금기시되었던 갈등을 표출시킬 수 있는 사회적 상황을 만들어 냈지만, 갈등이 발생할 때 그것을 어떻게 풀어 낼 것인가는 아쉽게도 만들어 내지 못했다. 87년 민주화가 절반의 성공으로 여겨지는 까닭이다.

갈등 조정에 실패한 민주주의는 시작은 있으나 마무리는 안 된 반쪽의 민주주의이다. 그동안 한국사회의 갈등을 놓고 민주주의 실종이니 민주주의 과잉이니 민주주의 방종이니 등의 민주주의의 본질에 대한 언급이나 법이 있니 없니 하며 법치를 둘러싼 지적이 나오는 까닭도 그 근본적인 원인이 조정의 기제를 상실한 반쪽의 민주화에 기인하기 때문이다. 민주화 이후 한국사회는 서로 다른 목소리를 들을 수 있는 공간들이 서로의 차이를 확인하는 형식적 절차에 압도당했다. 차이를 조정하는 실질적 절차는 마련하지 못했다. 이러한 문제는 1987년 민주화 이후의 체제 속에서 봇물처럼 쏟아진 사적 이해집단의 권리 주장이 비등점을 넘어 오히려 민주주의 발전을 저해한다는 지적의 근원이기도 하다.

한동안 한국사회는 갈등 문제를 풀어 냄에 있어 사회운동적 접근이

지배적이었다. 권위주의 시대를 넘어서는 과정에서 사회운동이 담당했던 몫은 결코 가볍게 다룰 수 없다. 민주화의 맥락에서 요청된 갈등 문제를 해소함에 있어 사회운동은 상당 부분 성과도 있었으며, 정당성도 있다. 그러나 운동적 접근은 이분법적 대립을 전제하고 있다. 동시에 운동적 접근은 옳고 그름이 비교적 분명했던 시대의 산물이다. 갈등이 일상화되고 구조화되며, 갈등을 소재로 한 정치 동원의 상황에서 사회운동에 의한 갈등의 해법은 한계가 있다.

민주화 이후 갈등이 더 표면화되고 갈등의 균열 지점이 더 늘어났지만, 이것이 정치사회적으로 의미 있는 갈등이었느냐에 대해서는 여전히 논란이 많다. 권위주의를 거부하고 민주주의를 요구하였지만 정작 그것을 요구하는 방법은 권위주의 시대의 그것과 크게 다르지 않았다. 이분법의 논리, 여전히 밀리면 죽는다는 인식, 밀어 붙이기 식, 할 테면 해 보라는 식의 권위주의에서 통용되던 비합리적 대응으로 일관하였다. 성숙한 민주주의 방식이라고 보기는 어렵다. 이해가 상충되어 분쟁이 발생할 때 절충이나 협상보다는 실력 행사를 통해 자신의 이익을 관철하려는 것이다. 사회운동의 성장이 갈등을 분출시키는 데 기여한 바는 크지만 갈등을 조정하고 관리하는 역량은 기대에 크게 못 미친다. 운동성이 제도화로 이어지지 못한 것이다.

⋮

4. 과잉 동원된 이념 갈등

한국사회에는 이념 갈등이 과잉되어 있다. 이념 갈등에 허덕인다는 표현이 더 정확하다. 이념 갈등으로 치러야 할 사회적 비용이 너무 크다. 한국사회의 이념 갈등이 우려의 수준을 훨씬 넘어서는 것은 실제 내용에 비해 갈등이 과장되는 것에서 비롯한다. 과잉이란 한국사회의 본유적인 갈등이라기보다는 특정 세력이나 집단에 의해 과도하게 부풀려지거나 동원되면서 갈등이 증폭되는 것을 의미한다. 대표적으로 이념 갈등이 여기에 해당된다. 그렇다고 이념 갈등의 실체가 없다고 주장하려는 것은 결코 아니다. 한국사회의 이념 갈등은 현대사에 뿌리를 두고 있고 있음이 분명하다. 분단과 전쟁, 민주와 반민주, 성장과 분배에서 비롯하는 대결의 역사를 경험하면서 이념 갈등이 형성되었다. 문제는 이념 갈등이 특정 세력에 의해 그 실체와는 무관하게 외연이 과장되고 있다는 것이다. 특히 이념 갈등은 한국사회의 특징으로 언급되곤 하는 소용돌이 정치의 중심에 위치하고 있다.

한국사회에서 가장 첨예하게 드러나는 갈등이 무엇이냐고 했을 때, 크게 주저함이 없이 보수와 진보 간의 이념 갈등이 아니냐는 반응을 어렵지 않게 목격하곤 한다. 그도 그럴 것이 언론에 등장한 갈등에 관한 기사를 유형별로 볼 때 이념과 관련된 갈등이 가장 크게 부각되기 때문이다. 실제로 신문에서 기사화된 갈등을 유형별로 빈도 분석을 한 결과 이념 갈등과 관련된 기사가 경제 이슈인 계층이나 노사 갈등보다 매년 평균 2-5배 많이 기사화된 것으로 조사되었다(박철

⋮

현, 2005). 신문기사가 사회 현실을 그대로 반영하는 것은 아니라는 점을 감안하더라도, 기사 건수를 평면적으로 해석하면 이념 갈등이 계층 갈등이나 노사 갈등보다 2~5배 이상 더 심각하거나 더 문제시되는 갈등이라고 보는 것은 무리가 아니다. 그러나 한국의 사회갈등에 관한 조사에서 일관되게 나타나는 결과의 하나는 '한국사회에서 어떤 갈등이 가장 심각하다고 생각하느냐'는 질문에 대해 계층 갈등, 지역 갈등, 노사 갈등의 순으로 심각하다고 나타난다는 점이다. 이념 갈등, 세대 갈등은 그 순위가 낮다(한국여성개발원 2005; 한국사회연구소 2007; 월간중앙 2009).

2005년 한국여성개발원 조사에서 가장 심각한 갈등은 계층 갈등(32.6%), 지역 갈등(21.4%), 노사 갈등(12.7%)으로 나타났으며, 반면 이념 갈등이 가장 심각하다는 지적은 6.4%에 지나지 않았다. 갈등의 심각성은 계층 갈등 〉 지역 갈등 〉 노사 갈등 〉 세대 갈등 〉 교육 갈등 〉 이념 갈등 〉 환경 갈등 〉 남·여성 갈등의 순서로 나타났다(한국여성개발원, 2005). 2006년 대한상공회의소 조사에서도 계층 갈등(48.5%)과 노사 갈등(12.7%)이 각각 가장 심각한 갈등 1, 2위로 꼽혔다(대한상공회의소, 2006). 2007년 고려대 한국사회연구소의 갈등의식 조사에서도 가장 심각한 갈등으로 계층 갈등을 꼽고 있다(33.8%). 그 다음으로 지역 갈등(23.5%), 노사 갈등(20.1%) 순으로 나타났다. 이념 갈등이 가장 심각한 것으로 인식하는 응답은 7.8%에 불과하였다(한국사회연구소, 2007). 2010년 한국사회연구소 조사에서도 계층 간 갈등, 노사 간 갈등이 가장 심각하게 인식되는 사회갈등으로 나타났다.

⋮

정리해 보면, 보수와 진보를 둘러싼 이념 갈등이 한국사회의 담론 형성 및 정치, 시민사회의 장에서 실제 이상으로 과대 포장되어 유통되고 있다는 것이다. 이는 실제로 국민들이 인식하는 갈등과 언론에 기사화된 여론으로 만들어 내는 갈등 사이에 괴리가 있음을 의미한다. 일종의 부정합화(decoupling) 현상인 것이다. 대다수의 사람들은 계층 불평등과 같은 경제적 이슈를 가장 중요한 사회적 균열이자 핵심적인 갈등으로 인식하고 있는 반면, 언론은 이념 갈등을 지나치게 부각하여 이 이슈를 지속적으로 확대재생산해 온 것이다. 이를테면 '이념의 거탑에 갇힌 한국사회'와 같은 선정적인 신문 기사 제목이 대표적인 예라 할 수 있다(박길성, 2008b:19-20).

이념 갈등이 과대 포장되고 담론화되는 요인으로 언론 못지않게 정당도 지목되어야 할 것이다. 한국사회의 이념 갈등은 실제 내용에 비해 과장되어 부풀려져 있으며, 그 원인은 정치권의 편향성의 동원에 기인한다(윤성이, 2006). 현재 진행되고 있는 이념 갈등은 한국사회 내의 본질적인 갈등이라기보다는 정치엘리트 집단이 정권을 획득하기 위한 수단으로 갈등을 사유화하고 증폭시킨 측면이 크다는 것이다. 이러하기에 대부분의 논쟁은 이분법적인 흑백논리의 틀 안에 갇히게 된다. 이념 갈등의 넓은 스펙트럼은 사라지고 극단적인 대립의 양상만이 남게 된다. 이를테면 수구반동 아니면 급진좌경만 남는 형국이다(선우현, 2002). 어떤 의미에서 이념 갈등의 최대 수혜자는 정당이었고, 이념의 정치를 끊임없이 활용한 것도 정당이었다. 정당정치가 부재한 한국의 정치에서 이념 갈등의 확대는 놓치기 아까운 정략적

⋮

소재임이 분명하다. 실제적으로 한국현대사에서 이념의 잣대를 대고 정치적으로 악용된 사례를 수없이 볼 수 있다. 한국사회에서 이념 갈등은 정치사회를 중심으로 정당과 언론이 상호작용하면서 생산되고 소비되는 경향이 강하다. 정당과 언론 모두 정체성의 정치와 대중 동원의 정치에서 이념 갈등을 수단적으로 활용하기 때문이다.

한국사회에서 문제시되는 이념 갈등은 이념의 향방에 따른 정책의 차이에서 비롯되는 것이 아니라 대부분 국가 정체성에 대한 다른 입장에서 비롯한다. 정체성을 둘러싼 이념 갈등, 특히 근본주의적(fundamentalistic) 이념 갈등이 문제가 되는 것이다. 정책을 둘러싸고 진행되는 갈등이라면 나누는 것이 가능하고 조정이 가능하지만, 정체성을 둘러싼 갈등은 나누기가 쉽지 않다.

세대 갈등 역시 과잉 담론화되기는 마찬가지이다. 다음 장에서 자세하게 언급하겠지만 한국사회의 갈등 총량에서 세대 갈등이 차지하는 비중은 그리 크지 않다. 그럼에도 불구하고 세대 구분 혹은 세대 긴장은 끊임없이 제기되고 있다. 한국사회에서 세대 담론은 상업적 기획, 정치적 기획, 저널리즘적 기획에 의해 실제보다는 과잉 생산되기 때문이다.

이념 갈등과 비교하면 세대 갈등에는 상업적 관심이 더 깊숙이 개입되어 있다. 근자에 부쩍 많이 언급되는 세대 갈등의 내용은 세대 정치(politics of generation)를 중심으로 전개된 과거 세대 논쟁과는 달리 경제적 이해관계가 큰 축을 이룬다. 이를테면 연금, 일자리와 같은 경

⋮

제적 이해를 둘러싼 문제가 집중적으로 거론된다. 그러나 연금과 일자리를 세대 갈등의 지점으로 간주하기 위해서는 체계적인 분석이 요청된다. 그러나 한국사회에서의 논쟁은 체계적인 분석은 건너뛰고 주장만이 난무한다. 담론이 과잉되기 마련이다.

허시먼은 사회갈등을 '나눌 수 있는 갈등'(divisible conflicts)과 '나눌 수 없는 갈등'(either-or or nondivisible category)으로 구분한 바 있다. 전자는 자본주의 사회에서 경제적 이해와 분배와 관련된 것으로 이는 협상과 조정이 가능한 속성을 지닌 반면, 후자는 인종, 언어, 종교, 젠더 등과 같은 정체성의 차이에서 기인한 것으로 협상과 조정을 통해 나누기 쉽지 않은 갈등이며 갈등의 정도도 매우 클 수 있다(Hirschman, 1994:213-214).

나눌 수 있는 갈등을 각기 다른 계급, 영역, 지역 간의 사회적 생산물의 분배를 둘러싼 갈등들이라고 한다면, 나눌 수 없는 갈등은 정체성을 둘러싼 갈등이다. 두 가지의 유형화는 갈등의 성격은 물론이고 갈등이 해법에서도 상당한 차이가 있다. 전자의 경우는 더 많이 갖느냐 혹은 적게 갖느냐의 종류이기 때문에 양자택일의 속성을 갖는 후자보다 해결이 상대적으로 용이하다. 그러나 정체성을 둘러싼 갈등은 협상과 조정을 통해 나누기 쉽지 않은 종류의 갈등인 만큼 타협점을 찾기가 어렵다. 또한 전자의 해결책은 순간적이고 특정 환경과 밀접하게 관련되어 향후 환경이 바뀌면 다시 논의될 가능성이 있는 반면, 후자는 갈등의 해결이 한 집단이 제거되거나 관용을 통해 공존하는 것일 수밖에 없는 것이기에 해결의 가능성이 그리 간단치 않다.

이익 갈등은 상호간의 양보와 타협으로 그 접점을 찾을 수 있지만, 서로 다른 가치관과 정체성은 그 성격상 접점을 찾기 쉽지 않기 때문이다. 물론 이러한 구분은 하나의 이상형(ideal type)으로 보아야 할 것이다. 현실에서는 이러한 양상들이 혼합되어서 나타나는 경우가 일반적이다. 이를테면 경제적 이해관계가 치밀하게 관련되어 있는 것으로 인식되는 노동자들의 경우 임금이 아니라 자신들의 존엄을 지키기 위해 투쟁을 하는 경우를 종종 확인할 수 있다. 허시먼은 2차 대전 이후 30여 년 동안 갈등은 주로 전자의 성격을 지녔다고 지적한다(Hirschman, 1994:213-214). 그리고 이것은 많은 고전이론가들의 지적처럼 사회의 기둥으로 기능하였다. 그는 이어서 시대는 바뀌어 후자가 주된 갈등으로 등장하고 있으며 해결하기 쉽지 않은 것으로 언급한다.

한국에서 민족 문제를 핵심으로 하는 이념 갈등은 나눌 수 없는 갈등의 전형이고, 이는 허시먼이 지적한 대로 극심한 갈등을 불러올 잠재성을 지니고 있다. 나눌 수 있는 갈등의 경우, 갈등을 제도화하고 경제적 자원의 재배분을 통해 갈등을 완화할 수도 있지만, 이념 문제는 일방의 의견만이 관철될 수밖에 없고, 특정 세력의 양보를 불러오기 어렵다. 이 때문에 작금의 정치사회적 조건하에서 정당이나 유사 대의기구가 대표하는 사회관계의 범위와 기반은 매우 협소하다. 정당간 갈등의 정도는 극심하다고 할 정도로 강하지만 역설적이게도 이렇게 갈등의 강도가 높은 이유는 갈등의 범위가 넓지 못하고 매우 좁기 때문이다. 이러한 정치 체제의 지속은 사회의 주된 균열을 외면하고 다수의 사람들을 정책 결정에서 구조적으로 체계적으로 배제할 수 있다.

외환위기 이후 강요된 조정과 갈등적 조율을 겪으면서 한국사회에서 두드러지게 부각된 것은 빈곤과 불평등으로 요약되는 경제적 문제였고, 이것이 대다수 한국인들의 일상을 규정했다고 할 수 있을 정도로 중차대한 문제로 등장했다. 즉 허시먼의 개념을 빌리자면 나눌 수 있는 갈등이 사회의 가장 두드러진 문제이자 갈등의 원천으로 나타난 것이다. 하지만 현실에서는 이러한 갈등의 양상은 억눌려졌다. 대신 언론이나 정당들은 시민들이 그다지 크게 중요하게 여긴다고 볼 수 없는 이념과 같은 문제를 과도하게 동원했고, 이를 바탕으로 사회적 균열을 만들었으며, 이를 중심으로 정치적 경쟁을 벌였다. 이러한 문제는 근자에까지 지속되고 있다. 실제로 한국의 대다수 사람들은 불평등과 같은 경제적 이슈를 가장 중요한 균열선이나 핵심적인 갈등으로 인식하는 반면, 이념 갈등의 가장 큰 수혜자인 언론과 정당은 지속적으로 이념 갈등을 주된 이슈로 생산하고 소비한다. 오늘의 한국사회를 억누르고 있는 갈등의 지배적인 형국은 과잉 동원된 이념 갈등과 억압된 경제 갈등으로 요약된다.

5. 위기관리의 위기

위기는 어떻게 관리하느냐에 따라 기회가 되기도 하고 쇄락이 되기도 한다. 갈등의 측면에서 오늘의 한국사회가 위기에 처해 있다고 할 때의 핵심은 갈등은 강하고(强) 많으나(多) 이를 관리하고 조정하는 기제는 약하고(弱) 적다(寡)는 데 있다. 갈등은 많고 강하지만, 이를 넘어설 수 있는 사회통합의 방안은 적고 약하다는 것이다. 자신의 이해나 가치를 관철시키는 데는 열중하지만, 충돌하는 이해와 가치를 넘어서기 위한 대안 마련에는 소홀하다. 사회통합이란 사회 구성원의 분열을 사전에 방지하거나 사후적으로 조정함으로써 사회적 귀속감을 유지시키는 것이라고 한다면, 사회통합의 주요 과제는 사회적 갈등을 효과적으로 조율하고 관리하는 것이다(노대명 외, 2009:38).

문제는 한국사회가 세계화, 민주화, 정보화를 기축으로 하는 전 지구적 전환, 외환위기의 역사적 상황 조건, 진자의 폭이 매우 넓은 권력 이동으로 인한 사회갈등의 증폭에 대해 효과적으로 대처하는 양질의 거버넌스 체제를 구축하지 못하고 있다는 데 있다. 어떤 의미에서 갈등으로 인한 사회적 위기는 갈등 그 자체보다는 갈등을 관리하고 조정하는 기제의 부재로 인한 위기인 것이다. 갈등에서 비롯하는 한국사회의 위기는 위기관리의 위기(crisis of crisis management)인 셈이다.

갈등을 중재할 공정성이 담보된 규칙 및 제도가 미비하거나, 규칙이

⋮

있다 하더라도 적용 방식에 대한 신뢰의 부재가 오늘날 한국사회의 현실이다. 위기관리의 위기의 핵심이다. 위기관리의 근간으로 권위의 복원을 지적하는 까닭이 여기에 있다. 권위는 질서의 또 다른 표현이자 사회통합의 토대이다. 무권위 혹은 몰권위 속에서 질서를 기대하기는 어렵다. 정당성과 사회적 합의가 담보된 권위 없이 사회질서는 유지되기 힘들기 때문이다. 한국사회에서 제왕적, 가부장적, 군사적 등의 형용사가 붙은 이른바 구래의 권위주의적 질서는 빠르게 해체되었다. 87년 민주화, 90년대 들어 본격적으로 확산되기 시작한 일상생활에서의 정보화와 세계화는 구래의 권위주의적 질서를 해체시키기에 충분하였다.

그러나 해체된 권위주의를 채울 새로운 권위에 대한 합의에는 이르지 못하고 있는 실정이다. 억압적 권위주의와 유착된 기성의 권위는 해체되고 있으나 새로운 권위 패러다임은 좀처럼 제시되지 않고 있는 것이다. 민주화를 경험하면서 억압적, 일방적 권위주의 정치를 청산했다고 생각하였지만 정작 사회갈등을 조율할 조정기제의 기반이 될 권위는 만들어 내지 못하고 있는 것이다(박길성·장하성, 2005). 권위란 갈등을 조정할 수 있는 힘을 의미한다. 권위주의의 해체 현상과 동시에 권위의 해체가 발생하고 사회질서의 기반이 흔들리면서 사회 공존으로의 길은 점점 멀어지는 것이 아니냐는 우려가 커지고 있다. 한국사회가 정치는 물론이고 일상생활을 포함한 모든 영역에서 심히 요동치고 있는 것도 새로운 권위 구조를 만들어 내지 못하는 것과 무관하지 않다.

⋮

권위의 부재는 사회질서의 근간이라 할 수 있는 신뢰의 저하로 이어지기 마련이다. 신뢰가 낮고, 권위가 없는 사회의 공통점은 원칙을 쉽게 허물기는 하지만 그걸 다시 세우는 일은 너무 어렵다는 것이다. 신뢰가 없고 권위가 없는 사회일수록 진실이나 미담보다는 허위나 추문에 관심이 많다. 사실성과 책임성을 결여한 허위와 추문의 확산은 빠르게 진행된다. 치러야 할 사회적 비용이 크다. 특히 인터넷 공간에서 진행되는, 익명성에 기반을 둔 사회운영은 권위의 부재와 저신뢰와 결합하여 종종 매우 심각한 사회문제를 유발시키곤 한다. 유난히 갈등 조정이나 관리의 제도적 역량이 취약하며, 갈등의 조정과 관리를 위한 역사문화적 공간이 협소한 한국사회에서 새로운 권위의 창출은 위기관리의 기반으로서 사회통합을 위한 절체절명의 과제임이 분명하다.

과제는 사회통합이다. 분열을 사전에 방지하고 사후에 조정함으로써 사회적 귀속감을 유지하고 사회적 해체를 억제하는 사회통합의 과제는 사회적 갈등을 효과적으로 조율하고 관리하는 것이다. 문제는 외환위기와 글로벌 스탠더드의 확산에 따른 사회갈등의 증폭에 대해 효과적으로 대처하는 양질의 거버넌스 기제를 구축하지 못하고 있다는 데 있다(박찬욱 외, 2007:106). 위기이자 동시에 위기관리의 위기인 것이다. 폭넓은 국민적 합의 속에서 책임과 참여가 내포한 시민적 연대의 방안을 발견하지 못하고 있다. 주지하듯이 갈등이 존재한다는 사실 그 자체가 문제가 아니며, 이것을 질서 있는 참여로 이끌어 그

⋮

과정을 통해 갈등을 관리할 수 있는 제도적 능력을 어느 정도로 갖출 것인지가 문제이다.

위기에 따라 갈등이 문제가 되는 것은 갈등이 존재하는 것 그 자체가 아니라 관리 가능한 범위를 넘어서 점차 통제 불가능한 수준의 갈등이 빈번하게 발생하기 때문이다. 갈등은 분명 사회 균열의 근간으로 작동하지만, 다른 한편으로 갈등은 사회 발전에 필요한 적당한 긴장감을 제공하면서 새로운 동력을 창출하고 좀더 높은 수준에서 사회를 아우르는 기능의 측면을 갖는다. 갈등을 관리할 수 있는 역량의 측면에서 볼 때 한국사회는 그리 긍정적이지 않다. 한국사회의 갈등 양상이 다양한 영역에서 광범하게 퍼져 있고 일상화되었음에도 불구하고 이에 대한 관리 시스템은 대단히 취약하다. 따라서 적절한 긴장과 동력으로서의 갈등을 견지하며 이미 현대사회에서 일상화된 갈등을 관리하는 방안의 모색이 그 어느 때보다 절실하게 요구된다 (박길성, 2008b:23).

6. 새로운 정치

갈등으로 인한 사회해체를 우려하는 목소리가 많다. 한국사회 특유의 경로의존적 발전 노정에 비추어 볼 때, 갈등도 압축적으로 경험한다. 압축적으로 갈등을 경험하기에 복합전환적인 갈등 양상이 강도 높게 진행된다. 이제는 그 해법을 찾아야 한다는 주장이 넘쳐난다. 보수·진보 구분 없이 화해와 통합의 필요성을 강변한다. 이런 상황에서 몇 발짝 더 나가면 나라가 거덜 날지도 모른다는 절박한 우려가 깔려 있다. 그러나 정작 내가 무얼 해야 할 것인가에 관한 자기 성찰에 관한 언급은 드물다. 정치권은 말할 것도 없고 언론, 학계, 시민단체 모두 마찬가지이다. 한결같이 상대방에 대한 지적뿐이다. 화해와 통합에는 전제가 있다고 강변하며, 이것이 해결되지 않고서 어떻게 화해하고 통합하겠냐는 논조이다. 이 대목에서는 보수·진보 모두 한 치의 양보도 없다. 민주화 이후 보수에서 진보로, 진보에서 보수로 정권 교체가 이루어졌지만 화해와 통합의 사회적 기반은 점점 더 척박해지기만 한다. 사회통합을 향한 강한 열망이 있음에도 불구하고 분열과 갈등이 좀처럼 수그러질 것 같지 않다.

통합의 문제가 시대적 화두로 빈번하게 등장한다. 사회통합은 비단 어제오늘의 얘기도 아니며 어느 특정 사회에만 해당되는 것도 아니다. 어떤 의미에서 통 시대적 숙제이자 통 사회적 과제라 할 수 있다. 그러나 오늘날 거론되는 사회통합은 과거와는 사뭇 다르다. 민주화, 정보화, 세계화의 지구적 거대 전환 속에서 국가나 지역에 따라 정도의 차이는 있으나 사회통합을 지탱하는 조건과 기반은 전반적으로 빠른 속도로 약화되는 양상을 보인다.

사회통합은 물질적 이해의 조정뿐만 아니라 가치규범의 조율을 내포한다. 물질적 측면에서 사회통합의 목표는 경제적 풍요이며 가치규범적 측면에서 사회통합의 목표는 사회적 관용이라 할 수 있다. 계층 갈등과 노사 갈등이 물적 이해에 맞물린 대표적인 갈등이라 한다

⋮

면, 이념 갈등과 세대 갈등은 가치관과 관련된 대표적인 갈등이라 할 수 있을 것이다. 그러나 경제적 이익을 둘러싼 이해 갈등과 사고와 생활 양식의 차이를 둘러싼 가치관 갈등의 구분은 논리적으로는 가능하지만 실제적으로는 복잡하게 얽혀서 나타난다. 이를테면 이념 갈등은 사고와 생활 양식이 충돌하는 가치관 갈등이 중심을 이루기는 하지만, 상당 부분 경제적 이해가 이념 갈등을 구축하는 원천으로 작용한다.

새로운 정치가 필요하다. 오늘날 한국사회에서 나타나는 기이한 현상의 하나는 모두가 정치를 갈망하지만 정작 정치를 하려 들지 않는다는 점이다. 정치가 이념이냐 이익이냐를 떠나서, 정치란 타협하고 협상하고 절충하는 기술이다. 그 이상도 그 이하도 아니다. 정당정치란 정당이 복잡하고 첨예하게 얽혀 있는 사회 현안을 타협과 협상과 절충의 주체가 되어 풀어 가는 것이다. 민주화를 달성하였지만 사회운영의 질서는 여전히 민주화 이전의 권위주의적 질서와 크게 다르지 않다고 하는 것은 타협과 절충의 정치가 정착하지 못하고 있기 때문이다. 한국에서 정치가 실종되었다는 것은 정치의 기술이 실종하였음을 의미한다. 결국 한국사회에서 정치란 갈등을 부추기는 역할만을 하고 만다. 한국 정치가 낙후되었다고 지적할 때 그 의미는 타협과 절충의 공간이 매우 협소함을 의미한다. 구호만이 과도하게 난무하고 정작 정치의 생명인 타협과 절충의 기술은 부재하다. 정치의 장에서 흔히 등장하는, '나의 소신이다'라고 못을 박는 것은 입장이나 의지

⋮

의 선명성을 보여 주는지는 몰라도 정치를 하지 않겠다는 얘기에 불과하다.

한국 정치를 돌아보면, 권력만 잡으면 세상을 뒤집을 수 있다는, 담대한 수준을 넘어 원대한 야망만이 정치 공간을 가득 채우고 있다. 정작 정권을 교체하거나 재창출해서 무엇을 하겠다는 것인지 전혀 보이지 않는다. 보수와 진보의 가치는 보이지 않고, 오로지 보수와 진보의 이익만이 난무한다.

사회 공간에서 내가 누릴 수 있는 자유는 다른 여러 사람의 자유와 양립할 수 있는 것이어야 한다. 이 점에서 타협은 불가피하다(김우창, 2008:34). 어느 시대, 어느 사회에서나 통용되는 보편적 진리의 하나이다. 대화하고, 협상하고, 절충하는 것이 소통이다. 이른바 '큰 정치', '저변이 넓은 정치'란 절충과 타협의 공간을 상호 인정하는 소통을 정치의 핵심으로 끌어안는 정치를 말한다. 갈등이 사회를 만드는 해법이다.

⋮

제3장 복합, 복잡, 압축의 갈등 양식

한국사회의 갈등은 복합(compound), 복잡(complex), 압축(compressed)의 3C의 갈등으로 요약된다. 갈등의 구성은 복합적이고, 갈등의 구조는 복잡하고, 갈등의 형성은 압축적이다. 동시대의 현상이라고 보기 힘들 만큼 다양한 형태의 갈등이 동시다발적으로 표출한다는 점에서 복합 갈등이며, 갈등을 만들어 내는 축이 다층적으로 중첩되어 있다는 점에서 복잡 갈등이며, 갈등의 형성이 매우 응축적으로 진행되었다는 점에서 압축 갈등이다. 복합 갈등이 '비동시성의 동시성'에 의해 비롯하는 갈등이라면, 복잡 갈등은 갈등 양상의 '다층적 중첩'에서 기인하는 갈등이며, 압축 갈등은 갈등 양상의 '과속과 쏠림'이 만들어 내는 갈등이다(〈표 3-1〉).

표 3-1. 한국사회의 갈등 지형

양상	배열	원인
복합 갈등	갈등의 구성	비동시성의 동시성
복잡 갈등	갈등의 구조	다층적 중첩
압축 갈등	갈등의 형성	과속과 쏠림

1. 복합 갈등

오늘의 한국사회 갈등 구성은 복합적이다. 한국사회가 갈등 국면으로 치닫고, 갈등 국면에서 좀처럼 벗어나지 못하는 구조적 이유는 전환의 시대 상황 속에서 전근대적(pre-modern) 갈등, 근대적(modern) 갈등, 탈근대적(post-modern) 갈등이 동시대의 공간 위에서 복합적으로 얽혀 있는 비동시성의 동시성의 사회 구성에서 비롯된다. 비동시성의 동시성이란 동시적이지 않은 요소들이 같은 시대에 존재하는 현상을 의미한다. 전근대, 근대, 탈근대가 하나의 시공간 안에 공존하는 비동시성의 동시성이 한국사회의 갈등 영역에도 그대로 나타나는 것이다.

한국사회의 대표적인 전근대적 갈등으로는 전통적인 유교적 가부장제에서 비롯한 성, 연령 갈등과 낙후된 정치 동원의 구조 속에서 분출된 지역 갈등을 들 수 있다. 근대적 갈등의 대명사는 자본주의적 산업 사회의 성장과 맞물려 있는 계급·계층 갈등이다. 탈근대적 갈등으로는 탈근대적 가치의 확산으로 인한 갈등, 삶의 질과 지속가능성의 가치를 둘러싼 환경 및 생태 갈등이 대표적으로 포함된다. 오늘날 한국사회가 겪고 있는 대표적 갈등의 양상은 전근대, 근대, 탈근대적 요소가 동시대적으로 존재하는 비동시성의 동시성에서 비롯하는 복합전환의 갈등에서 극명하게 드러난다. 실제로 세계사에서 한국만큼 매우 짧은 기간 동안 산업화, 민주화, 정보화, 세계화가 함께 맞물려 진행되는 사회도 없을 것이다. 이는 복합전환의 사회 구성을 의미하며, 복합전환적인 갈등 양상이 양산되는 구조적 조건에 해당한다.

복합 갈등을 유발하는 갈등의 근원은 크게 보아 두 가지이다. 하나는 경제적 이해(interest)를 둘러싼 갈등이고, 다른 하나는 정체성(identity)을 둘러싼 갈등이다. 오늘날 한국사회의 갈등 지형은 경제적 이해를 둘러싼 갈등과 정체성을 둘러싼 갈등이 동시적으로 사실상 사회 전방위에 걸쳐 복잡하게 배열되어 있는 형국이다. 서구의 경우 경제적 이익을 둘러싼 이해 갈등에서 가치관과 생활 양식이 충돌하는 가치관 갈등으로 그 중심이 변화하는 것과는 달리 우리나라에서는 두 갈등이 거의 동시적으로 분출하는 복합적인 양상을 보인다(김호기, 2007:104). 이를테면 지역에 기반을 둔 왜곡된 정치 동원의 구조 속에서 분출된 지역 갈등은 경제적 이해와 지역 정체성의 동원 구조와 맞물리면서 좀처럼 풀리지 않는 과제로 지속되고 있다. 앞 장에서 언급한 허시먼의 나눌 수 있는 갈등과 나눌 수 없는 갈등이 동시적으로 분출하는 상황이다. 그런가 하면 집단적이며 중심화된 사회갈등과 개별화되고 탈중심화되는 새로운 갈등이 공존하면서 갈등의 복합적 상승 현상이 나타난다(김철규, 2008; 정일준, 2008).

복합적인 갈등 지형으로 인해 다양한 행위 주체들이 수없이 다양한 이슈들을 정치화시키면서 새로운 갈등 구조가 생산되고 갈등은 보편화되고 일상화되는 양상을 보인다. 이 대목에서 한국은 최선봉에 있다 하여도 지나친 평가가 아니다. 근대 산업 사회에서 사회갈등은 계급 및 계층을 중심으로 형성되었으며, 정치 영역에서는 시민과 국가 간의 갈등이 주요 양상을 이루었다. 그러나 현대사회에서의 사회갈등은 계급·계층 갈등과 국가와 시민 갈등은 물론이고, 성, 연령, 세대, 종교, 인종, 민족 등을 둘러싼 정체성 갈등의 구획에 의해 복합적으로 상호 연관되어 있다. 오늘날 한국사회의 갈등 지형 역시 전통적인 소득과 부를 둘러싼 계급·계층에 국한되지 않고 이념, 지역, 성, 세대, 교육, 환경, 안전, 건강, 소수자 등 사실상 사회의 모든 영역에 걸쳐 나타난다.

전통적으로 지속되었던 계층 갈등, 노사 갈등, 이념 갈등, 지역 갈등, 성별 갈등뿐만 아니라 최근 이슈화된 환경 갈등, 다문화 갈등, 세대 갈등 모두는 특정 사안이나 특정 집단의 문제를 넘어서 복잡한 방식으로 전개되고 있다. 역설적으로 다양한 가치관을 반영하듯 사회갈등도 미분화되어 복합적으로 나타난다. 예를 들면, 지역 연고주의에 근거해 지역 대결주의로 표출되었던 지역 갈등은 환경 문제 및 환경 정책을 둘러싼 환경 갈등, 그리고 지역별 자산 가격의 차별적 상승 문제를 둘러싼 경제 갈등이 결합하면서 복합적으로 확대 전개된다. 특정 문제를 둘러싼 갈등의 외연이 확대되면서 갈등은 다양하고 복잡해졌으며, 대응 방식도 과거와 같은 억압이나 강제 수단을 통한 일시적인 봉합을 넘어 다원화된 복합 진단을 통한 갈등 해법이 요구되고 있는 것이다.

한국사회의 경로의존적 특성 역시 갈등의 복합적 양상을 가중시킨다. 사회갈등은 그 사회가 거쳐 온 역사 과정에서 기인한 구조적인 원인을 갖고 있다(Lipset and Rokkan, 1967). 역사·문화적 조건과 상황적 조건이 갈등의 구조와 성격을 결정한다는 것이다. 한국사회에서는 지역 갈등으로 표출되는 연고주의가 이에 해당되는 대표적인 갈등의 하나이다. 한국사회 갈등의 복합적 구성에는 지역주의가 강하게 관여되어 있다. 한국인의 가치와 태도 형성은 물론이고 자원 동원과 정치 선택에 있어 연고주의적 성향을 배제하고는 생각할 수 없을 만큼 일상화되어 있다. 이를테면 지역주의에 근간을 둔 엘리트의 충원과 교체 과정에서 드러나는 지연 중심의 연고주의는 지역 갈등으로 확산된다. 오늘날 한국사회에서 연고주의는 사회적 자원의 배분을 왜곡하고 집단 간의 갈등을 증폭시키는 등 사회운영의 여러 비효율성을 야기하고 사회통합을 저해하는 기제로 여겨진다(박길성·김선업, 2003:109).

연고주의적 집단 이기주의는 사회적 판단과 평가에 있어 이중적 태도를 수반한다. 연고에 따른 강한 내집단 의식을 바탕으로 자기가 속한 집단 성원에 대해서는 개방적이지만 연고가 다른 외집단 성원에 대해서는 폐쇄적 태도를 보여 줌으로써 연고가 다른 집단 간의 의사소통 단절을 가져오며 사회적 평가의 이중성을 야기한다. 이처럼 오늘날 한국사회의 연고주의는 집단 결속의 원리이며 동시에 사회적 적응

⋮

과 사회적 자원의 획득 수단으로서 강한 도구성을 지니고 있으며 나아가 사회적 갈등의 대표적 요인의 하나로 작용하고 있다(박길성·김선업, 2003:115). 실제로 한국사회의 연고주의적 토양은 도구성이 강하고 사회적 자원을 배분하는 비공식적 제도의 하나로 자리 잡고 있다. 이러한 구조는 사적 관계에 대한 강한 신뢰를 바탕으로 사회적 자본을 형성하고는 있지만 좀더 거시적인 사회적 차원의 자본은 형성하지 못하고 있다.

현재 진행되고 있는 지역 갈등은 한국사회 내의 본질적인 갈등이라기보다는 정치엘리트 집단이 정권을 획득하기 위한 수단으로 갈등을 사유화하고 증폭시킨 측면이 크다. 과거 권위주의 체제로 요약되는 한국사회의 정치 구조는 지배 정당성을 결여하고 있으며, 이의 결핍을 해소하기 위해 지역주의를 동원하곤 했다. 오늘날 한국사회에서 낙후된 정치 구조의 첫 번째 항목으로 거론되는 정당정치의 부재 역시 지역을 중심으로 하는 분할적 지배 전략에서 기인하며, 지역적 연고에 근거한 폐쇄적 관계가 정치적 동원의 가장 강력한 기제로 작동하면서 낳은 결과이다.

2. 복잡 갈등

오늘날 한국사회의 갈등은 복잡하다. 무엇보다 갈등을 만들어 내는 축이 다층적으로 중첩되어 있기 때문이다. 오늘날 한국사회의 갈등

표 3-2. 복잡 갈등의 성격

갈등의 축	갈등의 주요 지점	갈등의 기제	내용
전 지구적 전환	지구적 수준	강요된 조정	세계화, 민주화, 정보화
역사적 상황조건	국민국가적 수준	경로 의존	외환위기
현실정치	정치/시민사회적 수준	전략적 선택	정권 교체, 권력 이동

지형은 세 가지 축에 의해 구축된다. 첫째는 세계화, 민주화, 정보화를 골간으로 하는 전 지구적 전환이며, 둘째는 97년 외환위기의 역사 상황적 파장이며, 셋째는 진자의 폭이 넓은 현실정치에서의 권력 이동이다.

세 축은 지구적, 국민국가적, 정치/시민사회적 수준에서의 갈등 발생 주요 지점이라 할 수 있다. 사회갈등의 발생이 세계적 차원의 '강요된 조정', 국민국가적 차원의 '경로의존', 그리고 정치 및 사회집단적 차원의 '전략적 선택'에 의해 틀 지워진다. 다시 말해 한국사회의 갈등 지형은 거시일반 구조(deep structure)로서의 전 지구적 전환(global transformations)과 역사적 상황조건(historical contingency)으로서의 외환위기 그리고 현실정치(real politics)로서의 권력 이동의 세 축에 의해 구성된다. 80년대 후반을 기점으로 본격화되는 전 지구적 전환에 의한 갈등적 상황이 외환위기에 따른 갈등과 현실정치에 의한 갈등 구조와 맞물리면서 격화되고 일상화되며 동시에 복잡한 양상을 보이는 것이다(〈표 3-2〉).

⋮

이 시대 전 지구적 규모로 진행되는 거대 전환의 핵심은 단연 세계화, 민주화, 정보화로 모아진다. 세계화의 파고는 신자유주의적 시장화의 확산으로 통용된다. 자유화, 개방화, 민영화, 탈규제를 골간으로 하는 이른바 시장의 창조적 파괴가 전 세계를 풍미하는 시대의 원리로 부상하였다. 그리고 경쟁력이 있는 자와 그러하지 못한 자의 간극을 극명하게 드러내고 있다. 세계화는 글로벌 스탠더드와 로컬 스탠더드 사이의 갈등을 안고 있기에 국내적 조건으로 인한 갈등을 넘어 전 지구적으로 관계되는 모든 사안이 갈등의 원천으로 작동할 수 있는 개연성을 지닌다. 신자유주의적인 글로벌 스탠더드의 확산은 앞서는 부문과 뒤처지는 부문이 좀더 분명하게 나타나는 것은 물론이고 양자 사이의 간극이 점점 더 벌어지는 양극화의 심화 현상을 동반하기 마련이다. 뒤처진 자들의 삶의 질을 보장해 주는 사회공공재의 공급을 시장원리에 맡기면서 불평등의 심화는 더 뚜렷하게 목도된다. 시장 기제의 활성화를 핵심으로 하는 신자유주의적 구조조정은 중산층의 위축, 신빈곤층의 확대를 가져오면서 양극화 양상으로 이어진다. 이러한 상황에서 사회해체는 가속화되고, 갈등은 심화되기 마련이다.

1987년 이후의 민주화 이행은 국가 일방주의와 성장 우선주의에 기반을 둔 압축적 산업화, 돌진적 근대화에서 벗어나 정치·경제적으로 민주주의와 시민사회의 다원적 자율성을 제고할 수 있는 계기를 마련하였다. 민주화 이전 오랫동안 철저하게 억압되어 있던 사회갈등은 1980년대 후반 민주화를 계기로 급격히 표출되고 확산되었다. 특히 노사 갈등 및 계층 갈등을 중심으로 폭발한 사회갈등은 전방위적으로 확산되기 시작했다. 민주화는 억압되고 잠재된 갈등을 분출시키는 데는 성공하였지만 탈권위주의 시대에 적합한 합리적이고 민주적 권위를 만들어 내는 데는 실패하면서 갈등은 증폭되고 더 복잡한 양상을 보인다.

정보화의 사회질서는 소통적 상호작용과 참여에 대한 강조를 매개로 민주주의적 개혁에 대한 요구를 더욱 강화시켰다(한준, 2006). 커뮤니케이션 경로가 팽창하는 다매체화 현상은 새로운 형태의 갈등을 분출시키고 동시에 다양한 형태의 해결 기제를 동반하고 있다. 새로운 헤게모니가 인터넷이라는 새로운 미디어에 의해 만들어지면서 새로운 정치적 영향력과 갈등을 가중시킨다. 소수 집단의 특권으로만 간주되었던 정보가 공개되고 실시간으로 확산되면서 투명성에 대한 요구는 점점 더 커져 간다. 정보 사회의 역동성은 공적 부문과 사적 부문 간의 상호 작용을 촉진시키면서 공익과 사익의 구분을 어렵게 만들면서 갈등의 새로운 국면을 만들어 낸다. 정보화 시대의 지식 권위가 갖는 특징 중 하나는 불안정성이다(김원동, 2005). 이것은 지식 권위의 기반인 지식 자체의 유효 기간이 단축하는 경향에서 비롯한다. 정보의 생산, 유통 및 소비에 소요되는 시간이 갈수록 줄어들기 때문에 이전에 습득한 정보와 지식의 평가절하 혹은 무용지물화 기간도 그만큼 단축되게 마련이다. 여기에 인류 역사상 처음으로 젊은 세대가 기성 세대보다 더 많은 자원을 가질 수 있는 역(逆)세대화가 진행되면서 세대 간의 갈등이 더 커질 조건을 정보화 시대는 가지고 있다.

⋮

한국도 서구 선진국과 같은 고용 없는 성장(jobless growth)의 경제로부터 자유롭지 못한 상황으로 이미 진입하였다. 국내총생산은 늘지만 일자리는 줄어드는 이른바 고용 없는 성장이 한국사회에도 고착되는 것이 아니냐 하는 우려를 갖게 한다. 성장은 있으나 고용 창출의 기제가 가동되지 않은 사회에서의 이질적 분화는 고용과 소득에 있어 양극화의 모습으로 치달을 수밖에 없다. 한국사회의 취업계수는 1995년 GDP 10억 원당 43.7명에 2000년 36.6명, 2006년은 30.6명으로 급속하게 감소한 것으로 집계되었다(내일신문, 2007). 상대적으로 괜찮은 일자리를 창출하는 대기업, 제조업, 수출기업의 노동절약적 기술 확산이 빠른 속도로 일어나고 있다. 이에 따라 단위 부가가치당 고용 창출 효과는 감소한다. 이들 분야의 일자리는 줄어들고 상대적으로 노동절약적 기술 진보가 느린 소기업, 서비스업, 내수기업에서 고용을 흡수하는 상황이다. 일자리 창출의 중심은 중소기업, 서비스업으로 이동하게 되었지만, 이들 부문의 생산성 개선이 미흡하여 고용의 질적 저하가 심화되고 있는 양상이다. 이를테면 외환위기 이후 도소매, 음식숙박업 등 영세 서비스업의 난립 상태가 발생하였으며, 이로 인하여 영세 서비스업 시장이 과잉경쟁 상태로 진입하게 되었고, 결과적으로 일자리의 질적 저하를 수반하게 되었다.

한편 97년 외환위기를 거치면서 등장한 한국사회의 재구조화는 시장화 체제로의 진입을 가속화시키면서 믿을 수 있는 규범은 경쟁밖에 없다는 인식을 사회 전반에 각인시켰다. 시장의 영향력이 강해지면서 좀더 근본적인 도덕이나 가치에 대한 토론은 간과되었다. 여러 조사에서 나타나듯이 외환위기 이후 한국사회는 그 어떤 때보다 권력과 돈을 맹목적으로 추구하는 심히 우려되는 척박한 경향이 두드러지게 나타나면서 갈등의 골은 점점 더 깊어졌다.

빈곤의 문제를 보더라도 외환위기가 한국사회의 갈등 구조를 얼마만큼 심각하게 만들었는지를 확인할 수 있다. 한때 우리는 '더 이상 빈곤은 없다'를 공표했던 시절이 있다. 1990년대 중반의 이야기이다. 지속적인 경제성장의 혜택을 누릴 수 있었던 외환위기 이전 시기에 빈곤은 일부 취약계층의 문제로만 여겨졌고, 대다수 사회 구성원의 삶과는 그다지 관련이 없는 것으로 받아들여졌다. 그러나 외환위기 이후 열심히 일을 해도 빈곤을 벗어나지 못하는 근로 빈곤층의 문제가 발생하였고, 어느 누구도 빈곤으로부터 자유롭지 못하다는 인식이 확산되었다. 한국의 노인 빈곤이 OECD 최고 수준이라는 발표는 빈곤의 일상화를 보여 주는 한 예에 해당한다. 빈곤이 재발견되고 구조화되는 곤혹스러운 상황으로 치닫고 있는 것이다. 경기가 호전되면 빈곤이 과거와 같은 수준으로 수그러질 것으로 기대하는 것은 순진한 발상이다. 그동안 빈곤 완화에 기여했던 가족·기업·국가의 제도적 장치가 외환위기로 인한 구조조정의 시대를 거치면서 작동하지 않기 때문이다. 오늘의 빈곤 문제는 과거와는 달리 단순히 경기변동에 의해 쉽게 해결될 수 있는 것이 아니라는 점을 숙지해야 한다. 경제성장이 빈곤이나 양극화의 만병통치약인 듯이 공표하는 전통적인 개발론자나 정책 입안자들의 사고는 시대를 읽어 내지 못하는 빈곤 그 자체라는 비판을 진지하게 받아들여야 할 것이다.

사회갈등의 또 하나의 큰 축은 현실정치에서의 권력 이동에서 찾아진다. 현실정치에 의한 갈등 양상은 노무현 참여정부의 주류(mainstream) 교체를 향한 권력 이동과 이명박 실용정부의 보수 회귀로의 권력 이동에서 극명하게 드러났다. 오랜 기간 보수적 성향의 특정 세력에 의한 권력 독과점 체제를 흔들면서 등장한 참여정부는 권력 지형의 새로운 변화를 불러왔다. 참여정부의 출현은 이른바 주류 교체로 요약되는 권력 지형의 변화를 동반하였다. 그 변화 양상은 단순히 정치 영역을 넘어 사회의 거의 모든 영역에서 일어났다. 탈권위, 탈관행, 주류 교체, 과거 청산, 인터넷 세력, 진보 세력, 386세대, 개혁 코드, 제도 개혁, 균형 발전 등이 새로운 권력 이동의 상징으로 등장한 것이다(박길성, 2006b).

참여정부의 출범은 역동적이었던 만큼, 광범한 권력 지형의 변화를 동반하지 않을 수 없었으며, 이를 둘러싼 사회갈등은 더 크게 내재되어 있었다. 이를테면 참여정부의 정책 기조였던 서울에서 지방으로, 강남에서 강북으로, 미국 중심의 외교에서 탈미국 중심의 외교로, 정부 부처 중심의 정책 결정에서 위원회 중심으로, 보수에서 진보로의 변화 등은 그 자체가 주류 교체의 본질을 담고 있다. 이념 갈등의 그늘은 정치를 넘어 경제, 교육, 문화 등 사회 모든 분야에 걸쳐 퍼졌다. 이렇게 권력 지형의 광범위한 변화가 발생하면서 사회갈등의 양상은 복잡한 차원으로 전개되기 시작한다. 그러나 참여정부의 핵심인 참여는 권력의 새로운 거버넌스를 만들어, 국민과 정부 사이의 의사소통을 확장하는 일이며 제도화하는 일임에도 불구하고, 안타깝게도 참여의 제도화는 좀처럼 확장되지 않았다. 참여의 현실은 기존의 아웃사이더를 새로운 세력으로 진입시키는 것 정도였다. 노무현 정부는 분명 토론의 장을 만들어 보려고 노력하였지만 소통은 매우 취약했다.

이명박 정부로의 권력 이동은 다소 거칠고 단순하게 표현하면 노무현 정부와 정확히 반대의 궤적을 보인다. 갈등이 일상화되고 심각해지는 갈등사회의 모습을 더욱 극명하게 보여 준 것이다. 현실정치에서의 급격한 권력 이동으로 인한 갈등은 그대로 견고하다. 이명박 정부 5년 줄곧 공동 가치를 향한 최소한의 합의가 포함된 사회적 협약을 만들어 내는 데 매우 미숙한 보습을 보이면서 갈등의 골은 더욱 깊어졌다.

3. 압축 갈등

한국사회의 갈등 밀도(density)는 높다. 갈등이 압축적으로 형성되었기 때문이다. 오늘날 한국사회의 트레이드마크는 단연 압축 근대화이다. 한국사회의 트레이드마크인 압축 근대화만큼이나 갈등도 압축적으로 진행되고 있다. 압축은 지난 반세기의 한국사회 발전을 상징하는 대명사로 여겨진다. 압축 갈등은 압축 성장과 마찬가지로 과속과 쏠림이 만들어 내는 갈등이다. 과속은 중심을 쉽게 무너뜨리기 십상이고, 곧이어 과도한 쏠림 현상으로 이어진다. 과속과 쏠림을 속성으로 하고 있기에 한번 분출하면 걷잡을 수 없다. 한국사회는 무엇하나 잘된다 싶으면 모두가 그곳으로 달려간다. 쏠리는 방향이나 그 주변에 서성거리기라도 해야 심적으로 안정감을 찾는다. 압축 성장은 패자 부활을 허락하지 않는다. 승자 독식의 논리만이 존재적 가치를 인정받았다. 거칠게 표현하면 승자의 싹쓸이 사회인 것이다. 이러다 보니 극단적인 목소리만이 유난히 크게 불거지고, 중간지대가 설자리가 없다. 합의할 수 있는 가치와 규범은 기대하기 어렵다.

압축 성장의 상징은 60년대 중반 백 달러도 채 안 되는 1인당 국민소득이 90년대 중반에는 1만 달러의 달성에서 극명하게 나타난다. 30년 만에 1인당 국민소득이 100배 증가한 것이다. 세계사적인 기록이다. 흔히 30년을 한 세대의 기간이라 한다. 한 세대를 걸치면서 국민소득이 100배 늘어난 사회는 전 세계의 역사를 통틀어 적어도 지금까지는 한국밖에 없다. 압축의 동력은 단순히 경제성장에만 해당되는 것이 아니다. 한국사회의 변화 자체가 압축이라 하여도 지나친 말이 아니다.

압축 성장의 과정에서 사회는 개인적 가치보다는 집단적 가치를, 과정의 정당성보다는 결과의 수월성을, 협의에 의한 의견 수렴보다는 동원에 의한 일방적 결정을 중시하는 방향으로 경도되었다. 압축 성장에는 절차와 과정의 정당성이 생략되었다. 고속과 압축의 성장 과

⋮

정에서 소통이나 공정에 쏟는 사회적 에너지는 미약했다. 고위공직자 청문회가 있을 때마다 우리 사회가 홍역을 치르고 있는 인사 검증 문제, 흠 없고 능력 있는 사람을 찾기 어려운 것도 어찌 보면 절차와 과정의 정당성을 무시한 압축 성장의 결과물이다. '잘 살아 보세'의 구호를 앞세운 압축 성장의 발전 속에서 갈등의 조정이나 도덕 중심의 사고는 후순위로 물러날 수밖에 없었다(박길성, 2010). 압축 성장의 과정에서 온갖 반칙과 특권의 관행이 생겨났다. 위법, 탈법 정도는 의당 있는 것으로 알고 살았다. 부분적으로는 위법과 탈법을 해야 오히려 성공하고 잘나갈 수 있었던 것이 현실이기도 하였다.

어떤 의미에서 오늘의 한국사회가 직면하고 있는 사회갈등은 압축 성장이 치러야 할 업보(業報)인지도 모른다. 한국사회는 기록적인 압축 성장의 압축만큼이나 기록적인 압축 갈등을 겪고 있다. 짧은 기간에 다양한 갈등을 집중적으로 경험하는 시간적인 단축의 양상뿐만 아니라, 산업화의 과제, 민주화의 과제, 세계화의 과제, 정보화의 과제, 탈근대의 과제가 동시대의 공간 위에서 매우 복잡하게 얽혀 있는 응축의 양상을 보인다(박길성, 2008b:6).

근자에 들어 이례적으로 소통이나 공정 혹은 정의의 문제에 관심을 갖게 되는 것은 그만큼 한국사회가 소통과 공정에 대해 문제가 많다는 반증이다. 압축 근대화 속에서 불공정을 막을 수 있는 제도적 장치를 마련하기란 매우 힘들었다. 압축 근대화, 속성 성장을 내달려 오면서 사회운영의 정신적 기반이나 규범적 원칙으로서 공정의 공간이

⋮

들어갈 틈은 매우 협소하였다. 오늘날 한국사회의 갈등 구조에 압축 근대화의 명과 암이 깊숙이 침잠되어 있음을 의미한다.

4. 한국인의 갈등 인식

1) 계층 중심의 갈등사회론적 인식

한국인들은 한국사회를 갈등사회로 인식하고 있다. 한국인들은 복합적이고 복잡하며 압축적인 한국사회의 갈등 양상이 발생하는 가장 큰 원인으로 계층 갈등을 들고 있다. 갈등이 일상화되어 있으며, 다양한 경로를 통해 전개되는 만큼 갈등의 강도 역시 매우 심각한 수준이다.

한국사회의 갈등은 어느 정도로 심각한가? 앞서 소개한 여러 조사에서 나타나듯이 전체 응답자의 약 90%가 우리 사회에서 발생하고 있는 집단 간 갈등이 심각하다고 응답하였다. 단순하게 표현하면 우리 국민 10명 중 9명이 한국사회의 갈등에 대해 심각하다고 인식하고 있는 것이다. 한국여성개발원의 2005년 '국민통합을 위한 사회갈등 해소 방안 연구'에서 전국 성인 1천 명을 대상으로 실시한 조사에 따르면 전체 응답자의 92%가 우리 사회갈등 양상에 대해 심각하다고 생각하고 있으며, 70%가 이런 갈등이 사회 발전 또는 통합을 저해할 것이라고 응답하였다.

우리 국민의 갈등 유형별 심각성 인식의 분포를 살펴보면 〈그림

3-1〉와 같다(한국사회연구소, 2007). 무엇보다도 한국사회에서 제기되는 갈등의 유형이 매우 다양함을 확인할 수 있으며, 다음으로 한국인은 전반적으로 모든 유형의 갈등에 대해 심각하게 인식하는 것으로 확인할 수 있다. 세대 갈등만이 40.7%로서 다소 낮게 인식되고 있는 정도이다. 빈부 격차를 의미하는 가난한 집단과 부유한 집단의 갈등, 경영자와 노동자의 갈등, 정규직과 비정규직의 갈등 순으로 심각성이 나타난다. 정치적 갈등 고리인 여당과 야당 사이의 갈등도 심각한 것으로 인식되는 것으로 조사되었다. 한국의 비정상적인 정치현실이 국민들의 인식으로 각인된 것이다. 지역 갈등을 세분화하여 영남과 호

그림 3-1. 한국사회의 갈등 유형별 심각도에 대한 인식

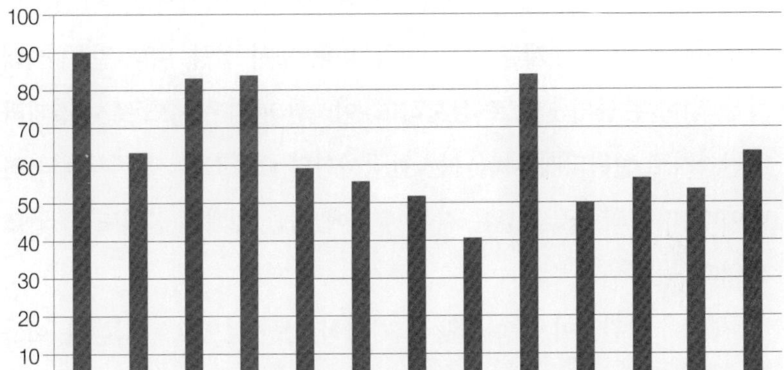

① 가난한 사람과 부유한 사람, ② 노동자와 중산층, ③ 경영자와 노동자, ④ 정규직 근로자와 비정규직 근로자, ⑤ 대기업 근로자와 중소기업 근로자, ⑥ 많이 배운 사람과 적게 배운 사람, ⑦ 주택 소유자와 무주택자, ⑧ 젊은 사람과 나이든 사람, ⑨ 여당과 야당, ⑩ 수도권 주민과 지방 주민, ⑪ 도시 주민과 농어촌 주민, ⑫ 영남 지역 주민과 호남 지역 주민, ⑬ 강남 거주자와 강북 거주자

⋮

남, 수도권과 지방, 도시와 농촌, 강남과 강북의 4영역으로 조사하였다. 강남과 강북의 갈등을 다른 지역 갈등의 항목에 비해 약 10% 이상 심각하게 인식하는 것으로 나타났다.

모든 유형의 갈등에 대해 다수가 심각한 것으로 응답한 것에 비추어 볼 때 한국사회가 안고 있는 갈등의 범위와 심각성의 정도를 짐작할 수 있다. 외환위기 이후 10년이 지났지만 여전히 경제적 차원의 갈등 양상이 가장 우려스러운 것으로 나타났다. 외환위기 이후 한국사회가 아직까지 정상 궤도에 진입하지 못하고 있음을 보여 준다. 10년 전과 비교하면 현재의 갈등이 더 심각하다고 인식하는 비중이 55.6%로서, 완화되었다고 인식하는 응답 18.8%보다 3배 이상 많다. 비슷하다는 응답은 24.5%로 나타났다(한국사회연구소, 2007).

한국사회의 갈등은 계층 갈등, 지역 갈등, 노사 갈등, 이념 갈등, 세대 갈등, 남녀 갈등의 순으로 심각하며, 이러한 배열은 여느 조사 결과와 마찬가지로 일관되게 나타나는 한국사회의 대표적인 갈등 지형의 하나이다. 다음의 〈표 3-3〉은 갈등 유형에 대한 세대별 심각도 인식 조사이다.

세대에 상관없이 계층 갈등을 가장 심각한 것으로 인식한다. 이것을 기성 세대와 젊은 세대[4]로 나누어 살펴보면 상당한 차이가 있다.

4 여기에서 기성 세대는 베이붐 세대(1955-63년생)와 그 윗세대 가운데 법적 연령이 만 65세 미만인 만 55-64세로 조사되었고, 젊은 세대는 20, 30대에 투표권이 있는 만 19세를 포함하였다.

표 3-3. 세대별 갈등 유형 심각도 인식 조사* (단위: %)

	계층 갈등	지역 갈등	노사 갈등	이념 갈등	세대 갈등	남녀 갈등
기성 세대	49.0	43.2	38.1	31.8	22.2	10.3
젊은 세대	60.2	37.7	40.4	27.1	18.3	14.8
전체(평균)	54.6	40.4	39.3	29.5	20.3	12.6

* 두 개의 복수 응답 합산 분포

출처: 월간중앙, 2009. 11월호, 재구성

젊은 세대가 계층 갈등을 훨씬 심각하게 간주한다. 기성 세대는 지역 갈등을 비중 있게 보는 데 반해, 젊은 세대는 계층이나 노사 갈등을 비중 있게 생각한다. 다음으로 이념 갈등, 세대 갈등, 남녀 갈등의 순서를 보인다. 이념 갈등이나 세대 갈등에 대해서는 기성 세대가 젊은 세대보다 다소 심각한 것으로 보는 반면, 남녀 갈등에 대해서는 젊은 세대가 더 심각한 현상으로 인식한다.

사회통합을 위해 가장 시급하게 해결해야 할 사회갈등은 어떤 것인가? 최근 사회통합위원회의 조사에 의하면 사회통합을 위해 가장 시급하게 해결해야 할 사회갈등으로 계층 갈등(37.8%)을 꼽고 있으며, 다음으로 지역 갈등(15.3%), 노사 갈등(15.2%), 이념 갈등(15.0%)으로 이어지며, 환경 갈등, 세대 갈등, 남녀 갈등, 다문화 갈등의 순으로 나타난다(노대명, 2010). 계층 갈등 해소를 사회통합을 위한 최우선 정책과제로 인식하는 것이다. 앞서 살펴본 사회갈등의 심각성에 대한 인식과 매우 흡사한 분포를 보인다. 계층 갈등 해소를 정책적 최우선 과제임을 확인할 수 있는 것은 하위집단별로 인식의 차이가 크지 않다

⋮

는 점에서도 확인된다. 다시 말해 문제 해결을 위한 공감대가 형성된 과제인 것이다. 성별, 연령, 소득을 초월하여 계층 갈등 해소를 일차적 과제로 응답하고 있다.

이념 갈등은 문제의 심각성보다 정책적 해결 과제로서의 우선순위가 높게 나타난다. 다시 말해 갈등으로서의 심각성은 크지 않지만, 이념 갈등은 사회통합을 저해하는 바가 큰 만큼 심각한 정책적 과제로 여겨진다. 이념 갈등은 정책과제로서 지역 갈등, 노사 갈등과 비슷한 분포를 보인다. 반면 심각성에 대한 인식이 높더라도 하위집단 사이의 인식 차이가 크고, 이해관계 또는 가치 대립이 발생하는 사안은 소통과 공감대 형성 자체가 과제라는 점에 주목할 필요가 있다(노대명, 2010).

일자리에서 비롯한 문제가 사회적 불신으로 이어지면서 사회적 펀더멘털이 다시금 요동을 친다. 한국 성인 10명 중 9명이 우리 사회의 갈등이 심각한 것으로 인식한다는 조사결과에서 알 수 있듯이, 한국사회의 갈등은 분명 우려의 수준을 넘어선 것으로 보인다. 오늘의 한국사회 갈등은 일자리를 근간으로 하는 경제적 기반이 배제되거나 취약한 구조 위에 소통이 차단된 상황과 정체성이 상실된 상황이 맞물린 복잡한 양상이다. 외형적으로는 단일 사안의 불평등 현상으로 보이지만 복합적 요소가 맞물려 있다. 이를테면 노동시장의 불평등 문제는 단순히 고용과 실업, 정규직과 비정규직의 불평등에 국한되는 것이 아니라 교육, 가족, 성과 같은 인적 자원 요소와 세계화, 정보화와 같은 거시 구조적 조건이 복합적으로 밀착된 문제이다. 한국

⋮

사회 갈등을 단순히 물질적 조건의 개선만으로는 접근하기 어려운 까닭이 여기에 있다. 다시 말해 물적 수준의 통합, 소통 수준의 통합, 정체성 수준의 통합을 함께 아우르는 과제를 안고 있는 것이다(박길성, 2008b:26). 복합적 처방이 요청된다.

2) 당사자 중심의 갈등기능론적 인식

사회관계의 측면에서 한국인은 사회갈등의 가장 대표적인 원인으로 당사자들 사이의 이기주의를 꼽고 있다. 전체의 59.7%가 서로 자신만의 이익이나 주장만을 앞세우기 때문에 갈등이 발생하는 것으로 인식한다. 그 다음으로는 가진 사람이나 집단이 양보하지 않아서(15.3%), 갈등을 효과적으로 조정할 수 있는 제도의 미비(12.5%), 서로에 대한 이해의 부족(7.5%), 갈등을 부추기는 사람들 때문에(5.1%)의 순으로 나타났다(한국사회연구소, 2007). 정리해 보면 사적 이익의 추구를 갈등 발생의 주된 원인으로 인식하는 것이다. 조정 제도의 부재 혹은 갈등을 부추기는 세력과 관련된 지적은 적은 편이다. 다시 말해 갈등의 원인을 외적인 여건으로 보기보다는 이해 당사자들 관계로 보는 경향이 크다. 이러한 갈등 인식은 갈등의 문제를 극복하기 위해 일차적으로 점검해야 할 과제가 무엇인지를 시사한다.

갈등의 원인을 당사자 중심으로 보는 만큼, 갈등의 해결 방안 역시 제3자에 의한 해결보다는 당사자 중심의 해결에 더 많은 비중을 두는 경향이 있다. 이와 관련된 질문으로 사회갈등을 해결하는 바람직한 방법으로 시간이 걸리더라도 기본적으로 당사자들에게 맡겨 두어야 한다는 의견이 49.7%로 제3자에 의한 해결이 효과적이라고 생각하는 의견(38.1%)보다 훨씬 많게 나타난다(한국사회연구소, 2007). 갈등의 원인을 당사자 관계에서 찾는 것과 마찬가지로 갈등 문제의 해결 역시 당사자 중심으로 모색해야 하는 것으로 본다. 이는 서구 선진사회에서 제도적으로 정착되어 있는 제3자적 조정을 통한 분쟁 해결 방식과는 대조를 이룬다.

표 3-4. 갈등 인식과 해결 방안의 분포(단위: %)

해결 방안	순기능	역기능
당사자 해결	A (46.2)	C (10.3)
제3자에 의한 해결	B (33.4)	D (10.1)

한국인들은 갈등을 잘 해결하면 사회 발전에 도움이 된다는 갈등기능론적인 인식을 강하게 가지고 있다. 이에 관련된 조사에서 응답자의 75.8%가 갈등이 잘 해결되면 사회 발전에 도움이 된다고 응답한 반면, 20%는 잘 해결된다 해도 사회적 낭비가 크다는 입장을 보였다. 갈등의 기능적 측면을 긍정적으로 평가하는 것이다. 갈등의 결과를 순기능으로 보는가 아니면 역기능으로 보는가에 따라 갈등의 해결 방법에 차이를 가져올 수 있다. 갈등의 사회적 기능에 대한 인식과 갈등 해결 방안을 교차 분석한 결과를 보면 좀더 분명한 인식을 확인할 수 있다(표 3-4 참조).

갈등 기능과 해결 방안과의 관계에 의한 유형을 보면, 순기능적 갈등 인식과 당사자 해결을 선호하는 A유형이 전체의 46.2%로 가장 많다. 갈등 당사자 간 해결을 통해 갈등의 순기능이 유지될 수 있다는 입장이다. B유형은 순기능을 강조하면서 갈등 해결에 있어서는 제3자의 개입을 선호하는 것으로 33.4%가 이에 해당된다. C유형과 D유형은 갈등의 역기능적인 측면을 강조하는 것으로 당사자에 의한 해결이나 제3자의 개입에 의한 문제 해결에 있어 약 10% 정도의 비슷한 분포를 보인다. 순기능적인 인식의 경우 당사자 해결을 선호하는 경향이 많은 반면, 갈등에 관한 역기능적인 인식의 경우에는 당사자와 제3자의 해결 사이에는 이렇다 할 만한 차이가 없다.

위에서 정리한 갈등의식을 종합하면, 한국인은 갈등을 매우 심각하게 인식하고 있지만 갈등의 순기능적 측면을 강조하고 있으며, 제3자 개입이나 조정에 의한 갈등의 해결보다는 당사자 해결을 선호하는 경향을 보인다.

3) 공정 중심의 갈등본질론적 인식

한국사회 갈등의 상당 부분은 불공정 사례에서 기인한다. 한국은 경제성장과 민주화를 성공적으로 달성한 국가로 여겨진다. 한국은 산업화와 민주화의 모범 국가로, 이를 만들어 낸 사회적 관계와 동력은 세계적인 이목을 집중시키기에 충분하다. 그러나 내부 구성원들은 경제성장과 민주화가 정의나 공정을 보장해 주지 못하고 있음을 실감하고 있는 것도 사실이다. 경제성장과 더불어 경제의 규모는 커지고 국민들의 전반적인 생활수준은 크게 향상되었지만, 미시적인 분배의 문제에서 한국사회가 공정한가라는 질문은 계속해서 제기되어 왔다. 정치적 민주화를 달성하면서 제도적 수준에서의 민주주의는 크게 향상 되었지만, 이에 걸맞은 공정성이 실현되었는가 하는 질문은 여전히 지속되고 있다(박길성, 2011). 오늘의 한국사회는 갈등의 박람회장이라 일컬어질 정도로 사회갈등이 심각하다. 갈등은 폭증하고 있으며, 신뢰는 낮으며, 삶의 질은 국제 기준으로 볼 때 그리 높은 수준이 아니다. 사회갈등의 상당 부분이 공정의 문제와 관련되어 있다. 우리 국민의 절대다수가 우리 사회를 불공정한 사회로 보고 있다. 불공정하다고 느끼는 체감적 불공정이 매우 높다. 불공정에 대한 한국인의 반발 역시 크다. 불공정의 상당 부분은 공적 영역과 관련되어 있으며, 특권이 개입되었다고 생각한다. 한국사회에서 제기된 공정과 관련된 사회적 이슈를 정리해 보면 그 종류가 매우 다양하고 광범하다. 사회 구석구석에 공정과는 거리가 먼 후진적이고 때로는 지위 세습적인 봉건적인 영역이 여전히 잔존한다는 지적이 끊임없이 나오고 있다. 공정의 문제가 다급하게 제기되는 만큼 갈등은 커지기 마련이다.

공정한 사회 실현을 위해 가장 중요한 일은 무엇인가에 대한 조사에 의하면(문화일보, 2010. 9. 7), 한국인은 '권력층의 실천의지와 솔선수범'(33.1%)를 공정의 핵심으로 인식하고 있으며, 다음으로 '엄정하고 투명한 법 집행'(28.1%)을 들고 있는 것으로 나타난다. 이에 비해 사회적 약자에 대한 배려의 개념으로서 공정은 상대적으로 약하다. '약자에 대한 배려'는 15.8% 정도이다. 뿐만 아니라 불공정을 저해하는 원인으로 국민의식의 후진성과 같은 시민의식과 가치관에 대한 지적은 매우 낮다. 공정한 사회의 실현을 위해 '불공정을 묵인하는 국민의식 개선'을 꼽는 비율은 10.9%에 불과하다. 시민이 갖추어야 할 사회문화적 덕목으로서의 공정의 의미는 취약하다는 것이다.

⋮

이어지는 조사에서도 비슷한 결과를 보인다. 노블레스 오블리주 23.6%, 복지확대 등 약자 배려 21.6%, 엄정 공평한 법 집행 17.4%, 사회적 특권 폐지 13.9%, 대기업과 중소기업의 상생 9.5%, 국민의식 개선 6.1%로 나타났다. 지도층의 사회적 의무를 공정사회 구현을 위한 첫 번째 선결 조건으로 꼽고 있으며, 사회적 약자의 배려를 그 다음으로 꼽는다(헤럴드경제, 2010. 9. 27). 지도층의 책무와 사회적 특권을 합치면 무려 47.5%에 해당한다. 위의 두 조사에서 공통적으로 모아지는 결론은 공정사회의 구현은 사회지도층의 의지와 책임에 달려 있다는 지적이 가장 높게 나타나는 것이다. 그런가 하면 국민의식 개선과 같은 시민적 태도를 공정사회 구현의 조건으로 지적하는 비율은 매우 낮다.

이상의 조사 자료를 바탕으로 내릴 수 있는 잠정적인 결론은 한국사회 갈등의 근원에는 공정의 문제가 깊이 침잠되어 있으며, 이런 점에서 한국사회에 대한 갈등 인식은 본질적인 측면이 강하다 할 수 있다. 공정사회의 구현은 공공 권력의 재구조화로부터 시작해야 한다는 것이 국민의 인식이다. 공정성의 최대 관건으로 여겨지는 공의 의미는 지배 권력의 도덕성과 공공성을 강조하는 윤리로서 다수의 이익과 의견을 반영하지 못할 때 비판의 표적이 된다. 다시 말해 불공정이란 지배권력이나 기구가 공평성의 윤리원칙에 어긋남으로써 다수의 이익과 의견을 반영하지 못하는 상황을 일컫는다.

한국사회에서 정의와 공정은 아래보다는 위의 문제이며, 사(私)보다는 공(公)의 문제로 인식하는 경향이 강하다. 정리하면 일차적으로 한국에서의 갈등과 연동되어 있는 공정의 구현은 공공 영역과 지도층에 대한 우려와 기대, 편법과 원칙에 달려 있음을 의미한다.

제4장 세대 갈등의 양상

1. 한국사회 갈등과 세대 이슈

'한국의 현대 정치는 세대의 역사이다'라고 해도 그리 과장된 표현이 아니다. 한국사회에서 세대는 특별한 의미를 지닌다. 때로는 권력 이동의 주체로, 때로는 시대정신의 표상으로, 때로는 문화 갈등의 기축으로 각인되고 있다. 한국사회에서 세대는 역사 변동 그 자체라 할 만하다. 한국사회의 세대 내파력은 그 어떤 사회와도 비교되지 않을 만큼 크다. 세대만큼 시대의 역사적 흐름과 경험을 민감하게 받아들이는 대목도 그리 많지 않다. 복잡하게 전개되는 한국사회의 변동을 인식하는데 세대는 유용한 분석틀이다. 한국사회에서 세대는 정권을 개폐하고 사회 발전의 물꼬를 트는 데에 다른 어떤 사회 세력보다 더 결정적인 역할을 수행한 것으로 평가된다(송호근, 2003:5). 다시 말해 세대에는 한국사회의 변화를 읽어 낼 수 있는 정치사회적 메시지가 있다. 한국사회에서 유난히 세대를 활용한 기획 프로젝트가 활발하게 전개되는 것도 이러한 이유에서이다. 세대가 역사 변동 그 자체라고 할 만한 대목이 많기 때문이다.

2003년, 한국사회는 세대론으로 후끈 달아올랐다. 권력 이동의 한 가운데 세대론이 자리 잡고 있었다. 당시 세대 논쟁의 핵심은 이른바 세대 정치(politics of generation)였다. 세대 정치가 한국사회의 변동을 아우르는 강력한 담론으로 떠오른 것이다. 세대 정치가 지역 정치, 계급 정치보다 더 힘찬 동력을 갖춘 것으로 평가되곤 하였다. 당시 세대 정치의 주연은 386세대였고, 조연은 N세대로 통칭되는 신세대였다. 과정은 기존질서에 대한 도전과 새로운 권위의 요구였으며, 인터넷을 기반으로 한 조직 동원을 바탕으로 권력 이동이라는 결과를 만들어 냈다. 당시의 세대론은 세대 구조, 세대 형성, 세대 실천의 분석틀에 근거한 논리적인 토론이었다. 물론 정파적 속성과 의도가 매우 강하게 웅크리고 있었다. 그러나 당시의 세대 토론의 주제에는 성찰적인 대목이 많았다. 이를테면 '유전자가 전혀 다른 386세대와 N세대가 어떻게 같은 정치적 지향을 갖게 되었나', '세대의 정치가 한국사회의 고질적인 지역의 정치를 대체할 만한 기반과 가치를 가지고 있나' 등으로 이어지는 질문은 한국사회의 변화를 조망하려는 고민을 반영한 것으로 평가할 수 있다.

그 이후 세대에 대한 논의는 지속적으로 이어져 왔다. 386세대에 대

⋮

한 평가, 88만원 세대론과 이에 대한 논박, 신세대 특집 기획물, 최근의 위로받는 청춘 세대 등이 눈에 띈다. 그러나 세대를 둘러싼 대부분의 논의는 세대의 본질로부터 많이 비켜나 있다. 객관적인 논증보다는 특정의 이해를 관철하려는 기획에 의해 과대 포장되는 양상을 보인다. 이를테면 세대 논쟁의 상당 부분은 보수와 진보의 대리전 양상을 보인다. 그런가 하면 이 시대의 희망을 신세대에서 찾을 수 있다는 대책 없는 낙관론이 또 다른 대세를 이루기도 한다. 그런가 하면 다른 한편에서는 세대론은 불평등한 계급 상황을 희석시킨다고 세대의 사회적 의미를 애써 무시하려는 입장도 있다. 그동안 전개된 세대 논쟁은 세대를 통해 사회 변화를 읽어 내기에는 이론적으로 매우 취약하고 이미 결론을 낸 정파적 결정의 틀을 벗어나지 못함에 따라 궁색하다는 인상마저 준다.

사실 사회로부터의 큼직한 반응도 원치 않으면서 심심하면 한 번쯤 건드려 보고 찔러 보는 아이템으로 '세대'만 한 것도 없다. 특집 기획으로든 정파를 대변하는 상징으로든 세대는 사회적 논제로 상제되기에 좋은 조건을 갖추었다. '너무나도 정치적인 한국사회'인 터라 세대에 따라 정치 지향이 다르다는 사실 하나만으로도 예나 지금이나 세대론은 세간의 관심을 끌기에 충분한 요건을 갖추고 있다. 이런 까닭에 세대의 본질과 객곽적인 논증에 덜 충실하게 되는 것인지도 모른다.

한국적인 경로의존과 특수성은 세대의 프리즘을 통과하면서 좀더 뚜

⋮

렷하게 드러난다. 세대는 한국 정치 그 자체라고 해도 지나친 표현이 아닐 만큼, 한국 현대사를 구성하는 굵직한 사건은 예외 없이 세대의 이름이 달라붙는다. 한국사회만큼 '왜 세대인가', 혹은 '왜 특정 세대에 주목하는가'라는 질문(박길성, 2002; 조대엽, 2002; 함인희 2002; 송호근, 2003)이 빈번하게 던져진 사회도 그리 많지 않아 보인다. 한국 현대사를 몇 개의 세대권 영역으로 묶는 것은 무척 낯익은 일이 되었다. 한국사회에서 세대가 사회의 주요한 변동력으로 부상하게 된 것은 서구사회에서 변동의 추동력으로 작동했던 다른 요인들의 상대적 약화 현상에서 기인한다는 것이다. 종교, 도덕, 이데올로기가 그것인데, 한국사회는 서구사회에서 흔히 발견되는 이러한 변동요인, 즉 급격한 변동에 의한 사회 혼란을 줄여 주는 요인들 또한 일찍부터 약화되었거나 존재하지 않는다는 것이다(송호근, 2003:120-121). 어떤 의미에서 계급적, 이념적, 종교적 의미가 세대의 틀 속에 녹아들어 있어 보인다.

세대가 사회적 의미를 얻게 되는 것은 차별적인 역사적 시간과 집단적 기억을 공유하기 때문이다. 이 점에서 서구의 1914세대나 68세대, 한국의 386세대는 다른 세대를 압도한다. 압도한다는 것은 힘과 위세로 남을 누른다거나 범접하지 못하게 한다는 세속적인 의미가 아니라 이들의 가치관과 행동이 세대의 문법에 따라 간결하게 독해됨을 의미한다.

돌이켜보면 2002년 대통령선거는 우리 사회에 '세대 정치'를 사회적 화두로 올려놓았다. 특정 세대가 정치의 지각 변동을 일궈 냈기 때문이다. 경험의 공유라는 세대 구성의 조건에 비추어 볼 때 너무나 이질적인, 즉 정치적인 세대인 386과 비정치적인 N세대가 합작하여 공동의 결과를 만들어 낸 것이다. 386세대는 본디 너무나도 정치적인 세대였던 만큼 세대 정치의 주역으로 등장한 동기는 매우 자명했다. 그러나 탈정치적인 세대로 규정되는 N세대의 정치장으로의 진입은 관심을 끌기에 충분하였다. 386세대와는 매우 이질적인 역사적 경험과 기억, 그리고 감성을 지닌 이들이 무엇으로 인해 정치현장으로 발길을 옮겼는지 말이다. 이것은 당시의 2002년 월드컵, 의정부 여중생 사건 등과 같은 역사적 사건과 맞물린 상황적 조건에서 기인한 것이었다. 정치사회적 참여는 역사적 경험의 공유에서 비롯한 구조적 필연일 수도 있고, 상황조건이 만들어 내는 우연일 수도 있다. 역사구조적 산물인 전자가 386세대에 해당되는 문법이라고 한다면, 상황조건적 산물인 후자는 N세대에 해당되는 문법이다.

오늘날 논의되는 세대 갈등의 내용은 2003년의 세대 정치와는 사뭇 다른 양상이다. 오늘날 심각하게 언급되는 세대 갈등은 경제적 이익을 둘러싼 이해관계가 큰 축을 형성한다. '세대 간 일자리 전쟁 시작됐다', '정년 연장, 임금피크제, 세대 갈등 부르다', '일자리와 세대 갈등 걱정', '기성 세대 젊은 세대 일자리 쟁탈전 심각', '세대 간 갈등 야기할 연금 개혁', '부전자전(父戰子戰) 대충돌'. 지난 몇 년 동안 일간 신문에 기사화된 세대 갈등의 제목들이다. 이렇듯 근자에 거론되는 세대 갈등의 중심에는 경제적 이해관계가 매개되어 있음을 알 수 있다. 특히 연금과 일자리를 둘러싼 세대 갈등이 논의의 중심에 위치하고

⋮

있다.

경제적 이해관계를 둘러싼 세대 갈등의 우려가 문제제기 수준에서는 많이 거론되고 있으나, 정작 이에 대한 논리적이고, 경험적인 분석이나 논증은 매우 드물다. 이를테면 서구사회에서 핫이슈로 불거지고 있는 연금의 문제가 우리 사회에서 어느 정도 세대 갈등으로 작용할지, 아니면 한국적 상황은 아직 우려의 수준이 아닌지, 일자리를 놓고 세대 간의 경쟁이 어떤 부분에서 어느 정도로 심각한지 등의 문제를 경험적으로 분석적으로 접근한 시도는 그리 많지 않다.

한국사회의 갈등 총량에서 세대 갈등이 차지하는 비중은 그리 크지 않다. 다시 말해 한국인이 생각하는 갈등의 심각성으로 볼 때, 세대 갈등은 그리 큰 문제가 되는 갈등 항목이 아닌 것으로 나타난다. 갈등 유형별 심각성의 수준을 알아보는 조사에서 일관되게 나타나는 결과는 계층 갈등 〉 지역 갈등 〉 노사 갈등의 순이며, 세대 갈등은 갈등의 심각도의 측면에서 그리 높지 않은 유형에 속한다(한국여성개발원, 2005; 한국사회연구소, 2007, 2012; 월간중앙, 2009). 한국사회의 갈등은 계층 갈등, 지역 갈등, 노사 갈등, 이념 갈등, 세대 갈등, 남녀 갈등의 순이며, 이러한 배열은 시기적 사건이나 상황에 따라 순위에 있어 다소의 변화가 있으나 대체로 일관되게 나타나는 한국사회의 갈등 지형이다. 다시 말해 한국인들의 경험 속에 세대 갈등은 여타 갈등에 비해 심각한 것으로 인식되지 않는다.

그렇다고 한국사회의 갈등에 대한 세대 간 인식마저 차이가 없는

⋮

것은 아니다. 〈표 3-3〉에 나타나듯이 갈등의 인식에 있어 세대별로 상이함을 보인다. 전체적으로 보면 계층 갈등을 가장 심각한 것으로 인식한다. 그러나 이것을 기성 세대와 젊은 세대로 나누어 살펴보면 세대가 처한 상황이나 인식을 파악할 수 있는 의미있는 차이가 있음을 확인할 수 있다. 젊은 세대가 계층 갈등을 기성 세대보다 훨씬 심각하게 간주한다. 기성 세대 역시 계층 갈등을 가장 심각하게 인식하지만, 젊은 세대에 비해 강도가 낮다. 반면 기성 세대는 지역 갈등을 비중 있게 본다. 이와 달리, 젊은 세대는 계층이나 노사 갈등을 비중 있게 생각한다. 다음으로 이념 갈등, 세대 갈등, 남녀 갈등의 순서를 보인다. 이념 갈등이나 세대 갈등에 대해서는 기성 세대가 젊은 세대보다 다소 심각한 것으로 보는 반면, 남녀 갈등에 대해서는 젊은 세대가 더 심각한 현상으로 인식한다.

세대에 따라 사회현상에 대한 인식이나 가치관이 다르다는 것은 극히 당연하고 자연스러운 현상이다. 연령집단이나 세대가 갈등의 주요 자원으로 부상한 것은 세대가 정체성의 범주로서의 성격이 명확할 뿐만 아니라 나아가 가치관이나 의식의 차원을 넘어 사회적 자원의 획득을 위한 공통의 기회 구조를 반영하기 때문이다(김선업, 2008:56). 현대사에서 세대 갈등에 의해 사회 발전의 큰 획이 그어진 경우도 어렵지 않게 확인할 수 있다. 세대 차이에 따른 긴장은 시대와 사회를 막론하고 항상 존재하기 마련이다. 사실 세대 차이, 세대 갈등은 인류 역사만큼이나 오랜 기록을 갖고 있을 정도로 인류사의 극히 보편적인 현상이라 하지 않을 수 없다. 우려스러운 것은 한국사회에서 논의되는 세대 논쟁이 갈등을 유발하는 실제적 비중보다 훨씬 강도 높게 논의된다는 점이다.

그러나 세대 담론의 과잉과는 대조적으로 세대에 관한 구체적이고 경험적인 분석은 그리 많지 않다. 연구 총서로 묶어 낼 만큼 종합적인 연구는 극히 소수에 불과하다(송호근, 2003; 박재홍, 2005; 이명진, 2005; 박길성 외, 2005). 이와는 대조적으로 신문 기획 기사나 정치의 현장에서 세대 갈등은 더 확대되는 경향을 보인다. 이로 인해 세대 갈등은 한국인들이 실제적으로 인식하는 갈등의 정도보다 크게 간주되고 있다. 인류사의 보편적 존재 양식의 하나인 세대 차이가 세대 갈등의 지점으로 옮아가는 상황적 조건이나 경로에 관한 이론적, 경험적 논거에 근거한 분석은 제시되지 않은 채, 정치적 진영이나 사회적 이슈의 쟁점화를 위한 도구적 목적만이 과도하게 표출되는 경향이 크다.

2. 세대의 문법

1) 세대론

세대 갈등의 지형을 진단함에 있어 세대의 문법을 사전적으로 설명하는 첫 번째 까닭은 세대란 역사성과 사회성을 담보해 내는 의미 있는 분석 단위이며, 무시할 수 없는 중량을 갖춘 개념이기 때문이다.

⋮

세대란 만하임이 지적하였듯이 역사문화적 경험을 공유하고 강한 연대감으로 사회변동에 영향을 미치는 세력으로 규정된다(Mannheim, 1952). 일시적으로 발흥하여 세간의 주목을 받았다가 새로운 이름으로 바로 대체되는 대상이 아니다. 세대 구조(generation structure)로부터 세대 실천(generation practice)에 이르는 논리성을 갖고 있다. 다시 말해 세대의 문법을 강조하는 까닭은 세대에 관한 크고 작은 여러 논의들이 세대를 규정하는 기본 바탕을 형성하지 못했다는 지적을 하기 위해서이다. 나아가 세대를 단순히 마케팅 공학적인, 정치 공학적인 상품의 대상으로만 간주하는 세대 논의의 경박함을 비판하려는 것이다.

세대를 통해 사회 변화를 개념화하는 작업에는 세대의 요건, 세대의 내용, 세대의 논제에 대한 충분한 이해가 요청된다. 만하임을 필두로 포이어(Feuer), 헤베를레(Heberle), 아브람스(Abrams)의 저작을 거쳐 논의가 활성화된 세대론은 다음의 세 가지 전제에 기초한다. 첫째는 특정 시기의 역사적 사건이나 사회환경이 특정한 가치관과 정치 지향의 형성에 결정적인 영향을 미친다. 둘째는 특정 가치관이나 정향은 청소년 후기에서 성인 초기, 즉 20세 전후의 청년 시기에 형성된다. 셋째는 이때 형성된 가치 정향과 태도는 쉽게 잘 바뀌지 않는다. 세대가 사회적 구성임을 의미한다.

세대란 역사적, 정치적 사건을 공유한 연령집단으로서 소통 가능한 언어와 담론 체계를 발전시키고 이를 토대로 느슨한 형태의 연대감을 갖는다. 비록 느슨한 형태의 연대감이라고 할지라도 특정 역사적 사건을 배경으로 형성된 세계관에서 어떤 계기가 주어지면 세대는

⋮

곧 변동의 동력으로 전환한다(박재흥, 2002). 즉 역사 상황적 조건에 따라 세대의 사회적 발신이 크게 달라질 수 있다는 것이다.

세대의 문제는 개인의 생애주기의 역(曆)과 역사적 경험의 역(曆)이라는 두 개의 서로 다른 역의 상호적인 위상 설정의 문제이다(Abrams, 1982). 세대의 사회적 성격은 개인의 생애주기와 역사 경험이라는 두 개의 시간적인 접합에 의해서 공간적으로 창조된 사회적 행위들이 그려낸 형상들로 흘러들어 온다. 아브람스는 창조성은 의지보다는 경험 위에서 살찐다고 주장하면서 의미있는 역사적 경험의 중요성을 강론하였다(Abrams, 1982:298). 생물학적 연령은 개인들에게 독특한 문제들과 그러한 문제들의 해결에 필요한 독특한 자원을 부여한다. 그러나 세대의 정체성을 새롭게 구성하기 위한 결정적인 기회를 제공하는 것은 역사적 사건들이라고 주장한다(Abrams, 1982:299).

세대의 문법을 바탕으로 서구 유럽의 역사적 경험과 사회변동을 조망한 작품은 한둘이 아니다. 헤베를레 사회학적 입장에서 세대란 대체로 같은 나이의 동시대적인 것들로 구성된다고 주장하면서, 여기서의 연령은 햇수가 아닌 사건과 경험의 시간에 의해 설정되어 진다고 하였다(Heberle, 1951:119). 생물학적 세대가 아니라 사회적 세대인 셈이다. 사회적 세대는 공통의 경험, 감성, 사고에 입각하여 정의되며, 사회적 세대는 생활에 대한 감정과 이해의 새로운 방식이며, 이것은 종전의 방식과 대립되거나 최소한 구별된다. 세대를 통해 집단적인 정신과 도덕의 현상을 그려볼 수 있다.

⋮

헤베를레는 1918년 패전 이후의 독일 정치의 전면적 재구성을 논의하면서, 젊은이들에 의해 재구성되는 방식을 주목하였다. 구체적으로 그는 독일에서의 나치 운동은, 1918년의 파국이 일어났을 때 18세에서 30세 사이였던 1885-1990년 사이에 출생한 남녀들에 의해 주도되었음을 주목한다. 다시 말해 전쟁과 그 여파는 그들의 정치적 견해의 형성에 결정적인 경험이 된 것이다. 전쟁이 발발했을 무렵 소년에 지나지 않았던 그들은 정치에 대한 최초의 개념을 전후의 국내 문제에서 체험하였으며, 합의와 타협보다는 갈등과 투쟁에 입각하여 정치적 행위를 생각하게 되었다.

서구 유럽에서 세대의 상징은 68년 5월의 세대에서 만개한다. 서구의 현대사는 68년 이전과 이후로 나뉜다. 서구사회에서 68혁명의 몫이 어느 정도인지를 보여 주는 대목이다. 68혁명은 당시 아무런 의심 없이 받아들여졌던 모든 금기에 도전한 정치 전복이자 문화 봉기였다. 혁명의 주체인 청년 세대는 관용이 존중되는 사회, 차별이 사라진 사회, 성적 억압으로부터 해방된 사회를 요구했다. 68세대는 '금지하는 것을 금지한다'는 구호를 내걸고 정치, 사회, 문화, 교육, 심지어는 일상에서 기성의 체제를 타도하는 투쟁을 전개하였다. 이후 지난 수십 년 동안 유럽, 특히 프랑스의 진보적 사회운동을 주도해 왔다.

역사적 변동을 개인적 시간과 사회적 시간의 접합에 깊이 뿌리박은 과정으로 이해할 때, 세대는 역사 변동 그 자체라 할 만하다. 연령은 존재에 있어 필요조건이긴 하지만 충분조건은 아니다. 계급, 종교, 인

⋮

종, 직업과 같은 범주들은 세대와의 관계 설정을 바탕으로 무엇인가 역사적인 경험들을 만들어 내는 그들의 독특한 능력을 설명하는 데 도입되어야만 한다. 다른 말로 하면, 세대 연구는 세대 간은 말할 것도 없고 세대 내의 결과적인 분화들을 밝혀내야 한다(Abrams, 1982: 304).

소설가 김탁환은 가끔씩 인류가 십진법에 길들여진 노예가 아닐까 하는 생각을 해 보곤 한다고 적은 바 있다(김탁환, 2008). 아마도 십진법에 길들여지지 않은 일상을 찾는다면 그것은 아마도 세대가 아닌가 한다. 왜냐하면 중요한 역사적 사건이나 사회환경의 변화가 십진법에 맞추어서 일어날 것이라고 기대하기 어렵기 때문이다. 세대의 문법은 생생하게 살아 있는 역사의 경험이고 역사의 기억이 재현되는 현장이다. 그렇기에 세대는 순응(順應)과 전복(顚覆), 연속(連續)과 단절(斷切), 접합(接合)과 대립(對立)의 사회변동의 의미와 정치사회적 역동성을 갖는다.

세대 논의만큼 명(明)과 암(暗)이 분명하게 나눠지는 것도 그리 흔치 않다. 이를테면 세대로부터 사회의 동력을 찾아 나선다면 이는 분명 세대론의 밝은 부분일 것이다. 그런가 하면 세대가 편 가르기 논란의 대리전 정도로 자리매김되는 기획물의 대상에 불과하다면 이는 분명 세대론의 어두운 부분일 것이다. 무엇이 세대의 명이며, 무엇이 세대의 암인지, 그리고 이 완벽한 명과 암에는 어떤 비밀이 숨어 있는지에 관심을 갖는다. 세대 담론에는 의도성과 과장성이 개입될 소지가 많다는 점을 가볍게 다룰 수 없는 것도 세대 논의가 경계해야 할 어두운 부분일 것이다.

오늘의 한국은 전근대적 정치와 근대적 정치 그리고 탈근대적 정치가 공존하고 있다. 이념의 정치 못지않게 탈이념의 정치가 작동하고 있으며, 계급의 정치와 탈계급의 정치가 공존한다. 이해의 정치, 생활의 정치, 가치의 정치가 혼재한다. 세대의 양상도 구조화된 것으로부터 탈구조화된 것에까지 광범하다. 세대의 정체성 역시 하나의 세대에 하나의 이미지만이 존재했던 양상으로부터 하나의 세대에 다양한 이미지와 다양한 정체성이 따라다닌다. 세대의 향배에 더 많은 관심이 쏠리는 상황이다. 그러나 공존과 혼재, 그리고 다양의 정치질서와 정체성의 형성은 세대의 정치사회학적 메시지를 담아내는 방식에서도 변화를 요청한다.

우리가 주목하고자 하는 것은 바로 이러한 변화이다. 그동안 한국사회에서 진행된 세대 담론의 상당 부분이 과장된 의도에 의해 생산해 내는 상업적 기획, 정치적 기획, 저널리즘적 기획이었다. 이들 기획을 경계하여야 한다는 주장은 아무리 강조해도 지나치지 않다. 이러한 경계의 논지를 펴는 데 있어 놓쳐서는 안 되는 문제의식은 세대론에는 사회 변화의 내재적 패러다임이 녹아 있어야 한다는 것이다.

2) 세대와 계급 — 두 가지의 다른 문법

세대와 계급, 세대와 이념의 이슈를 거론하기에 앞서, 먼저 '왜 계급인가', '무엇이 계급과 세대의 본질적인 차이인가'의 질문을 잠시 짚어 볼 필요가 있어 보인다. 세대의 문법과 계급의 문법은 본질적으로 다른 건축 구조에 의해 축성된다. 계급 개념은 세대 개념과는 본질적으로 다르다. 계급은 관념적으로 볼 때 사회정의의 구현을 위해 사라져야 한다는 대전제 속에서 극복해야 할 대상이다. 다시 말해 계급은 사회 현상을 설명하기 위한 순수한 분석적 개념에만 머무르는 것이 아니라 마르크스의 용어를 그대로 차용하면 개혁의 프로젝트를 달성하기 위한 가치지향적 구성 개념이다(Wolff and Resnick, 1987:236).

그러나 세대는 극복의 대상이 아니다. 세대는 그냥 존재하는 것으로 받아들여지는 것뿐이다. 그렇다고 세대의 차이에 의한 갈등이 문제시되지 않는다는 주장을 하려는 것은 아니다. 본디 세대는 사회변동을 지향하는 개념이 아닌 만큼, 진보의 입장에서 보면 그리 친숙하고 신나는 개념은 아니다. 계급이 지향성을 추구하는 데 더 가까운 개념이라고 한다면, 세대는 분석을 추구하는 데 더 가까운 개념이다.

한국사회의 갈등과 변동을 설명함에 있어 흔히들 세대와 계급을 서로 대척하는 대체의 개념으로 설정하곤 한다. 단순하게 정리하면 '세대론이냐', '계급론이냐'의 양단론적인 문제로 설정한다. 불평등 문제에 있어서, 진보 진영은 세대가 계급의 문제를 희석시킨다고 우려한다. 이들은 세대를 사회질서의 분석 단위로 설정하는 데 동의하지 않는다. 세대 간 불평등보다는 세대 내부의 불평등이나 분화, 나아가 이들 내부의 양극화에 주목한다.

계급론 아니면 세대론으로 문제를 몰아가는 것은 적절하지 못하다.

⋮

이를테면 88만원 세대론처럼 주요한 문제를 계급의 관점에서 보아야 한다는 것은 세대론이 지니고 있는 자유도를 전혀 인정하지 않은 데서 비롯한 오류이다. 세대 환원론이나 계급 환원론 모두 적절하지 않다. 이 대목에서 88만원 세대론은 매우 흥미로운 위치에 서 있다. 88만원 세대는 매우 강도 높은 비판적인 논조를 견지하고 있지만 세대론적 환원론의 인상을 지우기 어렵다. 그렇다고 88만원 세대론에 계급적 관심이 부재하다고 비판하거나 아니면 정통 계급론의 다른 이름이라고 몰아가는 것 역시 적절하지 않다.

다소 거칠게 표현하면 88만원 세대론은 세대 간 갈등을 부추기는 우파 담론에 낚인 셈이다. 세대 간 갈등보다는 계급 갈등을 강변해야 할 진보 담론에서 88만원 세대론이 나온 것은 앞날이 매우 불투명하고 열악한 처지에 처한 신세대의 현장 고발로서는 나무랄 데 없는 강한 메시지이지만, 보수와의 논쟁에서 주도권을 잡기에는 유리해 보이지 않는다.

그러나 신자유주의적 세계화와 고용 없는 성장의 구조, 그리고 최근 세계 경제의 위기는 사회의 문제를 신세대에게로 떠넘기는 양상을 보인다. 인턴제, 초봉 삭감, 비정규직 확산과 같은 불안정한 고용의 일차 대상자가 이들이다. 초봉 삭감에 해당되는 정규직은 그나마 다행이다. 사회 진입을 불안정한 인턴으로 시작하는 양상, 비정규직으로 시작해야 하는 양상은 기성 세대의 사회적 부담을 사회 초년생들에게 떠넘기는 측면이 있음을 부정하기는 어렵다.

한국사회에서 이념 논쟁의 협소성은 재론할 필요가 없다. 좌우라는 이데올로기의 스펙트럼에 유연성이 설 자리는 매우 협소함은 물론이고 좌우의 의미도 친북, 반북, 친미, 반미, 그리고 성장, 분배로 극히 제한되어 있다. 이념 논쟁의 자유도가 매우 협소하다는 것이다. 이러하기에 세대론이 지니고 있는 다양한 의미는 사라지고, 보수와 진보의 대리전을 치르는 것 같은 인상을 주는지도 모른다. 이러한 문제는 한국사회를 추동하는 중심축이 세대의 변화 속에서 계급적, 이념적 의미가 중첩되어 나타나는 것으로 독해할 것을 요청한다.

3. 세대 담론의 과장과 세대 분석의 과소

1) 상업적 기획을 경계한다

한국사회에서 세대 담론은 상업적 기획에 의해 과잉 생산되는 양상을 보인다. 오늘날 세대 담론의 이면에는 자본주의적이고 상업적인 기획이 폭넓게 숨겨져 있다. 세대의 메시지가 마케팅을 타고 전달되고, 마케팅의 내용이 세대의 상징으로 각인되곤 한다. 누군가의 시선을 이끌어 내고, 들불처럼 번지는 마법의 순간인 티핑포인트를 만들어 내는 일에 세대가 좋은 소재로 활용되는 것이다. 상업적 기획은 끊임없이 세대군을 창출해 왔다. 고도소비사회에서 자본의 이해가 세대 담론을 통해 매우 적극적으로 실현되고 있지만, 한국사회에서의 세대를 대상으로 하는 상업적 기획은 과도하다.

실제로 마케팅 대상으로 세대가 다양한 형태로 생산되고 재생산되고 확대 재생산되고 있음을 어렵지 않게 찾아볼 수 있다. 근자에 회자된 세대 코드명의 대부분은 연령과 성의 특성을 절묘하게 결합시킨 상업적 기획물의 성격이 강하다(박길성, 2002:18). 한 광고기획사가 한국의 대표 세대들의 특징을 정리하는 보고서에서 마케팅의 시작은 각 세대들의 특성을 이해하는 것에서 비롯한다고 주장(김기수 외, 2001; 이명진, 2005)한 것이 이를 잘 말해 주고 있다. 세대라는 개념이 소비 트렌드를 구분하는 마케팅 전략으로 간주된다.

실제로 제일기획은 세대를 마케팅의 대상으로 활용하기 위해 한국의 대표 세대를 매우 잘게 분류하고 각 세대를 상징하는 키워드를 만들어 냈다. 10년 전의 정리이기 하지만, 한국의 대표 세대를 1318세대, 1925세대, 2632세대, 3342세대, 4355세대로 분류하고, 이들 세대를 상징하는 키워드로 Mouse and Hip-hop, Mobilephone and Fantasy, My car and Job, Family and Career, Rice and Health를 도출하였다(김기수 외, 2001). 그리고 각 세대별로 가치관, 의식주 형태, 여가활동, 소비 패턴의 특징을 제시하고 있다. 여기에 등장한 세대란 각 세대를 공략할 수 있는 마케팅 자료의 분류에 불과하다. 너무나도 가벼운 경박함을 경계하지 않을 수 없다. 세대 간의 차이와 세대 내의 동질을 기본 틀로 설정하는 세대의 문법을 완전히 무시하고 있다. 다시 말해 사회 변화의 패러다임을 단순히 상품마케팅의 수단으로 흡수한다. 이후 제일기획이 야심차게 내놓은 세대 보고서(제일기획, 2003) 역시 같은 틀 내에서 작성되었다.

⋮

최근 업계에서는 1525세대를 대한민국의 뉴파워 그룹으로 설정하고 있다. 유행을 이끄는 소비의 신권력으로 보고 있는 것이다. 이들을 마케팅의 교두보로 인식하고 있으며 제품의 성공 여부를 결정해 주는 테스트베드로 간주한다(매일경제, 2009). 향후 이런 유의 세대 쪼개기는 끊임없이 이루어질 것으로 예상된다.

세대의 정체성을 만들어 냄에 있어 자본의 이해, 상업적 관심이 압도적으로 작용한다. 다시 말해 세대의 특징이 순전히 소비 시장의 대상이 될 수 있는가, 있다면 어느 정도의 규모인가가 관심의 시작이자 끝이다. 다소 거칠게 표현하면 이들의 최대 관심은 세대군을 만들어 내면서 창출할 수 있는 이윤이 어느 정도 될 것인가에 있다. 소비 성향에 초점을 맞춘 세대의 의미 개념화는 세대의 문법을 시작부터 잘못 독해한 것이다.

세대의 규정에 충실해야 한다. 세대의 정체성을 공통적으로 각인시킬 수 있는 역사경험의 공유라는 규정에 충실해야 한다. 몇 가지 설문 문항으로 구성된 가치관 조사나 소비 패턴에서 양적으로 유의미한 차이를 세대 구분의 근거로 삼는 것은 적절하지 못하다. 세대 담론의 의도성과 과장성을 벗어나야 한다는 주장의 핵심은 세대를 상업적 기획물로 간주하려는 자본의 의도와 과장을 경계해야 한다는 의미이다.

2) 정치적 기획을 경계한다

정치는 균열을 먹고 산다. 현실정치가 세대에 관심을 갖는 것은 극히 당연한 일이다. 정치권은 세대 차이의 균열을 놓고 정치 동원의 복잡한 계산을 한다. 선거철만 되면 어김없이 모여들고 재탕 삼탕 우려먹는 것이 세대 논쟁이다. 선거와 세대, 세대와 정당정치, 세대와 투표참여는 선거 정치의 기본 소재이며, 세대 갈등은 반드시 언급되는 단골 메뉴이다. 세대 갈등을 지렛대로 정치적 동원을 만들어 가려는 것이다. 상업적 기획만큼이나 정치적 기획은 매우 분명한 의도를 지니고 있다. 이때의 세대는 어김없이 편 갈림과 동원의 대상이다.

정치시장주의 논리가 세대만큼 강렬하고 광범하게 접목되는 것도 그리 흔치 않다. 따라서 세대 갈등이 지닌 정치적 동원 의도에 주목하지 않을 수 없다. 김대중 정부 출범 이후 세대 간 갈등을 증폭시켜 모든 사회적 권위를 부정하도록 만들고 이를 개혁의 상징으로 삼은 것은 잘 알려진 사실이다(조중빈, 2003).

정치 성향이 강한 집단보다는 그렇지 않은 집단에 대한 기획의 촉수가 더 은밀하게 다가간다. 선거 때만 되면 신세대가 미래를 이끌어 갈 주역으로 부풀려지는 것도 이러한 이유에서이다. 그대들이 안고 있는 문제가 무엇인지 잘 알고 있으며, 직면한 문제를 해결하겠다는 공약이 쏟아진다. 오늘날 무정형의 정체성으로 특징되는 신세대를 둘러싼 정치의 기획은 상품마케팅 수준 못지않다. 다른 세대에 비해 무정형성의 모습이 더 많이 보이고 있는 신세대가 정치 시장에서 일차적인 포섭의 대상이 되는 것은 정치의 생리에 비추어 볼 때 극히 당연

⋮

한 일인지도 모른다.

선거를 앞두고 세대론은 어김없이 확대된다. 한국사회에서 가장 극적으로 등장한 386세대가 대표적인 예이다. 특정 시점에서 확대된 386담론은 정치권의 상업주의에서 비롯했다는 비판을 면하기 어렵다. 386세대는 이전 세대와는 달리 대중매체에 의해 구성된 세대이자 동시에 정치성과 탈정치성이 절묘하게 결합된 세대이기도 하다(함인희, 2000: 198). 386세대의 담론은 비제도권의 개혁 이미지가 상품화된 과정이라 할 수 있다.

흔히 정치권은 선거 결과를 놓고 세대의 의미를 과대 포장하는 경향이 있다. 선거 결과는 특정한 역사 상황에서 나타난 특정한 결과일 뿐임을 명심해야 할 필요가 있다. 역사적 상황에 따라 세대의 정치가 등장하고 강력한 힘을 발휘할 수도 아닐 수도 있는 것이다. 이를테면 탈정치의 세대로 알려진 N세대가 노무현 정권 창출의 일등 공신일 수 있었던 것은 당시의 역사 상황적 조건에서만 가능한 것이다. 2002년 대선을 놓고 진정 진보의 승리인가 혹은 2007년 대선을 놓고 진정 보수의 승리인가라는 질문이 나온 것은 세대와 맞물린 선거 결과에 대한 정치적 해석에 신중을 기해야 한다는 취지에서 나오는 질문들이다.

3) 저널리즘적 기획을 경계한다

저널리즘적 기획물로서 세대의 부침도 어렵지 않게 찾아볼 수 있다.

언론이 특정 세대를 각각의 이해를 표방하는 도구로 이용한 흔적도 많다. 386세대를 놓고 이를테면 모래시계 세대 인물열전을 띄우는 것은 저널리즘적인 기획의 냄새가 물씬 나는 대목이다(박길성, 2002:20). 상업적, 정치적 기획만큼이나 저널리즘적 기획에서도 세대 규정과 관련된 각종 신조어가 만들어진다. 세대에 대한 언론의 기획은 종종 무책임하다는 비판을 피하기 어렵다. 한편에서는 근거 없는 낙관론이 도를 지나치는가 하면, 다른 한편에서는 비관론의 절망적인 사례만으로 세대의 정체성을 구상한다. 전자는 보수적 정향의 언론이 견지하는 논조이며, 후자는 진보적 정향의 언론이 견지하는 논조이다. 세대의 사회적 의미는 완전히 무시된 채 특정의 저널리즘적 의도만 과장되게 횡행한다.

《동아일보》가 특집으로 기획한 IP세대는 세대 이름에서부터 시선을 끌기에 충분하다. 2008년 9월과 10월에 밀도 높은 기획이 나왔다. 한국 2030세대를 대상으로 이들의 시대적, 사회적, 문화적 특성을 분석하여 IP(Independent Producer, 독립적 생산자) 세대라고 정의했다. 언론사답게 신조어를 만들어 내고 단어를 조합하는 탁월한 시도를 기획 시리즈 내내 찾을 수 있었다. IP를 구성하는 내용이 단일한 것이 아니고 일곱 가지나 되는 것도 시선을 끌기에 충분하였다. 이를테면 재미와 열정(Interest and Passion), 국제적 잠재역량(International Potential), 혁신적 개척자(Innovative Pathfinder), 똑똑한 재테크족(Intelligent Portfolio), 만질 수 없는 파워(Intangible Power), 상호작용하는 참여(Interactive Participation), 즉흥적 인간관계(Instant Partnership)가 이에 해당된다(동아일보, 2008). IP세대 기획은 엄밀한 조사와 분석을 거친 것이라기보다는 튀는 현상을 중심으로 기획 취지에 맞게 다소 과장된 언어를 사용하고 의미를 임의적으로 조합한 것이라 세대에 관한 엄격한 잣대로 평가하는 것은 적절하지 않을 수도 있다.

그러나 신세대 낙관론이 전체 흐름을 장악하는 것은 조심스럽게 짚어 보아야 한다. 자칫 잘못하면 언어가 현실을 규정하는 잘못을 저지를 수 있기 때문이다. IP세대론은 2030세대들의 창의력과 진취력을 통해 세계로 뻗어 나가자고 주장한다. 취지를 이해 못하는 바는 아니다. 칠흑같이 깜깜한 곳에서 희망을 찾아야 한다는 일종의 사회적 계몽이나 사명을 백번 이해한다고 하더라도 사회 변화를 개념화하는 방식이 허술하다는 지적은 있어야 할 것이다. 세대의 다양한 의미를 단순 신조어로 봉합해 버리는 것은 경계하지 않을 수 없다. 한국의 20, 30대를 IP세대로 규정하고 이전 세대에 비해 더욱 열정적이고 더 큰 잠재력을 갖춘 세대로 규정한다. 이들 세대의 특징을 정리하면, 경제적으로 현명하며, 혁신적인 사유와 이를 실천에 옮길 수 있는 용기를 지녔고, 여기에다 주체할 수 없는 끼를 자신들의 일상에 녹여 내고, 이를 상품화하는 영리함을 지녔다는 것이다. 사회 참여 부분에서는, 일방통행식 정치 참여에는 거부감을 보이지만 상호작용하는 참여에는 뜨거운 반응을 보인다는 것이다. 이쯤 되면 이것은 신세대에 대한 로망이라 할 만하다. 현실과는 너무 동떨어진 신세대의 대한 설명이다.

이들 세대가 한국의 무한한 성장 동력이라는 데 누가 이의를 표하겠는가. 우리 사회의 희망의 싹이 있다는 데 누가 반기를 들겠는가. 미래 비전을 제시하자는 데 누가 불편하게 생각할 것인가. 그러나 비장의 무기가 이들에게 있다고 주장할 때는 구체적인 논증이 있어야 한다. 사실 오늘날 신세대는 그들이 지니고 있는 역량에 비해 저평가되고 있는 것이 사실이다. 그렇다고 반사의 논거만을 모으는 것도 문제이다. 세대론이 갖는 기본 문법에 충실해야 한다. 세대 내의 동질성, 세대 간의 이질성의 명제가 세대 논의의 기본임을 숙지할 필요가 있어 보인다. 앞서 언급한 IP세대의 구성 항목은 너무 일반화되어 있거나 특정 부류만을 범위로 삼은 문제점을 안고 있다.

세대론은 미래의 희망만을 과도하게 전파하는 논의가 되어서도 안 되고, 현실의 절망만을 과도하게 폭로하는 논의가 되어서도 안 된다. 세대의 사회적 의미와 사회적 구성에 충실한 분석을 바탕으로 세대론이 전개되어야 할 것이다. 세대의 실체를 객관적으로 조명해야 할 저널리즘의 사명에 비추어 볼 때 기획에 맞춰진 세대론을 경계해야 한다.

4. 세대와 연금

1) 세대의 형평성 문제

연금은 세대 간의 계약으로 간주되곤 한다. 한국사회는 연금에 대한 경험이 그리 많지 않다. 고령화사회로 진입하면서 연금의 사회화가 중요한 이슈로 등장하지 않을 수 없다. 질문은 한국 연금 제도에서 세대 간 형평성(generational inequity)의 문제가 발생하는가이다. 즉 각자가 응당 받아야 하는 필요한 양보다 노년층이 더 얻고 있으며, 젊은층이 덜 얻고 있는가의 문제이다. 이것은 각 집단 간의 가용자원의 차이를 의미하는 세대 간 불평등(generational inequality)과는 다르다(Pampel, 1998).

대부분의 선진국들이 채택하고 있는 부과식의 확정급여 방식의 연금 제도는 세대 간 계약을 바탕으로 하고 있다. 다시 말해 현 근로세대가 현 노인 세대를 부양하는 것이다. 구체적으로 퇴직자는 본인 소득의 일정 비율에 다음 세대의 생산성 향상 및 임금 상승을 반영한 조정 요인을 더한 급여를 받게 된다(Myles, 2002). 이 방식으로 현 노인 세대는 비록 그들이 경제활동을 할 수 없지만, 현재의 경제활동의 성과에 참여할 수 있는 기회를 얻게 되는 셈이다.

그러나 이러한 세대 간의 계약을 위태롭게 하는 변화들이 일어나고 있다. 대표적인 것이 고령화와 경제성장의 둔화라고 할 수 있을 것이다. 주지하듯이 인구고령화는 인구부양비를 악화시켜 현 근로 세대의 노인 부양 부담을 증가시킨다. 확정급여 방식의 연금 제도에서 이는 가입자의 감소와 수급자의 증가로 연금 재정이 악화됨을 의미한다. 아울러 경제성장의 둔화는 이러한 노인 부양부담의 증가를 상쇄할 경제적 자원을 줄이고, 동시에 실업이 증가하면서 근로 세대에서 실제로 노인 부담 비용을 감당하는 인구 부분인 가입자가 감소해 연

⋮

금 재정 악화를 더욱 심화시킨다. 고령화와 저성장이 연금을 위협하는 구조적 조건으로 등장한 것이다.

서구에서 1990년대에 노년으로 진입한 세대는 1950년대의 경제호황과 1970년대 이후 상대적으로 풍족한 사회보장 제도의 혜택을 받았던 세대이다. 경제적 부와 관대한 연금 제도와 의료 제도의 혜택을 누렸다. 하지만 오늘의 청년과 중년은 이전 세대보다 사회보장세를 더 많이 내고 있으며, 앞으로도 노인을 부양하기 위해 더 많은 세금을 내야 한다. 이도 모자라 부분적으로 재정 적자로 이 연금 재정을 채우고 있는 형편이다. 이 부담은 차후 세대가 세금 증액으로 갚아야 한다. 확대하기만 하는 퇴직 인구를 부양하기 위한 비용 때문에 젊은 세대의 장래가 암울하다는 얘기이다.

노인 세대에 대한 지출의 증가는 세대 간의 형평성 문제에 그치지 않는다. 노인 세대에 대한 지출은 대부분이 소비적 지출에 해당한다(Preston, 1984). 소비적 사회 정책에 대한 지출의 증가는 사회 전체의 생산성을 향상시킬 수 있는 교육과 아동에 대한 생산적 투자를 위한 재정적 여지를 줄여 사회의 미래 발전 잠재력에 부정적인 영향을 줄 수밖에 없다. 이러한 이유 때문에 1990년대 이후 선진국은 노인 부분에 대한 소비적 지출을 줄이고, 아동과 교육에 대한 생산적 지출을 늘이는 것을 골자로 하는 사회투자 전략을 실시하고 있다. 하지만 노인들은 정치적으로 다른 세대에 비해 상대적으로 잘 조직되어 있고 투표율도 높기 때문에(Torres-Gil, 1993), 연금 제도와 사회 정책의 근본

⋮

적 개혁은 오늘의 정치동학 속에서 이루어질 것이라 기대하기 어렵다. 미진한 개혁으로 연금 제도가 향후에도 세대 간의 갈등을 증가시키는 요소가 되고 있는 것이다.

2) 연금과 세대 형평성 문제

한국의 경우 1986년 국민연금 제도 도입 시 제도의 수용성을 높이기 위해 높은 급여와 낮은 기여 방식으로 도입되었다. 당시 국민연금 제도는 40년 기여를 한 전체 가입자의 평균소득을 가진 가입자가 자신의 생애소득 70%를 받을 수 있는 높은 소득대체율을 가지고 있었다. 반면, 보험료 수준은 3%로 매우 낮게 시작하여 점차적으로 증가하게 설계되었다. 이러한 조건으로는 국민연금 제도가 지속하기 어렵다는 것은 자명하다. 새로운 제도의 도입 과정에서 국민적 지지를 받기 위해 비현실적인 보험료와 급여 수준을 책정한 것이다. 어찌 보면 원래의 국민연금 제도는 수정될 것이라는 전제를 가지고 출발한 셈인지도 모른다. 이후 1993년 6%, 1998년 9%로 보험료가 상향되었다. 반면 급여 수준은 1998년 60%, 2007년에는 40%로 하향 조정되었다. 저기여 고급여 원칙하에서는 연금 도입의 초기 제도에 가입한 가입자 세대는 매우 낮은 기여로 매우 높은 급여를 수급할 수 있는 반면, 이후세대는 앞의 세대의 부담까지 부담해야 하므로 매우 높은 보험료를 부담해야 하고 낮은 급여를 받게 될 것으로 예상된다. 즉 저기여 고급여 급여 원칙은 세대 간의 비형평성을 초래하는 요소가 되고 있다.

이러한 급여 원칙은 연금 제도의 재정 방식과 기금 축적에도 영향을 주게 된다. 국민연금 제도는 적립식으로 도입되었지만, 저기여 고급여의 급여 원칙 때문에 적립기금이 계속 유지되기는 어렵다. 적립금이 고갈된 이후 적립 방식에서 부과 방식으로 전환되게끔 설계가 되었다. 이러한 소위 부분적립 방식에서는 언제 재정 방식의 전환이 이루어지며, 전환 이후 가입자 세대가 어느 정도의 보험료 부담을 떠안아야 하는지가 연금 재정의 중요한 문제가 된다.

한편 2008년 총인구 대비 65세 이상 노인인구로 나타나는 노인 부양비는 15.2%로 상대적으로 양호한 편이다. 그러나 낮은 출산율로 노인부양비는 2030년에는 39.2%, 2050년에는 75.1%, 2070년에는 90.3%로 증가할 전망이다(국민연금재정추계위원회, 2008:53). 이에 따라 가입자 수 대비 수급자 수를 표시하는 제도부양비도 2008년에 10.3%에서 2030년에 34.4%, 2050년에 90.1%, 2070년에 119.3%로 증가하여 2070년에는 가입자 한 명이 1.2명의 수급자를 감당해야 하는 문제가 발생할 것으로 예상된다(국민연금재정추계위원회, 2008:57). 즉 현 제도를 유지할 경우 후세대 가입자가 상당한 보험료 부담을 감당해야 한다는 것이다.

후세대의 부담을 줄이기 위해 몇 가지 방법이 고려된다. 첫째는 보험료를 인상해서 해결하는 것이다. 현재의 국민연금의 보험료는 상대적으로 낮은 편이어서 상향의 여지가 있다. 하지만 기업의 입장에서 보험료의 인상은 임금부담의 증가를 초래하기 때문에 선호하지 않

⋮

는다. 둘째는 연금의 급여수준을 인하하는 것이다. 이 경우 노후소득의 부실화를 가져올 수 있다는 우려가 제기된다. 이러한 우려를 불식시키기 위해서 다층노후소득보장 체계의 구축 즉 노후소득보장에서 사적연금의 역할을 증대시키는 방안이 제안된다. 셋째는 구조적 개혁으로, 연금 제도를 구조적으로 개혁하여 현재의 일원적 소득비례연금을 기초연금과 소득비례연금으로 분할하여 기초연금을 조세로 재정 지원함으로써 재정 문제를 해결하는 방안이다. 이 중에서 국민연금은 오직 두 번째 급여수준 인하만을 실시하였다. 국민연금은 1986년 도입 이후 1998년과 2007년 두 차례에 걸쳐 과감한 급여 조정을 실시하였다. 1998년에 소득대체율을 70%에서 60%로 인하하였고, 2007년에는 60%에서 점차적으로 40%로 인하한 것이다. 두 차례의 급여 조정으로 당초 예상되었던 기금 소진 시기가 2033년에서 2047년으로, 2047년에서 2060년으로 연장되었다.

급여 조정에도 불구하고 국민연금의 재정 문제는 완전히 해결되지 않은 것으로 보인다. 2008년의 재정계산에 따르면 재정의 균형을 맞추기 위한 필요 보험료율이 12.49%로 추정되었다. 즉 개혁 후에도 후세대의 재정부담의 문제는 완전히 해결된 것이 아니며, 국민연금에서 세대 간 비형평성의 문제는 여전히 남아 있다.

그러나 세대 간 비형평성에 대한 문제는 아래의 사실을 감안할 때 상대화될 수 있는 것으로 보인다. 첫째, 연금 재정의 문제를 야기하는 인구고령화의 효과가 과장된 측면이 크다. 인구부양비를 계산할 때

⋮

65세 이상을 기준으로 잡는 것은 문제가 될 수 있다는 것이다. 유럽의 경우에 부양비가 최고조로 이르더라도 재앙이 발생하지 않았다. 그리고 인구가 고령화되면 노령 근로가 촉진될 수 있다는 점도 놓쳐서는 안 된다. 특히 한국은 유럽 사회와 달리 은퇴 연령이 69세로 높아 노령 근로가 상당히 활성화되어 있다. 이는 인구 고령화의 효과를 진단할 때 주목해야 할 점이다.

둘째, 국민연금 제도의 제도적 특징과 지출 규모를 보면, 연금 제도의 성숙도가 낮아서 연금 수급자의 규모가 그리 크지 않다. 따라서 노인에 투여되는 복지비용은 그리 높지 않다는 것이다. 서구와는 달리 한국에서 국민연금은 1986년에 매우 늦게 도입되었다. 또한 적립식으로 도입되었기 때문에 1988년에 가입한 사람은 2008년에서야 비로서 완전연금을 수령하게 되었다. 2008년부터 연금 지급이 시작되고 수급자가 발생한 것이다. 수급자 발생 기준으로 실제 연금 도입은 2008년이라 할 수 있다. 따라서 수급자는 그리 많지 않다. 2007년 12월 노령연금 수급자는 약 97만 명으로 전체 65세 이상 인구의 19.8%에 불과하다(고득영, 2008:17). 뿐만 아니라 국민연금은 사각지대가 넓어 연금에 가입하지 않은 인구가 상당히 많은 편이다. 이는 향후에도 연금 수급자의 비중이 빠르게 증가하지 않게 하는 요인이 된다. 추계에 따르면 국민연금의 노령연금 수급자는 2030년에도 65세 이상 인구의 약 40%, 2050년에도 63%에 그칠 전망이다(국민연금재정추계위원회, 2008:59).

최근에 실시된 연금 개혁으로 연금 급여도 과감히 삭감되었다. 향

⋮

후에도 연금 급여 수준은 그리 높지 않을 것으로 전망된다. 따라서 연금 제도에 투여되는 복지 지출의 비중도 그리 높지 않을 것으로 예상된다. 2008년 재정계산에 따르면 향후 GNP에서 국민연금이 차지하는 비중은 2008년 0.6%에서 점차 증가할 전망이지만 증가폭이 고령화가 최고조에 이른 2070년에도 7%에 머물 것으로 예상된다(국민연금재정추계위원회, 2008:65). 2000년 현재 서구 국가들이 이미 GNP의 5-12%까지 노후소득보장을 위해 지출하는 것을 감안한다면 후세대의 재정적 비중이 그리 크지 않을 것으로 볼 수 있다. 한국의 경우, 다음 세대에 대한 지출, 특히 교육과 아동에 대한 지출이 노인에 대한 지출보다 상대적으로 높다. 이에 반해 한국의 노인 빈곤은 OECD 최고 수준이며, 노인 빈곤율이 타세대의 빈곤율에 비해 훨씬 높게 나타난다.

여기에다 정책 결정의 함수로 간주되는 정치 세력화의 측면에서 볼 때, 한국 노인의 정치 세력화는 아직까지 그리 강하게 이루어지지 않았다. 과거보다는 강화되었지만 정치적 쟁점에서 자신의 연금 문제를 크게 고려하지 않는다. 그리고 한국에서 세대 간 연대가 가족 내에서 여전히 강하게 유지되고 있다. 가족의 기능이 상당히 강하게 유지되고 있기 때문에 노인들의 소득 향상은 가족의 소득 향상에 기여한다. 최소한 국가연금의 강화는 노인 부양에 대한 근로 세대의 부담을 덜어 주는 역할을 한다는 점도 중시할 필요가 있다.

결론적으로 한국의 국민연금 제도를 둘러싼 세대 간 형평성 문제는

⋮

서구의 논의와는 다른 상황이라고 할 수 있다. 한국에서는 노령 세대는 은퇴를 늦게 하여 전체 사회와 타 세대에 생산적으로 기여하고 있다. 현재 한국에서는 노후소득을 위한 지출이 매우 낮아 근로 세대가 노인을 위해 부당하게 희생하고 있는 것으로 판단하기는 어렵다. 오히려 현재의 높은 노인 빈곤율은 노인들이 자신의 기여를 정당하게 보상받지 못하고 있음을 보여 준다.

한국에서도 서구 국가들과 같이 인구고령화 요인에 의해 연금 제도를 둘러싼 세대 간의 갈등이 등장할 소지가 있다. 그러나 현재까지는 연금 제도가 포괄하는 인구가 적고, 성숙하지 않아서 후세대가 연금 제도로 부담해야 할 재정적 부담은 그리 크지 않다. 오히려 세대 간 소득분배에 있어서 노인 세대는 상당히 배제되어 있다. 한국사회의 고령층은 안정된 복지 혜택을 누리는 집단이 아니다. 따라서 연금 제도를 둘러싼 세대 간의 갈등이 발생할 소지는 서구사회와 비교해 볼 때 상대적으로 심각한 것은 아니다.

5. 세대와 일자리

1) 일자리, 세대 갈등의 최대 쟁점

근자에 들어 세대 갈등의 최대 전선으로 일자리가 부쩍 빈번하게 거론된다. 청년 일자리의 양과 질이 세대 갈등의 핵심사항으로 지목되곤 한다. 오늘날 청년실업과 청년의 비정규직 비율은 산업화 이후 그 어떤 세대도 경험해 보지 않았던 열악한 상황으로 치닫고 있다. 특히 좋은 일자리를 두고 세대 간의 이해관계가 첨예하게 진행될 소지가 있다. 일자리를 세대 갈등의 함수로 보는 근거는 두 가지이다. 하나는 오늘날 일자리가 안고 있는 구조적(structural) 문제이고, 다른 하나는 일자리가 안고 있는 상황적(contingent) 문제이다.

구조적 문제의 핵심은 과거와 달리 일자리가 경기 변동에 의해 크게 결정되는 것이 아니라는 것이다. 다시 말해 경기 침체를 벗어나고 경제가 호전되어도 일자리 문제가 기대와는 다르게 크게 해결되지 않을 것이라는 데 있다. 특히 청년 일자리는 더욱 그러하다. 구조적인 문제의 원인은 두 가지로 정리할 수 있다. 첫째는 한국 경제·산업 구조의 문제이며, 둘째는 외환위기 이후 전방위적으로 진행된 한국사회의 재구조화의 결과이다. 한국도 서구 선진국과 같은 고용 없는 성장(jobless growth)의 경제 구조로부터 자유롭지 못한 상황으로 진입하고 있다. 다시 말해 고도산업국으로 진입한 서구 선진국과 같이 국내총생산은 늘어나지만 이에 해당하는 비율만큼 일자리가 늘어나지 않는 양상이 한국사회에도 고착되는 것이 아니냐는 우려가 현실화되기 때문이다. 성장은 있으나 고용 창출의 기제가 가동하지 않을 경우 사회의 이질적 분화는 양극화의 모습으로 치닫는 수밖에 없다. 한국사회의 취업계수는 90년대를 지나 2000년대로 들어서면서 급속하게 감소한 것으로 집계되었다. 이보다 더욱 심각한 문제는 효율성과 유연성의 원칙이 거칠게 통용되면서 모든 것이 경쟁력의 개념으로 치환되고 고용은 좀처럼 늘어나지 않는 시스템이 정착된다는 것이다. 경기 팽

⋮

창이 고용으로 이어지던 과거의 경제 흐름이 작동하지 않는 것이다. 이렇게 되면서 일자리의 양은 물론이고 일자리의 질도 나빠지는 형국이다. 시간이 지날수록 이른바 좋은 일자리의 수는 좀처럼 늘어나지 않는 양상을 보인다. 오늘의 일자리 문제는 단순히 경기 변동에 의해 해결될 수 있는 것이 아니라는 구조적 문제임을 숙지할 필요가 있다.

오늘날 일자리가 안고 있는 상황적 문제의 핵심은 베이비붐 세대의 집단 퇴직에서 비롯한다. 오늘날 한국사회에서 가장 영향력이 큰 세대인 베이비붐 세대가 본격적으로 정년퇴직으로 진입한다. 대기업의 평균 정년이 일반적으로 55세이기 때문이다. 베이비붐 세대 은퇴를 놓고 정년 연장이 화두로 떠오른다. 정부는 사회적 합의를 거친 뒤 임금피크제와 정년 연장 등을 통해 베이비부머의 퇴직으로 초래할 사회경제적 충격을 줄여 나갈 방침이라고 발표한 바 있다. 사회경제적으로 가장 강력한 동시에 가장 경쟁력 있는 베이비붐 세대의 집단 퇴직에 따라 정년 연장이 거론되면서 젊은 세대와의 갈등을 우려하는 목소리가 나온다. 젊은 세대가 차지해야 할 일자리를 기성 세대가 계속 유지하는 것이 아니냐는 문제제기이다.

일자리를 둘러싼 갈등을 거론할 때 흔히들 우리 사회에서 가장 입지가 약한 두 세대, 즉 일자리의 진입이 어려운 청년 세대와 일자리의 퇴출로 인해 고통을 안고 있는 세대 사이의 갈등으로 보는 경향이 있다. 베이비붐 세대의 정년 연장이 청년 세대의 일자리 어려움의 주요 원인인 것 같은 인상을 준다. 그러나 세대 갈등을 일자리에 관한 한

⋮

가장 취약한 두 세대 간의 갈등으로 몰아가는 것은 일자리 문제에 대한 정확한 진단이라고 보기는 어렵다.

일자리와 관련된 세대 갈등의 핵심은 정규직과 비정규직, 청년층과 중년층 사이의 이른바 일자리 양극화 현상의 고착이다. 정규직은 중장년층, 비정규직은 청년층과 같은 등식이 성립하면서 세대를 둘러싼 일자리 문제는 양적인 측면보다 질적인 측면이 더 문제시되는 양상이다. 이를테면 실업률은 청년 일자리의 심각성을 보여 주는 극히 일부에 지나지 않는다.

우리 사회에서 자주 접하게 되는 '대기업은 취업난, 중소기업은 인력난' 현상이 거론되면서 청년층 일자리 문제의 가장 중요한 원인으로 청년층의 눈높이를 문제 삼곤 한다. 교육과 고용의 미스매칭에 의한 구조적인 문제를 개인적인 눈높이 탓으로 돌리는 것은 적절한 해법이 될 수 없음은 매우 자명하다. 사회적인 학력 과열로 인해 좋은 일자리를 구하려는 청년층은 꾸준히 배출되었다. 정부는 여전히 취업자 개인이나 대학에 책임을 돌리려고 한다. 눈높이를 운운하거나 취업률에 의한 대학 구조조정을 강조하는 것은 고용시장의 수요자에 대해서는 외면하고, 공급자에게 과도한 책임을 돌리는 형국이다. 적절한 해법을 기대하기 어려운 까닭이 여기에 있다.

2) 일자리 진입의 장벽과 퇴출의 고통

한국사회는 U자형의 이중고(二重苦) 형상을 보인다. 일자리에 진입하는 젊은 청년층의 어려움이 가장 크고, 이후 중년층의 일자리 상황은

⋮

상대적으로 호전되었다가, 사오정으로 칭해지는 노후 이전의 노전(老前)의 문제가 심각해지면서, 퇴직 상황으로 들어가는 연령층의 고통이 배가되는 양상으로 정리된다. 다시 말해 일자리 진입의 장벽과 일자리 퇴출의 고통이 최고점을 이루고 있는 것이다. 일자리의 양과 질의 모든 면에서 말이다.

경제위기로 인해 선·후진국을 막론하고 세계 곳곳에서 실업률이 급격히 증가하고 있다. 청년 고용은 경기가 침체기에 접어들 때에 가장 먼저 반영되는 경향이 있다. 실업 민감도가 매우 높다. 청년 실업은 전체 실업보다 더 큰 폭으로 증가한다. 경기 침체로 일자리가 줄어들면서 청년층이 가장 큰 타격을 입은 것으로 나타난다. 기업의 비용 절감을 목적으로 신규 고용을 축소하는가 하면 임시직 비중이 높아짐에 따라 청년층 일자리의 양과 질이 열악한 상황이다. 우려스러운 것은 고용의 질이다.

청년층의 고용 기회 박탈을 우려하는 것은 오늘의 문제로만 국한되는 것이 아니라 미래의 문제와 맞물려 있기 때문이다. 청년 고용 정책이 중요하게 부각되는 이유는 청년 시기가 최초의 직업 선택이 이루어지는 시기로, 이 시기에 가장 중요한 초기 직업훈련이 이루어지기 때문이다(이서원, 2010:27). 직장을 갖고 소득을 받은 경험이 있는 실업자는 고용시장이 어려워도 다시 직장을 구하려 하지만, 직장생활을 해 본 적이 없는 청년은 취업의 진입이 힘들면 아예 취업 자체를 포기할 가능성이 높기 때문이다. 알바, 임시직 중심의 청년층 고용 구조는 장기

⋮

적인 고용불안으로 이어질 위험이 있다. 뿐만 아니라 구직 단념자의 비중이 그 어떤 연령층보다 많은 것으로 예상된다. 단순히 오늘의 문제로만 국한되는 것이 아니라 미래의 피폐함을 담보하기 때문에 우려는 더욱 커지는 것이다.

더욱 심각한 문제는 학업을 마친 후 저임금 노동을 반복적으로 경험한다는 점에서도 잘 나타난다. 이 부분에 있어 한국은 OECD 선진국 가운데 가장 심각한 것으로 나타났다. 최근의 한 연구 보고서는 학업을 마친 후 5년 동안의 저임근로[5] 경험이 1.97회로 높게 나타났으며, 저임금 고용이 두 차례 이상 반복된 경우가 전체 대상 인원의 절반을 넘어서는 상황임을 발표하였다(이서원, 2010:26-27). 또한 정규 학업을 마친 5년 후 취업, 교육 및 취업훈련에 속하지 않는 그야말로 일하지 않고 일할 의지도 없는 청년 무직자를 뜻하는 이른바 니트족(NEET, Not in Employment, Education or Training) 비율은 한국이 36.8%로 OECD 중 가장 높게 나타났다. 대부분의 국가에서 시간이 지나면서 뚜렷하게 감소하는 경향을 보이는 것과는 대조적으로 한국은 3년까지의 시기보다 5년까지의 NEET 비율이 더 높아지는 등 청년실업의 구조가 위험한 상황이다. 절대적 고용박탈의 상황으로 치닫는다.

한편 퇴직 세대의 일자리 현실은 어떠한가. 어떤 의미에서 한국사회

5 저임근로는 시간당 임금이 25-54세 연령 근로자 중위(median) 임금의 2/3에 미치지 못하는 경우를 의미한다.

는 은퇴가 없는 사회이다. 한국인이 일에서 완전히 손을 놓는 최종 은퇴 연령은 68세이다(Keese and Lee, 2002). 주된 일자리에서의 퇴직연령은 54.1세이지만 퇴직 후 이른바 제2의 근로생애 기간은 무려 14년이 되는 셈이다. 다시 말해 정식 은퇴는 50대 중반에 하지만 생계를 위한 일자리는 이보다 훨씬 뒤까지 열악한 상황 속에서 지속된다.

최근 기성 세대의 일자리에 관한 관심은 집단 퇴직이 시작되는 베이비붐 세대에 맞춰져 있다. 오늘날 한국사회에서 가장 영향력이 큰 세대인 베이비붐 세대의 정년퇴직이 본격적으로 시작된다. 대기업의 평균 정년은, 평균 55세로, 일찍 도래하지만 재취업의 상황은 매우 어렵다. 어려운 상황에서 그나마 재취업에 성공한 55세 이상이 일자리를 구할 수 있었던 경로를 살펴보면, 친구나 친지의 개인적인 네트워크(47.2%)가 정부 공공기관(15.85), 민간알선기관(10.9%)보다 월등히 높게 나타났다(조선일보, 2010. 1. 25). 공적 영역으로부터 도움을 받지 못하고 있다는 것이다. 연령별 일자리 경쟁률에서도 5060의 상황은 치열하다. 노동시장에 나온 일자리 하나당 구직자의 경쟁은 50대가 무려 11 대 1, 60대는 16.7 대 1로서, 20대의 경쟁률, 1.9 대 1의 다섯 배, 여덟 배가 넘는다(한국고용정보원, 2009).

베이비붐 세대 은퇴를 놓고 정년 연장이 화두로 떠오른다. 정부는 사회적 합의를 거친 뒤 임금피크제와 정년 연장 등을 통해 베이비부머의 퇴직으로 초래할 사회경제적 충격을 줄여 나갈 방침이라고 발표한 바 있지만 기업이나 공공 영역에서의 반응은 아직까지 미미하다. 일본은 2004년 노사정 자율적인 합의를 통해 정년을 5년 연장하는 제도를 채택하였다. 일본의 경우 베이비붐 세대인 단카이 세대(1947-1949년생, 680만 명, 전체 인구의 5%에 해당)의 은퇴가 임박한 2006년 고령자 고용안정법을 개정해 60세의 정년을 65세로 늘리는 조치를 취했다. 이로 인해 이들의 재취업은 비교적 수월하게 연착륙한 것으로 평가된다. 한국에서는 공기업 중심으로 실험적인 수준에서 실행이 되고 있는 수준이다.

기성 세대와 젊은 세대는 세대 갈등의 원인으로 거론되는 경제적 이해관계를 어떻게 인식하고 있는가. 최근 《월간중앙》에서 발표한 조사 결과는 일자리와 같은 경제적 이해관계에 관한 세대 간의 인식을 이해하는 데 중요한 단초를 제공한다(월간중앙, 2009년 11월호). 이를테면 정부가 '초임 삭감을 통한 일자리 확대' 정책을 내놓았다. 이에 따라 일부 공기업이 대졸 신입사원의 첫 해 연봉에서 2천만 원을 초과하는 액수의 절반을 깎았다. 이런 정책 방향에 대해 당사자인 젊은 세대들이 반발할 것이며, 이런 정책이 세대 간 갈등을 심화할 것이라는 예상을 하였다. 그러나 이 정책에 대한 반대는 세대 간 별 차이가 없는 것으로 나타났다. 기성 세대의 66.7%, 젊은 세대의 66.2%가 이 제도의 도입에 찬성하는 것으로 조사되었다. 경제적 이해에 대해 세대 간 차이가 거의 없음을 보여 준다. 대졸 초임 삭감에 대한 태도는 학력과 관계가 있는 것으로 나타났다. 학력이 높을수록 반대율이 높았다. 일자리에 관해 장년층은 주로 정규직에, 청년층 다수는 비정규직에 종사하는 현실은 세대 간 갈등의 골을 깊게 만들 것이라는 점에 대해

⋮

젊은 세대보다 오히려 기성 세대가 더 우려하는 것으로 나타났다. 기성 세대 중에서도 베이비붐 세대가 더 걱정스러워하는 것으로 나타났다. 베이비붐 세대 61.4%, 베이비부머 윗세대(65세 미만) 54.6%, 젊은 세대 52.1%가 우려스럽다고 인식하였다.

연금이 세대 간의 계약에 의해 벌어지는 갈등의 측면이 강하다고 한다면, 일자리는 동시대의 자원 배분을 둘러싸고 벌어지는 배분적 갈등의 측면이 강하다. '이태백'으로 상징되는 청년의 일자리 상황은 경기침체를 벗어나고 성장률이 높아져도 쉽게 해결되지 않을 것이라는 우려가 커지고 있다. '사오정', '오륙도'로 칭해지는 중장년층의 일자리는 사실 노후 대책 이전의 노전의 문제로서 그 대책이 시급하다. 청년층 고용 여건 악화는 1997년 외환위기 이후 계속 이어져 온 장기적 현상이다. 일자리에 관한 세대 갈등의 최대 지점은 청년층 다수가 비정규직, 여타 중장년층은 주로 정규직이라는 점을 분명히 해 둘 필요가 있다. 이는 향후 세대 갈등으로 등장할 최대 쟁점이다.

6. 세대의 인식을 위한 과제

세대는 중요한 메시지를 담고 있다. 세대는 물적 이해이고, 세대는 소통이고, 세대는 정체성이다. 세대 정치가 한국사회의 질서와 변화를 읽어 내는 담론으로 등장하면서 세대의 정치·경제적 의미는 더 중요하게 여겨진다. 비록 세대 정치의 범위와 강도가 대선이나 총선과 같

⋮

은 선거 국면의 정치적 상황 조건에 따라 상이하게 작동하지만, 한국사회의 자기 인식을 위해 반드시 짚어 보아야 할 것임에 분명하다. 무엇보다 세대를 소재로 다양하게 진행되는 의도성의 기획을 경계해야 한다. 상품 마케팅이든 정치적 동원이든 언론 프로젝트이든 특정의 이해를 관철하려는 목적으로 객관적인 분석을 결여한 세대 담론을 만들어 내는 것은 경계해야 한다. 당대의 특수한 역사적 사건이나 사회문화적 특징을 무시한 채 세대의 특수성을 지나치게 단순화하여 세대 상징으로 삼는 일회적 무책임성을 경계해야 하는 것이다. 세대의 본질을 왜곡하고, 특정 내용을 과장하는 기획에 대해 경계를 주장하는 까닭은 세대에는 사회 변화의 방향성이 녹아 있기 때문이다.

세대는 정체성이다. 정체성 형성의 최소조건은 세대 간 이질성, 세대 내 동질성이다. 세대에 관한 객관적이고 정치한 분석이 요청된다. 세대 간의 관계(relation between generations), 세대 내의 관계(relation within generation)에 대한 분석을 바탕으로 각 세대의 정체성을 구명해야 한다. 세대를 향한 과도한 관심은 당연하고 자연스러운 현상이다. 그러나 세대에 대한 과잉 관심은 좀더 객관적인 분석을 바탕으로 세대의 실질적 의미를 확보해야 한다. 특히 한국의 역사적 경험에 비추어볼 때 세대에 대한 관심과 생산적 토론은 자연스러울 뿐 아니라 바람직한 측면도 많다. 본디 세대에는 진화의 본능이 침잠되어 있다. 밀려나는 세대와 진입하는 세대 사이에 나타나는 세대 갈등은 필연적인지 모른다. 문제는 우리 사회가 세대를 둘러싼 정체성과 이해의 차이를 객관적 논의를 바탕으로 갈등을 사회 속으로 흡수할 수 있는 역량을 지니고 있는지를 진지하게 점검해 보는 일이다.

세대 사이에는 분명한 경계가 있다. 세대의 경계는 뛰어넘을 것도 아니고, 뛰어넘을 수도 없다. 각 세대의 사회적 의미가 독특하게 부여된다는 것이다. 생물학적인 유전자와 같은 것 말이다. 세대에는 공유된 역사 경험이 있으며, 이것이 마치 생물학적인 유전자처럼 각기 다른 정체성으로 등장한다. 그리고 세대별로 각기 다른 역사적 소임을 수행한다. 오늘날 한국사회의 대표적인 세대 지형을 정리해 보면(박길성 외, 2005), 베이비붐 세대는 조국 근대화에 순응하며 유신의 시대를 역사적 경험으로 내면화하였다. 수적으로 다수였기에 언제나 과잉과 과밀의 통과의례를 치르면서 살았고, 이로 인해 그 어떤 세대와도 비교할 수 없을 만큼 높은 경쟁력을 지닌 세대로 평가된다. 그러나 이들 세대는 386세대가 정치의 중심적인 역할을 할 때 위로부터의 권위에 눌리고 아래의 386세대에 끼여 있는 세대로서의 경험을 가지고 있다.

386세대는 한국현대사의 민주변혁기에 성장한 세대로 정치민주화를 완성시킨 세대라 할 수 있다. 민주화의 주역으로 현실정치의 승리자로 시대적 소임을 명민하게 수행하였다. 절망의 조건에서 희망을 실현해 낸 세대이다. 그러나 386세대는 제도권으로 진입하는 데 성공했지만 사회경제적 분배를 민주화하지 못한 채 새로운 기득권층이 되면서 보수화되었다는 평가를 받는 처지에 처하게 되었다(김정한, 2009: 303). 그런가 하면 세계화와 정보화의 사회질서 속에서 신세대들이 더 많은 자원을 갖게 되는 역(逆)세대화를 구가하는 신세대의 기세에 밀리는 형편이다.

네트워크 세대로 통칭되는 오늘날 신세대는 한국의 과거형적인 질곡으로부터 자유로운 세대로서 정보화의 기수이며 유연한 대중으로 자기 정체성을 형성한 세대이다. 이들의 정체성은 물컹물컹한 것으로 요약된다. 이들에게는 하나의 세대, 하나의 이념이라는 일대일의 단선형적인 배열은 더 이상 유효하지 않다. 이들 역시 시대적 소임을 담당하기에 나무랄 데가 없어 보이지만, 신자유주의적 세계화와 글로벌 경제 위기 등으로 인해 그 어떤 기성 세대보다도 경제 사회적으로 험난한 운명에 처할지도 모른다.

근자에 들어 2030세대가 변화의 중심으로 간주되고 있다. 이들 세대에 주목하는 소이는 기존의 보수 혹은 진보의 이분법으로 독해할 수 없기 때문이다. 이들은 이념과 신념에 따라 청춘을 거리와 광장에서 보냈던 386세대와는 달리 체험과 생활 속에서 자신들의 행보를 결정하는 체감 정치의 세대이자 생활 정치의 세대이다. 이들로부터 개혁적 보수, 합리적 진보의 가능성을 기대해 볼 수 있기도 한다. 이들은 흔히 보수가 비판하듯이 정신적으로 해이하지도 않고, 진보가 비판하듯이 정치적으로 무관심하지도 않다.

오늘의 상황은 각 세대가 얼마나 더 많은 몫을 가질 것인가의 포지티브 경쟁의 시절이 아니라, 내놓아야 할 몫에 대한 네거티브 경쟁을 하는 어려운 시기이다. 산업화 세대와 보수주의, 민주화 세대와 진보주의, 신세대와 무정형화의 경계를 넘어서는 소통이 요청된다. 인접 세대인 산업화 세대와 민주화 세대의 소통, 민주화 세대와 세계화 세

⋮

대와의 소통 같은 것 말이다.

세대 간 소통은 정체성에만 국한되는 것이 아니다. 물질적 이해관계를 둘러싼 소통이 더 중요한 일인지도 모른다. 연금은 세대 간의 계약으로서 형평성의 문제와 관련하여 세대 갈등의 핵심 테마이다. 서구의 경우 세대 간의 형평성 문제가 심각하게 제기되고 있다. 서구의 경우는 부과식의 확정기여 방식을 채택하고 있으며, 고령화와 경제성장 둔화의 사회 변화로 인해 연금 재정의 악화로 이어지면서 세대 간의 형평성 문제가 제기된다. 노인들은 정치적으로 다른 세대에 비해 상대적으로 잘 조직되어 있고 투표율도 높기 때문에, 연금 제도와 사회 정책의 근본적인 개혁은 드문 형편이다. 다시 말해 미진한 개혁으로 연금 제도가 향후에도 세대 간 갈등을 증가시키는 요소가 되고 있다.

한국의 경우 국민연금 제도를 둘러싼 세대 간 형평성의 문제는 서구의 경우와는 상당히 다르다. 연금 재정의 문제를 야기하는 인구고령화의 효과가 과장되어 있으며, 유럽과 달리 실질 은퇴 연령이 69세로 높아 노령 근로가 상당히 오랜 기간 지속된다. 뿐만 아니라 한국에서 연금 제도의 성숙도가 낮은 관계로 연금 수급자의 규모가 그리 크지 않으며, 노인에 투여하는 복지비용도 그리 높지 않다. 교육과 아동에 대한 지출이 노인에 대한 지출보다 상대적으로 높으며, 한국의 노인 빈곤은 OECD 최고 수준이며, 노인 빈곤율이 타세대의 빈곤율에 비해 훨씬 높다.

한국에서도 서구 국가들과 같이 인구고령화 요인에 의해 연금 제도를 둘러싼 세대 간의 갈등이 등장할 소지가 없는 것은 아니다. 그러나 현재까지는 연금 제도가 포괄하는 인구가 적고, 성숙하지 않아 후세대가 연금 제도로 부담해야 할 재정적 부담은 그리 크지 않다. 오히려 한국에서는 세대 간 소득분배에 있어 노인 세대는 상당히 배제되어 있다. 한국사회의 고령층은 상대적으로 안정된 복지 혜택을 누리는 집단이 아니다. 따라서 서구에서와 같은 연금 제도를 둘러싼 세대 간의 갈등이 발생할 소지는 그리 많지 않다.

그런가 하면 한국사회 일자리 문제는 1997년 외환위기 이후 계속 이어져 온 장기적 현상이다. 외환위기 이후 전방위적으로 진행된 한국사회의 재구조화는 효율성의 원칙을 거칠게 통용시키면서 성장은 있으나 고용은 좀처럼 늘어나지 않는 시스템을 고착화시켰다. 일자리와 관련된 세대 갈등의 핵심은 정규직과 비정규직, 청년층과 중장년층 사이의 일자리 양극화 현상이다. 정규직은 중장년층, 비정규직은 청년층이라는 등식이 성립하면서 세대를 둘러싼 일자리 문제는 양적인 측면보다 질적인 측면이 더 문제시된다. 일자리 양극화는 세대의 문제를 갈등의 국면으로 진입시킬 개연성을 높게 만든다. 그러나 일자리를 둘러싼 세대 갈등을 청년 세대와 노인 세대 혹은 청년 세대와 중장년 세대와의 갈등으로 보는 것은 적절하지 않다. 오늘날 전개되는 일자리 문제는 어찌 보면 모든 세대에 해당되는 시대적 문제이다. 어느 특정 세대와 특정 세대 간의 긴장으로 읽어 내기보다는 모든 세대가 안고 있는 문제로 보는 것이 정확하다.

⋮

오늘의 일자리 문제는 단순히 경기 변동에 의해 해결될 수 있는 것이 아니라는 점을 숙지할 필요가 있다. 일과 관련하여 한국사회의 재구조화는 일자리, 좋은 일자리를 두고 끊임없이 경쟁하는 구도로 치닫게 한다. 사실 구조조정은 경기 침체기에는 말할 필요도 없고 경기 호황기에도 일상적으로 통용되는 운영 방식이 되었다. 따라서 한국사회가 안고 있는 일자리 문제는 경제성장보다는 고용을 최우선시하는 일자리(고용) 극대화의 패러다임에 달려 있다. 일자리 나누기의 좋은 프로그램 사례를 적극적으로 검토해 볼 필요가 있다. 일자리와 관련하여 사회적 합의가 필요하다. 나눈다는 일은 이해 당사자들의 상호인식과 사회협약이 필수조건이다. 과제는 일자리 나누기의 사회적 합의를 어떻게 만들어 내느냐이다. 일자리 나누기의 개념을 사회적으로 확산하고 정책으로서의 가능성을 제시해야 한다. 일자리 나누기의 사회적 확산을 위한 사회 마케팅(social marketing)을 적극 활용할 것을 제안한다.

좀더 근본적으로는 정부가 추진하려는 일자리 창출이나 일자리 나누기 정책에 대해 세대별로 어떻게 인식하고 있는지를 경험적 자료에 근거하여 확인해 볼 필요가 있다. 특히 청년 일자리의 경우 청년 세대와 정부 그리고 기업 사이에 엄청나게 큰 인식의 괴리가 존재하고 있음을 숙지하고, 객관적인 사실적 자료에 근거하여 문제의 지형을 정확하게 파악하는 일이 그 어떤 것보다 중요하다.

세대 차이는 시대와 사회를 막론하고 항상 존재하여 왔다. 세대 차이,

⋮

세대 갈등은 인류 역사만큼이나 오랜 기록을 갖고 있을 정도로 인류사의 극히 보편적인 현상이라 하지 않을 수 없다. 현대사에서 세대 갈등에 의해 사회 발전의 큰 획이 그어진 경우도 여럿 있다. 그러나 특정한 의도와 기획을 가지고 세대 갈등을 세대 담론으로 비화하는 것은 주의를 요한다. 이를테면 상업적 목적으로, 정치적 목적으로, 저널리즘적 목적으로 과도하게 담론화된 세대론에 대한 경계가 요청된다. 세대의 문법과 사회적 의미, 그리고 세대에 의한 사회적 구성에 충실한 분석을 바탕으로 세대론이 전개되어야 할 것이다.

'정복해야 한다'의 진화론적 사고에서 '함께 살아야 한다'는 생태론적 사고로의 전환이 이 시대의 흐름이며, 이는 세대 소통에도 그대로 유효하다. 세대는 한국사회의 자기 인식을 위해 좋은 소재임이 분명하다. 한국사회는 앞으로도 세대 변동을 둘러싼 격동에서 자유로울 수 없을 것이다. 소모적인 논쟁을 넘어 사회 변화의 패러다임이 녹아 있는 세대론을 만들어 내는 것이 각기 다른 위치에 있는 우리 모두의 세대적 임무이다.

⋮

제 II 부

한국사회의 갈등 체제

제5장 97체제의 한국사회

1. 현대사의 최대 변고, 97년 외환위기

한국의 현대사를 구획하는 큰 축의 하나는 97년 외환위기이다. 한국의 현대사가 97년 이전과 이후로 구분된다는 뜻이다. 97년 이전과 이후는 같은 사회라고 보기 어려울 정도로 사회의 구성적 내용이 판이하게 다르다. 97년 외환위기 이후의 한국사회를 '97체제'로 칭하는 까닭이기도 하다. 1997년 11월 23일 한국 정부는 IMF에 구제 금융을 요청하였고, 12월 3일 양측의 협상이 타결되었고, 이후 한국 현대사는 97체제 혹은 IMF 체제의 시대로 분류된다. IMF는 구제 금융을 대주며 이른바 'IMF 요구조건(conditionality)'을 주문하였다. 그 조건은 당시의 한국적인 경제 운영의 관행에 비추어 볼 때 너무 가혹한 것이었다. 매우 경직적인 긴축 처방이었기 때문이다.

⋮

체제(regime)라는 이름으로 시대 분류를 하는 것은 한국사회의 운영 방식은 물론이고 한국인의 가치관이나 태도마저 그 이전의 시대와는 질적으로 다른 양상을 보이기 때문이다. 97년 외환위기는 한국 현대사가 경험한 최대의 변고라는 주장에 이의를 달기 어려워 보인다. 한국의 과거를 쓸모없는 것으로 간주하며 송두리째 폐기하고, 글로벌 스탠더드라는 이름의 새로운 질서가 사회를 지배하게 되었다. 다시 말해 97년 이전의 사회운영 체제와 97년 이후의 사회운영 체제 사이에는 엄청난 단절이 존재한다는 것이다. 사회운영 질서는 물론이고 의식과 가치관의 측면에서도 엄청난 단절이 존재한다. 97체제 속에서 한국사회는 굴절되었다. 굴절의 대상이나 범위가 어느 특정 영역에 국한되지 않을 정도로 광범하고 굴절의 강도는 한국사회 깊숙이 침잠되어 있는 습속의 변화까지 요구할 정도로 강했다. 한국사회가 재구조화된 것이다. 외적 강압에 의한 재구조화이다. 외환위기 이후 한국사회는 외적인 힘에 의한 '강요된 조정'과 내적으로 표출되는 '갈등적 조율'을 경험하며 재구조화의 노정으로 들어섰다.

IMF 관리 체제는 한국인의 기억 창고에 어떤 모습으로 남아 있으며, 외환위기는 우리에게 무엇을 의미하는가. 강요된 구조조정은 한국사회를 어떻게 변화시켰는가의 물음은 오늘의 한국사회를 읽어 내는 핵심 의제에 해당한다. 재구조화된 한국사회의 모습을 일상생활(everyday life)의 시각에서 주요 변화 몇 가지를 정리해 본다(박길성, 2010:30-33).

⋮

첫째, 한국의 과거를 버렸다. IMF 관리 체제는 한국적인 과거를 전혀 인정하지 않았다. 네 마리의 용 운운하던 한강의 기적과 성장의 신화는 일그러진 영웅의 모습으로 전락했다. 고도성장에 익숙한 한국인에게, 평생직장에 길들여진 한국인에게, 공동체의 보살핌을 의심하지 않았던 한국인에게, 한때나마 한국적인 발전 모델에 자부심을 가졌던 한국인에게 모든 것이 잘못되었다는 판결을 내린 것이다. 한국적인 것을 송두리째 버려야 하는 가혹한 일이었다. 고도성장, 평생직장, 공동체, 가족주의, 압축 성장 등등 한국적인 것이라고는 그 어느 하나 온전하게 평가받은 것이 없다. 어떤 의미에서 한국형 발전 모델은 유효 기간이 끝났다는 판결을 받은 셈이다. 그동안 한국사회가 금과옥조처럼 여겨 온 과거의 행적이 외환위기의 파동 속에서 온데간데없이 완전히 파기된 셈이다.

둘째, 내 삶을 보장해 주지 못하는 것이면 그것이 민족이든, 국가든, 전통이든, 조직이든, 이념이든 미련 두지 않고 훌훌 털어 버리겠다는 탈민족, 탈국가, 탈전통, 탈조직, 탈이념이 빠르게 확산되었다. 한국사회는 오랜 기간 민족, 국가, 전통, 이념, 조직을 근간으로 한 정체성의 정치(politics of identity)가 광범하게 동원되었다. 특히 외적인 압력이나 압박이 있을 때는 한국적인 정체성에 의한 내적인 통합이 모색되곤 하였다. 사실 한국인은 국가와 사회와 민족과 나를 하나의 유기적 동일체로 인식하는 데 익숙했다. 외환위기 이전까지만 하더라도 말이다. 그러나 외환위기는 내 삶을 누가 보장해 줄 것인가를 생각하게 되는 계기가 된 것이다. 그동안 아무런 의심 없이 받아들여졌던 것

⋮

들에 대해 의문을 제기하기 시작한 것이다.

셋째, 모험과 도전보다는 안정과 적응이 지배적인 생활방식으로 자리 잡았다. 과거 압축 성장을 추동했던 모험과 도전의 동력과 달리 외환위기를 겪으면서 한국사회를 관통하는 큰 변화는 미래 지향적인 모험과 도전보다는 현실적인 안정과 생존이 지배적인 사회 흐름으로 등장한 것이다. 처음부터 안정과 적응으로 주저앉은 것은 결코 아니다. '위기가 기회이다'의 슬로건을 실현하려는 여러 시도가 있었지만 안정적 현실을 희구하지 않을 수 없는 구조적 상황이 거세게 전개된 것이다. 이를테면 과거와는 다르게 안정을 직업 선택의 첫 번째 기준으로 간주하게 되었다. 비단 직업 선택만이 아니다. 안정과 적응이 일상생활을 관통하는 사회적 규범으로 자리 잡게 된 것이다.

넷째, 기존의 권위는 실종되고, 사회적 신뢰는 저하되었다. IMF 관리 체제는 한국적인 사회운영 방식에 대한 전면적인 거부였던 만큼, 그동안 한국사회를 지탱해 온 기존의 권위는 흔들릴 수밖에 없는 기로에 처해졌다. 외환위기의 원인이 어디에, 누구에게 있느냐는 책임 소재를 묻기 전에 국회, 정부와 같은 공공기관에 대한 신뢰는 거의 바닥이었다. IMF 구제 금융을 청산한 2001년 삶의 질 조사에서 한국인의 88%가 국회를, 79%가 정부를, 72%가 대기업을 신뢰하지 않는 것으로 나타났다. 법을 집행하는 사법기관에 대해서도 59%가 불신하는 것으로 조사되었으며, 교육기관과 종교단체는 절반을 겨우 넘는 52%, 54%가 국민적 신뢰를 얻는 것으로 집계되었다(박길성, 2002: 125-126). 한국사회에서 오랫동안 불문율로 간주되어 온 대마불사(大

⋮

馬不死)의 신화가 깨지는 것을 보면서 한국사회에서 의지할 만한 영역이 별반 없다는 인식이 확산되었다. 한국사회에서 전통적으로 상호부조의 사회안전망으로 작동했던 다양한 형태의 공동체마저 그 기능을 제대로 발휘하지 못함을 경험하면서, '믿을 것은 오직 나밖에 없다'라는 인식이 확산되고, 기존의 권위 구조에 대한 불신은 더 깊어졌다.

한국 현대사의 최대 변고인 IMF 외환위기는 이렇게 한국인의 일상적인 마음의 행로(habits of the heart)를 변화시켰다. 말하자면, 한국사회를 지탱해 온 지배적 가치관들이 변하였음을 뜻한다. 외환위기는 제도의 변화는 물론이고 정체성의 변화를 동반하면서 한국사회를 새로운 갈등 국면으로 몰아갔다. 97년 외환위기를 거치면서 등장한 한국사회의 재구조화는 시장화 체제로의 진입을 가속화시키면서 믿어야 하는 규범은 경쟁밖에 없다는 인식을 사회 전반에 각인시켰다. 이른바 신자유주의적 세계화의 격랑이 거칠고 거세게 한국사회를 강타한 것이다.

2. 발전 국가 유제와 신자유주의 헤게모니의 딜레마

97년 외환위기는 발전 국가의 구조적 결함과 준비되지 않은 신자유주의적 세계화의 구조적 결함이 만들어 낸 합작품이다. 무엇보다도 외환위기는 지속적인 고도성장을 주도해 왔던 발전 국가의 구조적 결함에서 기인한 측면이 크다. 발전 국가의 구조적 결함은 정실자본주의, 정경유착, 관치금융 등과 같은 과거의 제도적 관행에서 찾을 수 있다. 외환위기는 발전 국가 모델에 내재되어 있던 도덕적 해이, 부패, 불안정성을 일거에 폭로함으로써, 그동안 부정하면서도 효과적인 것으로 간주되었던 한국 주식회사 모델이 더 이상 효과적이지 않다는 점을 여실히 드러내었다(박찬욱 외, 2007:103-105). 외환위기를 겪으면서 한국사회는 발전 국가의 유제를 어떻게 청산하느냐의 과제에 직면하게 되었으며, 이 과제를 풀기 위한 해법으로 투명성, 책임성, 공정성, 민주성을 담보하는 새로운 지배 구조의 모색이 시대적 화두로 등장하였다.

한국사회의 발전을 설명함에 있어 국가 중심적인 접근(Johnson, 1982; Amsden, 1989; Wade, 1990; Evans, 1995; Weiss, 1998)이 차지하는 비중은 여타 이론과는 비교할 수 없을 만큼 독보적이라 할 수 있다. 핵심적인 내용은 국가가 고도의 자율성을 바탕으로 개별자본의 분파적 이해추구나 분배연합의 집합행동 문제를 성공적으로 극복하고 경제성장이라는 집합적 공공재에 정책의 최우선권을 둘 수 있었으며, 금융통제, 지원 및 규율 체계, 선별적 산업 정책 등 다양한 정책 수단을 통해 확보한 능력성을 바탕으로 자본의 생산적 투자를 유발하고 경제의 효율성을 강화해 갈 수 있었다는 것이다(윤상우, 2005:103-104). 국가 중심적인 발전국가론은 한국의 경제 성공을 설명하는 성공의 이론이고, 베버적인(Weberian) 전통에 입각하여 사회 구성에서 국가를 절대적 자율성과 능력성을 지닌 주된 행위자로 간주하고 있다. 한

강의 기적과 같은 성공의 이야기를 풀어 내는 데 발전 국가의 사회 구성은 뛰어난 설명력이 있는 것으로 여겨진다. 이렇듯 발전 국가에는 구조적 결함과 강점의 양면성이 내재되어 있으며, 외환위기는 발전 국가가 만들어 낸 성공의 이면에 잠복된 부조리와 비합리 그리고 비효율적인 조건이 표출한 것이다.

97년 외환위기는 준비되지 않은 신자유주의 세계화의 구조적 결함에서 기인한다. 한국 세계화의 출발점인 김영삼 정부의 세계화가 열망적, 구호적 수준에서 벗어나지 못하면서 외환위기는 예약되어 있었다. 이를테면 세계화가 무엇이며, 세계화를 국정의 골간으로 채택하였을 때 국제사회가 무엇을 요구할 것인지에 대한 초보적인 독해도 없이 정부 주도로 세계화를 진행했다. 열망적 수준에서 출발한 준비되지 않은 편협하고 조급한 신자유주의적 세계화였던 만큼, 세계화의 사회적 결과가 무엇인지에 대해서도 감히 생각조차 할 수 없었다. 한마디로 세계화에 대한 준비가 전혀 되어 있지 않았다는 것이다. 세계화에 필요한 사회경제 제도, 기업지배 구조, 인적 자원, 사회적 규범의 구비 없이 결과적으로 금융시장만이 빗장이 풀리면서 감당할 수 없는 세계화의 파고에 휩싸인 것이다(박길성, 2003:4). 김영삼 정부는 국내 금융시장과 금융산업의 개혁을 지연한 채 대외 개방에만 초점을 두었다. 다시 말해 금융산업의 자율화보다는 금융시장의 개방과 자본이동의 자유화가 우선시되는 불균등한 개혁을 추진한 것이다(박찬욱 외, 2007:132).

⋮

외환위기를 떠안고 출발한 김대중 정부는 한국사회를 신자유주의로 개편하는 데 주안점을 두었다. 실제로 IMF 관리 체제 아래에서 신자유주의를 벗어나기는 구조적으로 불가능하였다고 평가하는 것이 온당할 것이다. 그러나 신자유주의의 추진을 유도하는 요인으로 모든 것을 외부적인 강제로만 보는 것은 적절하지 않다. 김대중 정부는 국정 이념으로 주창한 민주적 시장경제론 혹은 민주주의와 시장경제의 병행 발전론과는 매우 동떨어진 강도 높은 신자유주의 정책을 실행한다. 아이러니컬하게도 김대중 정부는 경제적 형평의 이미지는 물론이고 국민의 정부라는 국정 모토와는 다르게 상황에 따라 IMF 구조조정 프로그램을 훨씬 넘어서는 신자유주의를 적극적으로 실행하였다. 이로부터 지난 10여 년 동안 신자유주의의 헤게모니가 사회 전체의 운영 논리와 동력으로 작동하게 되었다(박길성, 2003).

외환위기 이후 집권한 모든 정부는 발전 국가로부터 탈피하는 듯 보이지만 이는 외양에 불과하였다. 발전 국가의 유산을 그대로 답습하면서 신자유주의의 방식을 적극적으로 채택하는 불안한 동거를 한 셈이다. 김대중 정부는 IMF 관리 체제의 지도 관리를 받고 있었던 만큼, 자유도가 그리 많지 않았으며, 구조조정, 자율화, 개방화의 무늬를 보이면서 여전히 발전 국가의 유산을 그대로 답습하였다. 이 점에서 노무현 정부는 더 답보의 모습을 보였다. 이명박 정부는 발전 국가적인 동력으로 위기를 극복하려는 모습을 취한다. 이런 가운데 신자유주의의 도입은 지속적으로 확대되는 양상이다.

⋮

97년 외환위기 이후 김대중, 노무현, 이명박 정부의 경제 정책의 핵심은 발전주의적 신자유주의(developmental neoliberalism)로 규정될 수 있다. 이는 여전히 신자유주의적 정책과 친기업 정책을 통해 경제 성장이 이루어지면 불평등을 완화할 수 있다는 성장 우선주의의 관점에 기반을 둔다(윤상우, 2011). 별다른 사회 안전판 없이 경제 갈등이 무차별 방치되는 결과를 낳게 할 수밖에 없다. 요컨대 외환위기 이후의 97체제의 사회 구성은 발전 국가의 유산과 신자유주의 헤게모니의 딜레마로 특징된다.

이러한 딜레마는 외환위기를 전후하여 한국사회의 거버넌스를 새로이 구축하는 데 매우 중요한 역할을 담당한 것으로 평가되는 소액주주 운동에서도 여실히 드러난다. 소액주주 운동은 97년 외환위기를 겪고 사회경제 시스템을 재구조화하는 과정에서 시민단체가 주된 행위자로 등장했다는 점에서 의미하는 바가 크다. 특히 경제민주화를 모토로 등장한 소액주주 운동은 발전 국가의 유제를 해소할 만한 단초를 제공해 준 측면이 크다. 소액주주 운동은 기존의 소유자 경영자 중심이 아닌 주주 중심의 기업지배 구조로의 개혁을 목적으로 한다. 대주주나 경영진의 전횡적인 경영을 경계하고 부실경영, 정실경영에 대한 책임을 요구함으로써 소액주주 자신의 이익을 지켜내는 운동이다. 이 운동은 좁은 범위에서는 소액주주 각자의 이익을 위해 행동하지만 결과적으로 기업의 효율성과 책임성, 그리고 투명성을 높임으로써 자본시장의 시장 기능을 높이는 운동으로 평가된다.

⋮

기본적으로 정당을 통해 사회갈등 및 균열을 제도화하는 유럽과 달리 정당정치가 발달하지 않아서 시민들의 이해를 정치 과정에 대변할 만한 대의제가 부재한 한국의 현실은 시민단체가 성장할 수 있는 구조적 공간을 제공해 준 셈이다. 여기에 외환위기라는 국면적 상황 역시 이 운동에 호혜적인 조건을 제공한 셈이다. 나아가 소액주주 운동은 정부, 정치권, 기업의 도덕성에 대한 불신이 매우 높은 한국사회에서 우월한 도덕성과 신뢰성을 바탕으로 제도권에 대한 대안으로 인식되기에 충분하였다.

그러나 이 운동이 힘을 얻어 가고, 대안적인 시민사회단체의 모델을 제공했다는 사실은 필연적으로 당초에 설정한 운동 목적의 달성 여부와 이들의 운동 방식에 대한 좀더 엄밀한 고찰을 필요로 한다. 그 이유는 한국사회에서 민주화 이후 개혁을 주장하는 입장이, 그것이 민주정부이건 사회운동 세력이건 상관없이, 부딪칠 수밖에 없는 중요한 딜레마 때문이다. '발전 국가의 유산'과 '신자유주의 헤게모니'가 바로 그것이다. 시민들로부터 주어진 정당성을 바탕으로 일정한 자율성을 가지고 개혁을 추진하는 이들은 필연적으로 위의 문제에 직면할 수밖에 없기 때문이다. 문제는 개혁 세력이 이와 같은 발전 국가의 유산을 딛고 일어서는 과정에서 추진하기 쉬운 정책들, 예컨대 정치 영역에서 정경유착과 부패를 타파하려는 시도나 경제 영역에서 국가규율 대신 시장규율을 부과하려는 과정 속에서 필연적으로 신자유주의의 헤게모니를 만나게 된다. 그리고 개혁 정책이나 운동은 시작부터 신자유주의의 성격을 띠게 되거나 그러한 방향으로 변형된다는 것이다. 다시 이야기하면, 숱한 문제점들을 불러일으킨 발전 국가 체제를 개혁하기 위해 추진한 개혁이 자칫, 본래의 목적과는 달리 특정 계급의 이익만을 극대화하는 신자유주의에 포섭, 변형되기 쉽다는 것이다.

또한 운동 방식에 대해서도 생각해 볼 필요가 있다. 소액주주 운동을 주도한 참여연대가 택한 법과 언론 중심의 운동 방식은 소송을 통한 구체적인 결과물을 도출하거나 대중의 관심을 이끌어 내기에는 매우 좋은 방식이다. 그러나 동시에 운동의 전문가 중심적 성격을 강화하거나 운동의 이슈를 가시적이고(salient), 단일적인 것으로만 한정시키는 문제를 안고 있다. 그러나 상대적으로 신자유주의 헤게모니에 취약한, 눈에 잘 보이지 않고, 개별적이고, 갈등적인 이슈들은 사라져 버릴 수밖에 없다.

이처럼 소액주주 운동을 통해 정당성을 획득하고 발전 국가의 유산인 관치를 청산하고 주주가치를 증진시키는 방향의 변화는 결과적으로 신자유주의 헤게모니와 맞물리면서 금융 공공성의 퇴색을 낳은 것이다. 외환위기의 원인이 발전 국가의 유산인 정실자본주의나 관치금융, 재벌 체제에 있다고 보고 이것을 개혁하기 위한 소액주주 운동은 재벌의 총수 전횡적인 기업지배 구조를 해체하려는 과정에서 외국자본과 손을 잡게 되었고 이들에 정당성을 부여했다. 또한 관치금융을 청산하고 금융기관의 이익과 소액주주의 권리를 보장하려는 과정에서 금융 공공성의 저하를 낳았다. 이와 같은 시도들은 결국 주주이익 극대화, 노동유연화, 소득 및 자산 격차의 심화를 동반하며 자본

⋮

으로 대표되는 기득이익의 확장에 중요한 역할을 했다는 비판을 피하기는 어려워 보인다. 발전 국가의 유산을 벗어나기 위한 개혁과 자유화의 시도는 외환위기 이후 한국사회에서 헤게모니적 위치를 차지하고 있었던 신자유주의 논의와 선택적 친화성을 띠게 되었다.

일반적으로 신자유주의 헤게모니가 구가하는 정책은 재산권의 확립, 엄격한 건전 재정의 원칙, 중립적 조세 및 재정지출 정책, 금융자유화, 외국무역과 투자에 대한 개방, 민영화, 탈규제 정책들이다(Williamson, 1990). 이외에도 지적재산권 보호 강화, 보조금 삭감, 누진세 완화와 같은 여러 정책을 동반한다. 이러한 일반적 정책으로서 신자유주의가 뿌리를 내리는 과정은 특정한 역사적 국면에서 진행되는 정치적 상호작용의 결과물이다. 또한 정치적 과정을 통해 만들어진 신자유주의 정책이라고 하더라도 항상 일관된 하나의 정책 묶음이 각 국가에 적용되는 것이 아니라, 문화적, 사회적 속성에 따라 변형되기 마련이다(김경필, 2008:191). 한국의 신자유주의 경로는 열망적 세계화로 출발하여 강압적 세계화를 거쳐 일상적 세계화로 전환 과정을 특징으로 하고 있으며, 10여 년의 매우 짧은 기간 동안 질적으로 다른 세 단계의 세계화 과정을 경험하는 국가도 그리 흔치 않다.

글로벌 금융위기를 직면하면서 도덕적 해이를 철저하게 제어할 수 있는 장치를 갖춘 것으로 강변된 미국식 자본주의는 허구임이 밝혀지고 있다. 오늘날 미국은 작금의 금융·경제 문제를 해결하는 데 미국답지 않은 방식을 택하기도 한다. 이를테면 부실기업에 대한 해결 방안으로 구조조정 대신 공적 자금의 지원으로 접근하고 있다. 신자유주의 대신 보호주의에 경도하는 비(非)미국적 기조를 펴는 것이다. 이런 현상이 우리에게 무엇을 의미하는가의 질문을 던지지 않을 수 없다. 참고해야 할 교과서도 없고, 본받아야 할 모델도 사라진 셈이라는 지적은 적실하다(김기천, 2009).

3. 구조조정의 굴절

거시변동의 구조로서 세계화는 글로벌 스탠더드의 확산을 통해 한국사회로 하여금 재구조화를 종용하였다. 외환위기의 주범으로 금융기관과 기업이 지목되었던 만큼 구조조정의 핵심 대상은 금융기관과 대기업이었다.

80년대 중남미 외환위기가 주로 거시경제 정책의 실패에서 연유하였다면, 97년 한국 외환위기 원인은 금융과 기업 부분의 취약성에서 연유하는 측면이 적지 않다. 물론 준비되지 않은 상태에서 급속하게 진행된 세계화 정책이 근본적인 원인 제공자이긴 하지만 기업의 방만한 투자와 오랜 기간의 관치금융에서 비롯된 금융기관의 부실화가 외환위기 발생의 원인으로 작용하였다. 따라서 IMF 프로그램은 단기적으로 외환시장의 안정화를 위해 구제금융을 제공하는 것이었지만 근본적으로는 중장기적으로 금융 및 기업 부문의 구조조정을 강조하였다(이창용·이종화, 2007:44). 특히 금융기관의 부실화에 의해 외환위기가 촉발된 것은 분명한 사실이었던 만큼 구조조정의 일순위는 금융기관이었다.

금융 구조조정은 다음과 같은 특징을 가지고 있다(함준호, 2007). 첫째, 정부 주도로 부실 금융기관의 구조조정이 이루어졌다. 둘째, 은행과 비은행 부문을 차별화하여 은행 부문에 우선순위를 둔 금융 구조조정이 추진되었다. 셋째, 기업 구조조정은 은행권을 매개로 하여 간접적으로 추진되었다. 넷째, 금융기관의 대형화와 그룹화가 의도적으로 추진되었다. 다섯째, 시장 중심형 금융 시스템을 육성하기 위해 영미식의 방식을 채택하였다. 마지막으로 금융 산업과 자본시장의 거의 전면적인 대외 개방이 이루어졌다. 외환위기 이후 김대중 정부의 금융 구조조정은 부실금융기관과 부실채권을 정리하고 금융시장을 조기에 정상화하여, 국제 기준에 부합하는 시장경제 원칙을 준수하고, 이해당사자 사이에 투명한 자기책임의 원칙을 확립하는 데 있었다(박찬욱 외, 2007:132).

금융 구조조정은 가시적인 결과를 보였다. 상당수의 은행이 폐쇄되었고, 여러 은행이 다른 은행과 통합되었다. 한 예로 그동안 4대 시중은행의 이름은 사라지고 완전히 새로운 이름의 시중은행이 등장하였다. 상업, 제일, 조흥, 한일은 금융의 역사에서나 확인할 수 있는 이름이 되었고, 국민, 신한, 우리, 하나가 새로운 금융권으로 부상하였다. 금융규제감독 체제에도 상당한 변화를 가져온 점은 긍정적으로 평가된다. 금융 구조조정을 통해 금융기관의 대형화와 그룹화가 진행되었다. 그러나 이러한 금융 개혁은 시장의 논리에 기반을 둔 민간 부

⋮

분이 아니라 정부가 주도하게 되면서 발전 국가에서 보인 관치금융의 유제가 되살아나는 양상을 보였다.

한편 기업 구조조정은 두 단계의 모습을 보인다. 1단계인 외환위기 이후부터 2002년까지의 기업 구조조정은 금융 구조조정의 일환으로 추진되었다. 2003년부터 시작되는 2단계의 기업 구조조정은 화의, 법정관리 및 워크아웃을 중심으로 한 대기업의 구조조정 수요가 감소한 반면 중소기업, 벤처기업의 구조조정 수요가 증가하였다(이창용·이종화, 2007:49). 1단계에서는 대체로 외환위기 이후 등장한 부실의 사후 정리에 중점을 두었다면, 2단계에서는 사전적, 상시적 구조조정에 초점이 맞춰져 있었다.

외환위기 이후 제기된 기업의 재구조화는 다층위적으로 진행되었다. 정부는 외환위기를 타개하기 위한 일환으로 재벌과 대기업에 대한 구조조정을 강도 높게 요구하였고, 기업의 정리해고제를 대폭 허용했다. 기업지배구조 개선, 재무구조 개선, 핵심부문 결정, 상호지급보증 해소, 경영 투명성 제고 등을 지향한 정부 주도의 구조조정 원칙이 어느 정도 실질적인 성과를 거두었는지는 여전히 논란의 여지가 있지만, 구조조정을 거치면서 외형적으로나마 대기업 기업집단의 판도가 급격하게 변한 것만은 분명하다. 외환위기 이후 5년간 30대 기업 중 절반이 파산, 워크아웃, 그리고 기업인수 합병 등을 통해 규모를 축소했거나 청산되었다. 1999년 30대 기업의 2/3가 1989년 30대 기업 명단에 없던 기업들이다(김은미 외, 2005:127). 또한 1997년과 2006년 두

⋮

시점의 국내 30대 그룹 명단을 살펴보면, 10년 동안 30대 그룹의 명맥을 유지하고 있는 기업은 15개에 불과하다(한국경제, 2006. 12. 31). 엄청난 변화임에 틀림없다.

기업 구조조정의 대목에서 특히 주목할 것은 기업지배 구조의 변화이다. 소액주주 운동이 주축이 된 시민 영역에서의 적극적인 움직임과 IMF의 요구조건에 따른 정부의 재벌 개혁 원칙이 작용되면서이다. 외환위기 이후 금융, 기업, 노동, 공공의 4대 부문 개혁을 추진하면서 기업 구조조정과 관련된 5대 기본 원칙이 기업지배 구조 변화의 골간을 이룬다. 기업투명성 제고, 상호 채무보증 금지, 재무구조 개선, 핵심 역량 강화, 지배주주와 경영자 책임성 강화의 5대 원칙은 기업지배 구조에서 커다란 변화를 동반하였다. 새로운 제도가 채택되거나 강화되었다. 사외이사 제도 도입, 사외이사 추천위원회 도입, 감사위원회 도입, 소액주주 권한 강화, 공시 제도 강화, 상호 주식 보유 금지, 출자 총액 제한 제도, 외국 투자자에 대한 제한 철폐, 적대적 M&A 허용, 지주회사 설립 도입, 증권감독원 설치와 같은 제도들이 기업지배 구조와 관련하여 실행되었다(박길성·장하성, 2005:180-182).

외환위기 이후 기업의 재구조화는 기업 내부의 혁신으로도 나타났다. 유연성을 제고하고 직무 성과주의에 기초한 인사관리 기법들이 혁신의 이름으로 대거 도입되었다. 기업혁신 유형 중 가장 두드러진 것으로 팀제, 연봉제와 성과배분제, 식스시그마 운동을 들 수 있다(박찬웅·염유식, 2008). 이와 같은 혁신은 외환위기 이전에도 필요성이 언

⋮

급되었지만, 외환위기를 거치면서 급속하게 도입, 확산되었다. 외환위기에 따른 기업 재구조화는 조직 구조 및 체계 측면에서의 개편뿐만 아니라, 보상 체계와 관련해서도 경쟁력 성과에 기초한 변화 노력을 읽을 수 있다. 평가와 보상에 관한 혁신 제도인 연봉제와 성과배분제는 외환위기 이후 빠르게 확산되었다. 이를테면 경제위기 이전인 96년의 경우 연봉제와 성과배분제를 도입한 기업은 불과 각기 1.6%와 5.75%에 불과하지만, 2005년에 들어서면 조사업체의 48.4%와 32.1%가 연봉제와 성과배분제를 도입한 것으로 집계되었다(〈표 5-1〉 참조). 1996년 연봉제를 도입한 기업이 1.6%, 성과배분제를 도입한 기업이 5.7%에 불과한 것에 비추어 볼 때 2005년의 연봉제와 성과배분제는 엄청난 변화임을 알 수 있다.

신자유주의의 사회 구성적 특징은 경쟁력, 유연화, 구조조정, 능력주의, 핵심 인재, 핵심 역량, 전략 경영, 경력 개발, 창조 혁신, 무한한 아이디어, 무한경쟁 시대와 같은 언표로 구현된다. 이루 헤아릴 수 없

표 5-1. 연봉제 및 성과배분제 도입비율

구분	'96.11	'97.10	'99.1	'00.1	'01.1	'02.1	'03.1	'04.6	'05.6
연봉제 도입비율(%)	1.6	3.6	15.1	23.0	27.1	32.3	37.5	41.9	48.4
성과배분제 도입비율(%)	5.7	7.0	16.0	20.6	21.8	23.4	27.5	28.8	32.1
조사업체 수 (개)	5,830	5,754	4,303	4,052	4,698	4,998	4,570	4,370	3,053

출처: 노동부, 2006

는 경쟁력 언표들은 이제 한국사회 재구조화의 극히 일상적인 규칙으로 자리 잡게 되었다. 생산의 영역뿐만 아니라 재생산의 영역에서도 그러했다. 신자유주의적 재구조화는 노동으로부터 면제된 자유 시간 영역인 휴가마저 기업의 적극적인 관리의 대상으로 만들었다.

97년 외환위기로부터 오늘의 글로벌 금융경제위기에 이르는 지난 10여 년 동안 한국사회는 정치적으로 진보 정권도 집권하였으며, 보수 정권도 집권하였다. 각기 다른 국정 이념과 철학, 이를테면 국민의 정치, 참여의 정치, 실용의 정치가 작동하였다. 이념적 기반이나 정치 동원의 기반이 매우 다른 정권들이었지만 놀랍게도 공통적으로 나타난 현상은 신자유주의적 세계화의 사회운영은 확산되었고, 사회적 해체는 가속화된 점이다. 외환위기를 안고 출범한 김대중 정부는 신자유주의를 본격 도입하였고, 노무현 정부는 이를 확대하였다. 아이러니컬하게도 노무현 참여정부에서 시장의 무한 경쟁을 강조하는 신자유주의 흐름은 더 빨라졌다. 노무현정부가 추진한 한미 FTA가 이의 결정판이다. 이명박 정부는 신자유주의 그 자체라 하여도 크게 벗어나는 평가가 아니다. 이명박 정부는 시장과의 관계에서는 규제 완화를 강조하며, 사회안전망 구축에는 앞선 정부보다 소극적이며, 권위주의적 통치성에 기반을 둔 신자유주의를 펼친다는 평가를 받고 있다 (정일준, 2009:128).

경제위기와 이의 대처 방식으로 등장한 신자유주의는 한국 시민사회의 토대를 약화시키면서 사회 구성의 근본 단위인 가족과 직장

⋮

을 불안정하게 만든다. 사회양극화는 가속화되고 시민들의 공동체적 소속감이나 연대감이 크게 약화되고 공공성을 확대하기 위한 시민들의 참여가 크게 줄었다(정운찬, 2007; 조흥식, 2007). 사회적인 것이 경제에 의해 해소되면서 위기의 국면은 더 날카롭게 날을 세우고 있지만 위기를 관리할 수 있는 기제는 점점 더 좁혀진다.

4. 대학의 굴절

1) 두 대학 이야기

'오바마 대통령은 아직 이렇다 할 업적을 거두지 못했다(His body of work is yet to come).' 미국인들의 많은 비판에도 불구하고 졸업식 축사를 하는 인물이 명예박사 학위를 받는 관례를 깨고, 축사를 한 오바마 대통령에게 명예박사 학위를 수여하지 않겠다는 미국 애리조나 주립대 총장의 이유이다. '제품에 대한 시장의 반응을 끊임없이 살펴서 고객 만족도를 높이겠다.' 역사와 전통을 갖췄다고 자임하는 한국의 어느 대학 총장의 인터뷰이다.

두 대학 총장의 변이 거침없다. 자신들의 생각에 확신이 가득하다. 전자는 흥미롭게도 실용주의와 시장주의의 원단으로 알려진 미국 대학에서 나온 이야기이다. 미국 대학 역시 힘 있는 권력으로부터 자유롭지 못할진대, 한 주립대학교 총장의 논변은 미국 대학이 견지하고 있는 최정점이 무엇인지를 보여 준다. 그런가 하면 한국 대학 총장의 논변은 자기네 대학의 학생과 졸업생을 제품으로 칭하고, 인재의 존재 가치를 제품과 시장과 고객의 고리에서 파악하고 있다. 요즘 한국에서 널리 통용되곤 하는 대학의 역할에 대한 언급이다. 언어가 현실을 규정한다. 언어가 품격을 만들어 낸다는 극히 상식적인 명제에 비추어볼 때 두 대학 총장의 이야기에는 두 나라 대학의 품격이 그대로 묻어 있다.

단출하게 인용된 두 대학 이야기에서 오늘의 우리 대학에 관해 많은 것을 생각하게 만든다. 대학의 자세, 교육의 가치, 학문의 무게, 지식의 울림에 대해서 말이다. 한국 대학, 지금 무엇을 논의해야 하고, 무엇을 성찰해야 하며, 대학은 제 몫을 했는지, 그리고 대학이 경계해야 할 것은 무엇인지, 아울러 이 시대 대학적인 것이 무엇인지를 진지하게 질문해 보아야 할 때이다.

대학은 독특한 과제와 소명을 가지고 있다. 엄격히 통제된 방법을 통해 진지하고 중요한 것들에 대한 진리를 발견하고 그것을 가르치는 것이다(Shils, 1983). 어떤 진리이건, 그것이 진리임을 확인하는 것은 어려운 일이기에, 진리는 확인 또 재확인되어야 한다. 대학이 끊임없이 새로운 패러다임의 도전장이 되어야 하는 까닭이다. '대학답다'는 것의 기본적인 요건은 도덕적 소명으로서 교육, 공공에 대한 믿음으로서 연구, 대학의 중요한 임무로서 공공서비스의 핵심 가치를 얼마만큼 존중하고 실행에 옮기느냐에 달려 있다.

무릇 대학은 지적인 삶, 사회적인 삶을 구체화하는 데 있어 결정적으로 중요한 기관이다(Montgomery, 1997). 대학은 보편적인 것을 추구하는 사회조직이다. 따라서 대학은 그 어떤 것으로부터도 자유로워야 하고, 자율적이어야 하며, 그 어떤 기관도 하지 못하는 임무를 수행한다는 자존감으로 축성되어야 한다. 젊은이들은 대학의 공간에서 비로소 처음으로 진정한 의미의 자유(自由, freedom), 자율(自律, autonomy), 자존(自尊, self esteem)을 경험할 기회를 갖게 된다.

2) 시장에 갇힌 대학

격렬한 시장의 힘이 대학 사회를 휘몰아친다. 대학이 시장에 갇혀 있다고 하는 것이 정확한 평가일 것이다. 대학의 시장화가 빠르게 확산되고 있다. 시장의 힘이 대학의 가치와 전통을 부질없는 것으로 만들었다는 지적이 나올 정도이다(Zemsky and Wegner, 1998). 피터 드러커는 《포브스(*Forbes*)》지와의 인터뷰에서 수백 년을 존속해 온 인류의 가장 대표적인 사회제도인 대학이 지금부터 30년 뒤에는 유적지로 남을 것이며, 오늘날과 같은 대학은 더 이상 존재하지 않을 것이라는 전망을 내놓았다. 논란이 많은 지적이기는 하지만, 대학의 장래에 대해 심도 있는 논의를 해야 하는 것만큼은 분명하다. 무엇이 대학의 본질을 뒤흔드는지를 말이다.

'위기의 대학'이 세계적인 언표가 된 지 오래이다. 지식의 상품화(commercializing knowledge), 지식의 자본화(capitalizing knowledge)는 오랜 역사를 지닌 유럽이나 미국의 대학조차 심각한 상황으로 몰아가고 있다(Etzkowitz, et al., 1998). 대학의 자유도는 학문 자본주의

(academic capitalism) 속에서 좁혀지기만 한다(Slaughter and Leslie, 1997). 대학은 오랜 기간 학문과 지식 생산의 배타적 독점적 위치를 가지고 있었다. 그러나 기업이 주축이 된 민간 영역이 지식의 생산과 가공에 적극적으로 뛰어들면서 기존의 대학이 가졌던 독점권은 위태로워졌다. 절대 권위의 상징으로 간주되던 상아탑의 향수가 끝났다는 진단이 나온 것도 위기의 대학을 정명하는 것이다(Readings, 1996). 오직 학문에 전념하는 대학의 냉담한 아카데미즘으로서의 상아탑은 종말을 고했다는 주장이다.

기업의 논리가 대학의 논리로 확산되고 있다. 대학도 마치 기업처럼 행동하도록 요구받고 있으며, 공공성, 책임성, 정당성보다는 생산성, 효율성, 경쟁성이 평가의 잣대로 차용된다. 기업은 분명 이 시대의 아방가르드(avant-guard)이다. 선도자적인 역할을 수행하고 있다. 그리고 기업은 우리가 생각하는 것보다 훨씬 권력의 중심에 위치해 있다. 기업의 사회적 영향력, 특히 대학에의 영향력은 과거와는 비교할 수 없을 만큼 커졌다. 경제행위자로서의 기업 역할을 넘어 그 범위와 내용이 무한히 확대되는 양상을 보인다. 기업이 사회 담론을 장악하기에 이르렀다. 기업이 만들어 내는 사회적 제안은 현실로 구현되곤 한다. 다소 심하게 표현하면 교육 철학에서부터 교육 프로그램에 이르기까지 기업이 중심 행위자 역할을 담당하는 셈이다. 이제 시장이 대학을 통제하기 시작했다는 주장에 선뜻 이의를 제기하기 어렵게 되었다. 최근에는 국가경쟁력은 대학의 함수라는 방정식이 통용되면서, 기업형

대학과 같은 새로운 모형들이 오늘의 대학을 대체할 대안으로 거론되는 것도 이와 무관하지 않다.

대학 교육이 민주 사회를 위해 반드시 필요한 것으로 인식되는 것이 아니라, 시장가치에 따른 개인적인 혜택으로 인식되고 있다. 공익으로서의 대학 개념이 심각한 도전을 받고 있는 것이다. 시민사회의 위대한 업적에 기초한 이상적이고 전통적인 교육 과정으로 돌아가야 한다는 목소리가 있기는 하지만, 안타깝게도 대학의 교육 과정은 소위 경쟁력이라는 것과 취직에 필요한 것으로 변질되어 가고 있다 (Duderstadt, 2000).

서구의 대학은 역사적으로 종교와의 대척을 통해 그리고 국가와의 대척을 통해 오늘의 대학으로 진화하였다. 특히 국가 권력의 개입을 경계해야 한다는 논의는 오랜 역사를 가지고 있다. 대학의 이념이 상아탑 정신으로 표현된 데에는 대학은 교회나 국가 그 어떤 것으로부터도 자유로워야 한다는 주장이 담겨 있다(Wyatt, 1999). 미국의 대학은 다른 나라의 고등 교육과 비교하여 국가의 간섭으로부터 비교적 자유로운 곳으로 평가된다. 이런 미국에서조차 국가 개입을 경계하는 목소리가 높다.

냉전의 시대 상황에서 국가가 대학의 후원자로 나선 것은 너무나 잘 알려진 사실이다(Lewontin, 1997). 발전주의와 냉전의 시대에 국가주의, 애국주의의 이름으로 동원된 이데올로기 속에서 대학이 가질 수 있는 운신의 폭은 협소하기만 하였다. 현대의 첨단 거대과학은 냉

⋮

전의 질서를 기원으로 하고 있으며, 자연과학과 관련된 많은 학과들의 태생이 국가가 주도한 학문의 점령과 관련성이 크다. 사회과학에서 국가의 촉수에 의한 학문의 융성은 사회과학 분야에서 더 분명하게 확인할 수 있다. 지역연구의 활성화나 자유주의의 후견인으로서의 경제학, 비상사태를 조장하는 교활한 정치학 등은 냉전의 긴장을 활용한 국가의 작품이다(Wallerstein, 1997; Katznelson, 1997). 냉전의 긴장은 역사의 사유방식에서부터 대학의 존재 방식, 학문의 존립 근거를 완전히 변화시켜 놓았다. 이러한 전통으로 인해 대학은 국가에 의해 가공되는 고등교육기관이라는 평가가 나오기도 한다(Sommer, 1995). 국가가 돈으로 대학을 줄 세우고, 단기적인 실적주의가 대학 사회를 부박하게 농단해도 대학은 이렇다 할 항변조차 내놓지 못하고 있는 형국이다. 신자유주의적 세계화 질서는 이러한 추세를 가속화한다.

전 세계적으로 대학을 둘러싼 환경은 그리 호의적이지 않다. 한때 대학은 최고 지성의 상징으로 정치·경제적 침투와 개입으로부터 대학을 보호하기에 충분한 방어벽을 가지고 있었다. 그러나 이 보호벽은 이미 오래전에 없어졌다. 근년에 들어 대학에 대한 언론의 비판이 거세다. 대학에 대한 평가를 언론이 주도한다. 그 파장이 적지 않다. 언론은 공공의 믿음과 확신을 좀먹는 적대감과 회의론 및 무지함의 혼합체로 대학을 바라보는 경향이 있다(Duderstadt, 2000:27). 언론의 대학에 대한 비판은 모든 것을 심층 보도가 필요한 것으로 바라보는 언론의 비판적 정신에 기인하는 측면이 분명히 있다. 그런가 하면 시장

⋮

점유율과 수입을 올리기 위해 때로는 저널리즘적인 가치와 순수함을 버려야 하는 현대 언론의 시장 지향적 특성 때문이라는 지적도 사실이다(Duderstadt, 2000:117).

오늘날 대학은 언론이 질타하고 있는 것처럼 그리 편안하지만은 않다. 대학 존립의 근본적 가치가 흔들리고 있는 것이다. 이를테면 종신보장이나 학문의 자유와 같은 대학의 오랜 관행의 장래에 대해 걱정하고 있다. 교수는 학자로서의 공동체 의식이 무너지는 것을 실감하고 있다. 교수들은 학문의 상업화가 계속되면서 학자적 공동체에 대한 상실감을 호소하고 있다. 교수들은 많은 연구비를 유치하는 교수가 존경을 받는 환경, 연구를 강조하는 보상 시스템, 연구에 경도된 보상 시스템으로 인해 점차 등한시되는 교육에 대한 사랑과 책임감에 대한 갈등을 겪고 있다. 오늘의 대학은 무엇을 해야 할 것인가에 대한 자신감을 상실하는 정체성의 위기에 직면하고 있는 것이다.

오늘의 한국 대학은 삼중고(三重苦)로 인해 방향타를 잃고, 정체성의 위기를 맞고 있다. 시장화에 낚이고, 정부가 줄 세우는 돈에 꿰이고, 새로운 사회질서의 도래에 변변한 화답 하나 내놓지 못하는 상황이다. 대학 정신은 실종되고, 학문의 위엄과 자율성은 점점 더 실현되기 어렵다. 진위를 구분하려는 열정은 점점 더 의지할 곳을 잃어간다.

대학에 대한 비판이 전방위적으로 나타난다. 대학을 향한 비판은 혹독하다. 대학다운 대학이 부재하다는 뼈아픈 지적이 나오곤 한다(전상인, 2006). 대학의 인재 양성에 대한 사회의 비판은 더욱 가혹하

⋮

다. '물건에 하자가 있으면 반품이라도 하지만 사람은 반품도 못한다'라는 지적에 대해 선뜻 동의하기는 어렵지만 대학을 되돌아보게 만든다. 가르침에 대한 책무는 의심을 받고 있으며, 연구의 질과 타당성도 정밀검사를 받고 있는 형편이다. 사회의 중요한 의제는 기업에게 빼앗기고, 시민단체에 넘겨준 지 오래되었다. 대학의 위기는 대학 스스로 자초한 것이라는 지적에 이렇다 할 항변조차 내놓지 못하고 있는 형국이다.

한국의 대학은 시장에 갇힌 모습을 더 극명하게 보여 준다. 점잖치 못한 시장주의가 판을 친다. 조금 심하게 표현하면 모든 것을 인센티브로 해결하려고 덤벼든다. 학술지에 논문 게재하였다고 포상금 주는 나라는 한국이 유일하지 않을까 싶다. 한국의 대학은 근시안적인 도구적 기능만을 충족시키느라 분주하다. 한국의 대학은 스스로 권위를 만들기보다는 남들이 만들어 놓은 권위의 틀에 어떻게 하면 편승할 것인가에 진력을 쏟는다. 일례로 논문이 무슨 내용을 담고 있는지는 관심 밖의 일이다. 오로지 논문이 어느 학술지에 실렸느냐가 최대 관심사이다.

한국 대학에는 '미래'와 '지식'에 관한 논의가 절대적으로 부족하다. 한국에는 입시 정책만 있지 지식 정책이 없다 하여도 크게 틀린 말이 아니다. 한국사회의 지식 정책에 대한 기획은 찾아보기 쉽지 않다. 한국의 대학은 학생 선발에 시쳇말로 목을 맨다. 한국의 대학만큼 입시 광고를 동시다발적으로 경쟁적으로 내보내는 나라도 없을 것이다.

⋮

우리 대학에게 가장 뼈저리게 다가오는 근본적인 문제는 아마도 우리의 대학들이 과연 우리가 알고 있는 것이나 상상하는 것과는 근본적으로 다른 미래사회의 시민을 교육시키고 미래사회에 봉사하기 위한 준비가 되어 있느냐 하는 것이다. 대학은 역사와 미래를 조감하는 안목을 가져야 한다. 한국의 대학들은 세계 100대 대학, 50대 대학 진입을 목표로 설정하고 대대적인 광고를 한다. 목표는 그냥 슬로건에 불과하다고 폄훼하더라도 100대, 50대의 실체를 알고 하는 얘기인지 되묻지 않을 수 없다. 미래와 지식에 대한 치밀한 기획 없이 세계 몇 대 대학 운운하는 것은 그야말로 호기를 부리는 것에 불과하다.

국가기관은 돈으로 대학을 줄 세우기 시작한 지 오래되었다. 돈 풀리는 곳에 학문이 모이고, 학문공동체가 휩쓸려 간다. 학문의 생산과 재생산 양식이 조급한 성과주의에 급급한 정부의 개입에 의해 결정된다. 지난 10여 년 동안 한국사회에서 진행된 각종 학문지원 사업은 이 틀에서 크게 벗어나 있지 않다. 때로는 이벤트성으로 학문 투자가 진행되곤 한다. 학문도 진화를 통해 발전하는 법인데 이를 무시한 채, 후발의 위치를 단숨에 만회하려고 엄한 것 모방하는 일에 매진한다는 비판이 적지 않다.

한국 대학, 기초학문의 문화가 없다. 노벨상이 국가 최대의 지상과제인 양 호들갑이다. 특히 몇 년 전 한 해 일본이 한꺼번에 4명의 노벨상 수상자를 배출하자 한국사회 특유의 조급증이 발동하였다. 당장 노벨상을 받을 수 있는 방안을 찾아 나서느라 분망하였다. 정부의 관심과 지원을 늘려야 한다, 선택과 집중을 해야 한다, 권위 있는 국

⋮

제 학술커뮤니티와 연결고리를 만들어야 한다, 유능하고 젊은 스타과학자를 지속적으로 지원해야 한다 등등 여러 지원을 둘러싼 정책들이 제안되었다. 그러나 무엇보다도 기초과학의 문화를 존중하지 않고 기초과학의 문화를 즐기지 않고 노벨상을 기대하기는 난망하다. 우리 사회는 'must research'는 등한시하고 'can do research'에만 모두가 매달린다. 노벨상이 목표가 아니라 기초과학의 문화를 사회가 즐기는 것이 중요하다. 치열한 대학 입시 때문에 문제풀이의 귀재가 된 우리 학생들에게 생각하는 것의 즐거움과 사고하는 것의 아름다움을 알려주는 것이 노벨상의 첫걸음일 것이다. 노벨상은 과학에서 이루어지는 것이 아니라 문화에서 이루어진다.

3) 변화와 질서의 균형자로서 대학

한국사회의 굴절은 대학이라 하여 그냥 지나치지는 않았다. 외환위기 이후 관료제적 합리성과 신자유주의가 가장 확실하게 자리 잡은 곳이 대학이다. 다시 말해 대학은 발전 국가의 유제와 신자유주의 헤게모니의 거시 구조적인 딜레마가 제도의 수준에서 드러난 대표적인 사례에 해당한다.

오늘날 '위기의 대학'의 핵심은 대학 권위의 위기이다. 과거의 대학 권위는 대학의 경계를 배타적으로 설정하고, 그 안에서 자기 완결성을 최고의 수준으로 올려놓는 것으로 구축되었다. 상아탑이 대학 권위의 상징으로 여겨지곤 하였다. 그러나 이 시대의 현실은 그리 단순하지 않다. 시장, 국가, 시민사회의 확장과 견제는 대학의 과거와 같은

⋮

배타적인 경계의 성역을 허물어 놓았다. 대학이 오랜 기간 누렸던 지식 생산과 지식 확산의 독점권 유지 역시 오늘날 그리 녹록지 않다.

대학의 자기 인식과 자기 성찰에 대한 주문이 대학 안팎에서 그 어느 때보다 강하게 제기된다. 영국의 수학자이며 논리철학자인 화이트헤드(Whitehead)는 진정한 발전은 변화의 한가운데에서도 현존하는 질서를 유지하고, 현존하는 질서의 한가운데서도 변화를 추진하는 것이라 설파한 바 있다. 대학을 변화와 질서의 균형자로 자리매김해야 한다.

격동의 역사 뒤에는 어김없이 격한 철학과 실천이 뒤따랐다. 동서양의 대표적인 학문 몇몇을 정리해 보면 분명하게 드러난다(박길성, 2008d). 중국의 경우, 세계질서 속에서 중국 사회를 어떻게 세울 것인가를 기획한 주자학, 역동적인 인간의 생명에서 모든 것의 근원을 추출하려 한 양명학 모두 현실 대항의 시대적 배경을 가지고 태어났다. 미국의 남북전쟁은 당시 미 전체 인구의 3%에 해당되는 60만 명의 젊은이 목숨을 빼앗고, 기존의 지적 문화 뿌리를 송두리째 뽑아내는 극한의 고통이었다. 하지만 인간 이성의 상대성과 우연성 그리고 오류 가능성을 있는 그대로 인정하는 오늘날 미국의 정신인 프래그머티즘은 역설적이게도 이 전쟁을 배경으로 하고 있다. 우리의 경우, 조선 후기 민생 문제를 담론화하지 않고서는 견뎌 낼 수 없는 상황과 외국으로부터의 고립을 고민해야 하는 상황에서 등장한 실학 역시 갈등의 격동이 만들어 낸 지식사회의 현실대항 논리이다. 혼돈, 갈등, 격동, 복합

전환 등으로 칭해지는 시대환경을 배경으로 내일이 오늘과 같을 것이라는 확신을 가질 수 없는 불확실의 시대에서 새로운 패러다임을 간절히 기다리는 현실에 대해 우리 대학은 화답해야 한다.

대학은 급변하는 세계에 적극적으로 적응하기 위한 방법을 찾아 나서는 한편, 동시에 대학의 핵심가치가 존중되고 유지되는 방안을 모색해야 한다. 오늘날의 변화와 질서는 지난날과는 매우 다르다. 현대사회의 특징은 불확실성이 변수(變數)로 존재하는 것이 아니라 상수(常數)로 존재한다는 점이다. 대학은 불확실성의 현실에 답할 인재를 양성하고 담론을 만들어 내야 한다.

대학은 팽창하는 시장과 규제하는 국가를 향해 더 많은 자유, 더 많은 자율, 더 많은 자존을 강변해야 한다. 대학에서는 현실조건에서 실현 불가능한 대안일 수 있는 이상주의도 나와야 하고, 다양한 가치의 공존을 배격하는 근본주의도 나와야 한다. 때로는 시대에 뒤떨어진 목가적인 소박한 꿈도 품어야 한다. 그래야 대학이다. 굴절의 시대에서 대학은 변화와 질서의 균형을 담당해야 할 마지막 보루이다.

제6장 글로벌 스탠더드의 배반

1. 세계화의 새로운 쟁점, 글로벌 스탠더드

오늘의 사회 발전을 진단함에 있어 세계화를 고려해야 한다는 주장은 더 이상 새로운 것이 아니다. 세계화가 일상화된 지 여러 해가 지났다. 세계화가 자본과 문화의 구조변동을 아우르는 시대적 흐름과 제도 형성의 대명사로서 간주된다. 새로운 풍요와 배제의 메커니즘이 전 지구적 규모로 만들어지고 있다(박길성, 2003; Held et al., 1999). 변화의 속도는 빠르고, 그 규모는 커지고 있다. 세계화에 대한 그동안의 주요 관심은 어떻게 하면 국가 혹은 사회 간 관계의 규모와 범위를 확대하느냐에 집중되어 있다. 다시 말해 어떻게 하면 국제 교역을 늘리고 국제 교류를 확대하느냐의 방안에 관한 것이다. 관심의 대상도 재화, 서비스, 자본, 노동과 같이 대체로 가시적이고 유형적인 것들이다.

근자에 들어 논란이 되고 있는 세계화에 대한 관심은 이와는 다소 질적으로 다른 차원이 추가되는 양상을 보인다. 다시 말해 80년대 중반을 기점으로 본격화된 세계화의 쟁점도 시간이 지나면서 과거와는 다른 양상을 보인다. 오늘날 세계화의 핵심 쟁점은 글로벌 스탠더드를 둘러싼 헤게모니의 문제로 집약된다. 국제교역이나 교류의 규모, 범위, 내용의 확대를 넘어 이를 규정하는 글로벌 스탠더드의 형성과 확산인 것이다. 양화 가능한 교역과 교류의 확대와 같은 쟁점을 넘어 유형적이지는 않지만 강한 구속력과 영향력을 지니는 글로벌 스탠더드에 대한 관심이다.

오늘날 국제사회의 헤게모니는 글로벌 스탠더드의 생산과 확산을 누가 장악하느냐에 따라 결정된다 하여도 과언이 아니다. 다시 말해 근자에 들어 뜨겁게 제기되는 세계화의 쟁점은 글로벌 스탠더드의 생산과 확산이 누구에 의해 이루어지느냐는 것이다. 사실 오늘날처럼 세계화가 일상적인 제도와 규범으로 정착되는 상황에서 글로벌 스탠더드로부터 자유로운 사회는 없어 보인다. 글로벌 스탠더드가 사회관계의 형식적 조건을 넘어 실질적 실체로 자리 잡고 있기 때문이다. 글로벌 스탠더드의 생산과 확산에는, 쉽게 포착하기는 어렵지만, 강력한 경제적 이해와 정치적 권력이 개입되어 있다. 글로벌 스탠더드의 정치경제인 셈이다. 요약하면 이 시대 세계화의 흐름은 글로벌 스탠더드의 공고 혹은 확대의 양상을 보인다. 실제로 글로벌 스탠더드의 외연이 확대되고 그 중요성이 커지면서, 현실적인 관심은 누가 글로벌 기준을 만들며 동시에 글로벌 기준이 어떻게 확산되느냐의 문제로 집중된다.

글로벌 스탠더드의 중요성은 기업 활동에 대해서는 물론이고 국가의 역할에 대한 국제규범의 강화 추세에서도 여실히 드러난다. 환경, 인권, 보건, 사회적 책임의 문제가 좀더 적극적이고 도전적인 글로벌 이슈로 인식되면서 보이는 혹은 보이지 않는 국제규범으로 작용한다. 기업에 대한 평가 역시 단순히 생산요소에 따른 이윤의 단일 함수로 설정되던 과거와는 달리 가시적 혹은 비가시적 여러 요인에 의해 결정되는 복잡 함수로 변하고 있는 것이다.

오늘날 글로벌 스탠더드는 정치, 행정, 경제, 사회, 문화의 모든 분야에서 국제사회의 모든 국가들이 실천해야 할 보편적 기준인 것처럼 받아들여지고 있다. 그러나 글로벌 스탠더드의 실체적 내용에 대한 진지한 학문적 논의는 그리 풍부하지 않다. 글로벌 스탠더드를 따라야 한다는 선언적 주장만이 있으며, 정작 글로벌 스탠더드가 어떤 조건과 메커니즘에 의해 형성되고 확산되는지에 관한 학문적 논의는 빈약하다. 이제 세계화의 의미가 글로벌 스탠더드의 확산으로 확장되면서 일련의 조건과 기준들이 글로벌 스탠더드라는 이름으로 국제 규범화됨에 따라 글로벌 스탠더드의 형성과 확산에 관한 메커니즘을 밝히는 일이 학문적으로 실질적으로 중요하게 부각되고 있다. 한국 현대사에서 글로벌 스탠더드를 정확하게 숙지하지 못해 국제적 미숙아의 처지가 된 적이 한두 번이 아니었던 경험에 비추어볼 때 결코 가볍게 지나칠 수 없는 문제임이 분명하다.

⋮

2. 글로벌 스탠더드의 배반

97년 외환위기 이후 한국사회는 이중의 압박을 받았다. 하나는 국제금융과 국제신용평가와 같은 외적 자본에 의한 압박이었으며, 다른 하나는 세계화로 인한 불확실한 환경에 의한 압박이었다(박길성, 2008a:13). 압박은 말 그대로 강요된 조정으로 이어졌으며, 한국사회는 매우 빠른 속도로 매우 광범한 재구조화 과정을 겪게 된다. 이로부터 10년이 지나 매우 당혹스러운 일이 발생한다. 2007년 이른바 글로벌 금융위기이다. 한국사회의 입장에서 2007년 글로벌 금융위기는 당혹감 그 자체였다. 글로벌 스탠더드로부터 심한 배반을 당한 당혹감이었다. 97년 외환위기를 겪고 강제적이고 생경스러운 글로벌 스탠더드를 맞추기 위해 그동안 혼신을 다했는데, 정확히 10년이 지난 시점에서 글로벌 스탠더드가 더 이상 학습해야 할 교과서가 아니라니 말이다.

97년 외환위기와 이어지는 IMF 관리 체제가 한국사회에 요청한 사항을 한마디로 정리하면 글로벌 스탠더드를 철저하게 체득하라는 것이었다. 한국적인 '로컬'을 과감하게 버리고, 대신 '글로벌'을 적극적으로 수용하라는 주문이었다. 이른바 한국적 스탠더드를 버리고 글로벌 스탠더드를 강권한 셈이다. 기존의 경제 제도는 말할 것도 없고, 전통과 관습 심지어는 규범과 가치관마저도 버리라는 압박이었다. IMF 관리 체제란 한국적 스탠더드를 버린다는 대가로 구제 금융을 받는다는 조건의 맞교환인 셈이다. 강요된 조정의 방식으로 말이다.

⋮

이제 그 외부의 힘에 의한 강요된 조정으로 조금 익숙해진 글로벌 스탠더드로부터 심한 배반을 당한 것이다. 강요된 조정을 거쳐 세계화를 일상적으로 받아들이는 시점에서 불거진 글로벌 금융위기는 한국사회에 또 다른 적지 않은 혼동을 야기했다.

한국사회만큼 세계화의 명과 암을 극명하게 경험한 사회도 없어 보인다. 세계화의 생생한 실험 무대를 꼽으라면 아마도 한국사회가 일순위로 지목될 정도로, 세계화의 제도와 규범은 짧은 기간 동안 빠르게 채택되고 확산되었다. 외환위기 이전의 한국과 외환위기 이후의 한국의 사회 성격은 동일 공간에 존재하는 것으로 보기 어려울 정도로 완전히 다른 것으로 진단된다. 외환위기 이후의 사회적 헤게모니를 잡은 이데올로기는 '모든 책임은 개인에게 있다'는 것으로 축약된다. 다시 말해 97년 외환위기 체제는 사회의 단락과 단절로 특징된다. 단락과 단절, 파편화는 탈근대사회의 일반적인 성격이기도 하지만, 한국은 외환위기의 상황조건 속에서 단절의 모습을 더 극단적으로 보여준다.

외환위기와 그 후유증의 긴 터널을 통과하나 싶더니만 이번에는 글로벌 금융위기의 미로에 갇히면서 한국사회는 몹시 당황하지 않을 수 없다. 한국은 강요된 글로벌 스탠더드의 학습을 거쳐 글로벌 스탠더드가 일상화되는 시점에서 새로운 형태의 글로벌 금융·경제위기에 직면한 셈이다.

⋮

미국식 자본주의가 도마 위에 올라 있다. 그동안 미국식 자본주의의 생명이자 경쟁력은 도덕적 해이를 철저하게 제어할 수 있는 장치를 갖추고 있다는 것이었다. 글로벌 금융위기에 직면하면서 도덕적 해이에 관한 미국식 자본주의의 강변은 허구임이 밝혀지고 있다. 도덕적 해이를 사전에 예방하지도 못하였으며, 사후의 문제 해결 방식도 도덕적 해이를 억제하기는커녕 더 조장하는 인상마저 준다. 사실 미국은 오늘의 금융·경제 문제를 해결하는 데 미국답지 않은 방식을 택하고 있다. 부실기업에 대한 해결 방안으로 구조조정 대신 공적 자금의 지원으로 접근하고 있다. 신자유주의 대신 보호주의에 경도하는 비(非)미국적 기조를 편다. 오늘날 국제사회는 참고해야 할 교과서도 없고, 본받아야 할 모델도 사라진 셈이라는 지적이 나오게 되는 배경이다. 이런 현상이 우리에게 무엇을 의미하는지를 깊이 있게 생각해 보아야 한다.

1997년 외환위기 당시 IMF를 비롯한 월가(Wall Street) 중심의 글로벌 금융 세력이 가지고 있었던 한국에 대한 이미지는 대단히 부정적이었다. 이들은 한국사회를 정실자본주의, 관치금융, 정경유착, 반시장질서, 도덕적 해이 등의 연장선상에서 인지하였다. 이들 외부 세력들은 우리에게 글로벌 스탠더드를 채택하라고 강권하였으며, 이러한 강권은 한국사회로 하여금 과거의 제도와 관행과의 단절을 강요한 것이다. 다시 말해 한국형 발전 모델은 시효가 끝난 것으로 용도 폐기해야 할 무엇으로 간주한 것이다. 압축 성장, 발전 국가, 공동체주의, 연고주의, 온정주의 등 그 어느 하나 실제적 가치에 대한 진지한 토론

⋮

없이 버려야 할 대상으로 평가되었다. 구제금융이 절실히 필요한 당시의 급박한 상황에서 한국적인 기준을 포기하라는 주문을 거부하기란 쉽지 않은 일이었다. 그러나 외부 세력이 강권하는 글로벌 스탠더드가 무엇인지도 모르면서 이를 무턱대고 수용하는 것 역시 선뜻 내키지 않기는 마찬가지였다.

외부 자본과 세계화 환경에 의한 글로벌 스탠더드의 수용은 외환위기와 직접 관련된 경제 분야 몇 군데에만 국한되는 것이 아니었다. 발전 국가의 장본인인 정부는 말할 것도 없고, 기업, 금융, 노동의 대대적 변화를 요구하였다. 뿐만 아니라 일상적으로 통용되는 관행은 물론이고 가치관과 의식 구조, 사회적 규범마저도 글로벌 스탠더드에 준용되어야 한다는 요구였다. 글로벌 스탠더드의 채택과 확산이 기존의 후진적 시스템을 바꾸는 데는 상당 부분 긍정적 기여를 한 것으로 평가할 수 있다. 그러나 이 과정에서 사회해체와 파편화, 양극화의 양상은 속도를 물을 수 없을 만큼 빠르게 진행되었다. 내가 누구인가를 각인시키는 정체성은 그 토대마저 흔들리기 시작했으며, 성숙한 사회관계의 재생산을 담보하는 신뢰는 낮은 수준으로 급락하였다. 특히 공적 영역에 대한 국민의 신뢰 수준은 사회의 존립을 의심할 만큼 바닥으로 떨어졌다(박길성·장하성, 2005:172).

외환위기의 풍파 속에서 강요된 구조조정을 거치면서 세계화는 일상화되고 글로벌 스탠더드는 규범화되기 시작하였다. 다시 말해 글로벌 스탠더드만 꽉 붙잡고 있으면 97년 외환위기와 같은 문제는 다

⋮

시는 없을 것으로 굳게 믿고 있었다. 실제로 그동안 IMF 관리 체제를 겪으면서 생경스럽고 어색하기만 했던 용어들이 일상용어로 빠르게 자리 잡았다. 물론 엄청난 학습 비용을 지불한 결과이다. 예컨대, 신용평가 AAA, BIS비율, 구제금융(bailout) 같은 용어들이다. 이러한 변화는 단순히 새로운 경제 용어의 도입에 머무는 것이 아니라, 한국의 경제 시스템이 완전히 바뀌짐을 의미한다. 나아가 한국의 사회 시스템을 완전히 바꿔놓는 일이며, 새로운 운영질서가 만들어지는 셈이다. 2008년 미국발 금융위기 이후에는 더 생소한 용어들이 등장한다. 이를테면 파생상품, 디레버리지(de-leverage), 유동외채, 통화스와프(currency swap), 키코(knock in knock out) 등은 쉽게 독해할 수 있는 경제 용어들이 아니다. 새로운 경제 용어의 등장은 향후 경제 시스템, 나아가 사회 시스템이 엄청나게 요동칠 것임을 전조하고 있는 것이다.

지난 20여 년 동안 세계경제의 상징은 금융화(financialization)임에 틀림없다. 미국발 글로벌 금융위기는 금융화 시대가 만들어 낸 산물이다. 노벨 경제학 수상자인 크루그먼은 1990년대를 금융투기의 위대한 시대라 명명한 바 있다. 사상 유례를 찾아볼 수 없을 정도로 제멋대로 시장이 조작되고, 통화가 뒤엎어지며, 막대한 금액을 벌어들이고 또는 잃어버리는 현상을 두고 한 말이다(Krugman, 1998:187). 금융화를 부정적인 측면에서 정리하면 도덕적 해이와 위험을 부추기는 구조이다. 금융 산업의 주요 특징의 하나는 한 금융기관이 붕괴하면 주주와 직원들뿐만 아니라 무고한 구경꾼들도 다수 피해를 본다는 점이다. 이를 경제학자들은 '부정적인 외부성'(negative externalities)이라고

⋮

부른다(Fukuyama, 2008).

글로벌 금융 위기에서 경험하였듯이 금융투기의 현장인 월가의 시스템은 소수의 사람만 부자로 만드는 대신 다수의 투자자들을 매우 높은 위험에 노출시키고, 결국은 생존의 시스템마저 송두리째 날려버리는 상황을 만들고 말았다. 어제까지 부와 성장의 창조자로 칭송받던 금융시장이 오늘에는 모든 악의 근원으로 지탄받는 상황이 되었다. 1930년대 대공황 이후 자본주의에 대한 크고 작은 우려의 목소리가 나오지 않은 것은 아니지만 이번처럼 자본주의의 미래에 대한 대대적인 우려의 목소리와 성찰의 필요성이 총체적으로 제기된 적은 없어 보인다.

1990년대 이후 세계를 이끌어 온 글로벌 스탠더드로서의 미국 주식회사가 종언을 고할지도 모른다는 진단이 설득력을 얻어 가고 있다. 자본주의의 경기 변동이나 경기 순환의 역사가 말해 주듯이 일정 시간이 지나면 되돌아오겠지만, 어떤 방식으로 출구를 찾을 것인가에 의견이 분분하다.

전통적으로 미국식 모델은 낮은 조세, 가벼운 규제 그리고 작은 정부가 경제성장의 엔진임을 강변하였다. 미국식 모델의 대명사격인 레이거니즘은 한 세기에 걸쳐 더 큰 정부를 지향하던 흐름을 완전히 되돌려 놓았다. 규제완화는 미국뿐만 아니라 세계적인 흐름이 되었다. 이들은 금융시장이 자율규제를 할 수 있다고 굳건히 믿었다(Fukuyama, 2008). 그러나 오랜 기간 미 연방준비제도이사회 의장을 지

⋮

낸 앨런 그린스펀은 최근에 있었던 의회 청문회에서 금융기관들이 주주와 투자자들을 보호할 것으로 기대했지만 그렇지 않았다고 술회하였다. 이 모든 것이 미국식 모델의 지속 가능성에 대한 회의이며, 우리에게는 금과옥조처럼 믿었던 교과서이자 글로벌 스탠더드로부터의 배반인 셈이다.

오늘날 시대사적 흐름인 세계화를 거스르기는 어려워 보인다. 해법은 세계화에 개방적이면서도, 사회를 세계화의 부정적인 면으로부터 보호해야 하는 것이다. 시장에서 떨어져 나간 사람들을 사회 안으로 끌어들여야 한다. 사회적 연대에 대해 더 많이 생각해 보아야 하는 소이가 여기에 있다. 시장의 창조적 파괴를 시대정신으로 여겼던 신자유주의적 패러다임을 다시 성찰해 보아야 한다.

글로벌 금융위기의 충격이 메가톤급이기에 자본주의 미래에 대한 논의도 진자의 폭이 매우 크다. 시장이냐 규제냐, 보이지 않는 손(invisible hand)이냐 보이는 주먹(visible fist)이냐, 시장의 사회화 개혁이냐 사회의 시장화 개혁이냐, 자본주의의 변혁이냐 자본주의의 진화냐의 이분법적 논법이 다시 거론된다. 대체적인 결론은 양자의 혼합 형태에서 내려진다. 대체적인 합의는 시장근본주의는 수정될 것이라는 점이다. 무엇이 바람직하고 어디로 방향타를 잡아야 할 것인가의 판단은 세계관과 사회질서관이 달라져야 가능할 것이다. '정복해야 한다'는 진화론적 사고에서 '함께 살아가야 한다'는 생태론적 사고로의 전환이 있어야 한다는 입장으로 정리된다. 아울러 자본주의는 다시

⋮

기본으로 돌아가야 한다(back to the basic)는 명제를 실행에 옮겨야 한다. 절제자본주의의 덕목이 다시금 강조되는 것도 이러한 까닭에서이다. 사회적인 것을 경제적인 것으로 해소하려는 시장근본주의적인 신자유주의에 대한 경계의 끈을 놓지 말아야 한다.

또 한 번의 위기에 직면하여 글로벌 스탠더드의 실상, 사회적 펀더멘탈의 요동, 사회적 연대의 방안을 성찰해 보아야 할 때이다. 글로벌 스탠더드의 배반으로 인한 당혹감 속에서 잃어버린 한국의 가치를 되짚어 보며 새로운 패러다임을 찾아 나서는 일에 지혜를 모아야 한다는 주장이 설득력을 얻는 이유이다.

3. 국가경쟁력 담론

국가경쟁력이 이 시대 글로벌 스탠더드를 아우르는 대명사로 간주되고 있다. 외연과 내포를 갖추고 있는 것이다. 오늘날 경쟁은 이데올로기로 승격되었으며, 사회의 모든 가치는 경쟁의 시각에서 평가되곤 한다. 나름의 논리도 갖추고 있으며, 경쟁력을 측정하는 방법도 정교해지고 있다. 나아가 경쟁력의 담론은 글로벌 스탠더드의 이름으로 빠르게 확산된다. 세계적으로 영향력 있는 국제기관에서 만들어 내는 국가경쟁력 보고서의 사회적 파급도 점점 커지고 있다.

1) 규제된 경쟁에서 초경쟁으로

한국의 경우, 97년 외환위기 이후 국가경쟁력(national competitiveness)에 대한 논의가 부쩍 무성하다. 전통적으로 기업에 적용되던 경영 전략의 개념에서 도출된 경쟁력 개념이 국가경쟁력 개념으로 확산된 것이다. 경쟁력 개념이 기업이나 국가에 그치지 않고, 사회의 모든 분야로 확산되면서 21세기 현대인은 '경쟁력 담론의 시대'에 살고 있다 하여도 크게 틀린 말이 아니게 되었다. 마치 세계화의 시대가 경쟁력의 시대로 각인되는 인상마저 준다. 모든 것은 철저하게 경쟁을 매개로 관계를 맺도록 강제하기에 이른다. 전 지구적 상호의존의 심화(deepening global interdependence)로 규정되는 세계화의 의미가 이제 전 지구적 경쟁의 심화(deepening global competition)로 변형되는 양상마저 보인다. 관계의 범위가 전 세계로 확장되는 것은 물론이고, 관계의 내용도 다양해지면서 경쟁의 상대 역시 다양해짐과 동시에 불특정해지면서 문자 그대로 누구를 막론하고 경쟁력 있는 경쟁력 함수를 모색하느라 분주하다.

오늘날 경쟁은 이데올로기로 승격되었다. 신자유주의적 시장의 창조적 파괴가 오늘의 시대정신으로 부상하면서, 무한경쟁(all-out-competition)이 시대를 추동하는 동력으로 전면 배치되는 양상을 보인다. 세계화의 거대전환 속에서 진행되는 구조 변동의 가속은 경쟁의 본질을 근본적으로 변화시키고 있다. 시장과 국가의 작용과 반작용의 역학관계 속에서 산출된 규제된 경쟁(governed competition)에서 시장 일방적인 초경쟁(hyper-competition)으로 전환되고 있는 것이다. 글

⋮

로벌화를 설명하는 인과요인의 위계로 볼 때, 초경쟁은 환경의 변화를 유도하는 근간으로 여겨진다(Mittelman, 2000:17). 실제로 국가경쟁력 옹호론자들은 국가경쟁력이 한 국가의 경제발전은 물론이고 투자유치와 같은 세계화된 경제활동의 가장 중요한 요인으로 간주한다(Porter, 1990; Ozawa, 1992).

오늘날 국제기구에서 발간되는 국가경쟁력 보고서의 파장은 엄청나게 크다. 이를테면 매년 세계경제포럼(World Economic Forum, WEF)과 국제경영개발원(International Institute for Management Development, IMD)이 발표하는 국가경쟁력 보고서는 정부의 정책 담당자는 물론이고 기업, 투자자, 대학, 일반인에게조차 초미의 관심거리가 되고 있다. 매년 발표되는 경쟁력 순위가 언론에서 상세하게 보도되는 것은 물론이고 정책을 평가하는 주요한 가늠자로 활용되기도 한다. 정책 입안자의 입장에서 세계적으로 공인된 기구가 발표하는 국가경쟁력 순위만큼 자신들의 정책에 대한 정당성 혹은 개혁의 논거로 더 유용한 자료는 없을 것이다. 언론의 보도 역시 이와 크게 다르지 않은 이해관계 속에서 매년 발표하는 순위와 현황을 자세하게 보도한다.

물론 국가경쟁력에 대한 관심이 어제오늘의 얘기는 아니지만, 오늘날 세계화에 대한 반응으로서 국가경쟁력 발표는 과거와는 다른 차원의 관심사임이 분명하다. 다소 과하게 표현하면 국가경쟁력에 대해 일종의 강박관념을 가지고 있는 것으로 여겨질 정도이다. 이에 대한 비판이나 반론도 만만치 않다. 이를테면 폴 크루그먼 같은 학자는 경쟁력 개념을 국가경제에 적용하는 것은 부적절하다고 지적하면서 경쟁력에 대한 강박관념은 잘못된 것이며, 이는 위험한 것이라고 비판한 바 있다(Krugman, 1994:44). 그러나 WEF와 IMD가 차용하고 발표하는 국가경쟁력 개념과 국가순위의 인용과 활용은 시간이 지날수록 더 늘어나기만 하며 국제사회에서 오늘날 가장 영향력 있는 보고서로 간주된다.

한 예로 2006년 한국 정부는 WEF와 IMD의 국가경쟁력 평가에 적극적으로 대처할 것을 지시한 바 있다. 국무조정실은 2006년도 국가경쟁력 강화 관련 역점 추진의 중점관리 대상으로 국가경쟁력 지수의 체계적 관리, 2006년도 IMD와 세계경제포럼 등 세계 경쟁력 평가에 대한 대응 강화, 국가경쟁력 지수의 항목을 각 부처의 성과 지표로 반영, 관리하도록 지시했다(동아일보, 2006). 그런가 하면 당시 대통령자문 정책기획위원회는 WEF나 IMD가 발표하는 기존의 국가경쟁력 개념이 경제적 측면의 부가가치나 기업경쟁력 제고에만 한정되어 있음을 지적하고 국가의 종합적 능력을 보여 주기에는 부족하다는 견해를 제시하면서 새로운 대안지표를 실험적으로 제시하는 보고서를 작성하기도 하였다(정책기획위원회, 2006). 흥미로운 점은 노무현 정부의 정책 기조에 비추어볼 때 크게 관심을 둘 것 같지 않은 국가경쟁력 보고서에 적극적인 대응을 주문한 것이다. WEF나 IMD와 같은 국제기관에서 발표하는 국가경쟁력 지수와 순위에 대한 정책적 관심이 어느 정도인지를 보여 주는 단적인 예들이라 할 수 있다.

⋮

사실 국가경쟁력에 대한 관심은 상대적으로 최근의 일이다. 신문 검색에 의하면 1990년 처음으로 '국가경쟁력' 용어가 1건 등장하고, 91년에는 고작 5건에 불과한 것으로 나타났다. 이러던 것이 세계화가 본격적으로 진행되는 90년대를 거쳐 2001년에 이르러 2천 건을 넘어서고, 2004년에는 4천 건으로 늘어난다(www.kinds.or.kr). 이후 국가경쟁력은 극히 일상적인 용어로 자리 잡게 된다. 세계화와 연동하여 국가경쟁력 담론은 글로벌 스탠더드의 상징으로서 그 활용이 확대되고 있음을 짐작할 수 있다.

2) 세계경제포럼(WEF)의 국가경쟁력 지수

국가경쟁력에 대한 연구는 마이클 포터의 경영전략 이론에서 그 모태를 찾을 수 있다(Porter, 1990). 그는 국가경쟁력은 기업의 경쟁우위(competitive advantage)에 상응하는 개념의 연장선상에서 국가의 경쟁우위(comparative advantage of nations) 개념을 도출하고, 국가경쟁력을 생산성으로 정의하면서 경쟁의 우위를 이끄는 원천으로 4가지 요소(요소조건, 국내 수요, 관련 및 지원산업, 경영 여건)로 구성된 다이아몬드 모델을 국가경쟁력 분석 모델로 제안하였다.

이후 여러 기관에서 국가경쟁력 모델이 제안되었으며, 국가경쟁력을 측정하는 지표들이 발간된 바 있으며, 이 중에서 IMD와 WEF에서 발간하는 국가경쟁력 보고서가 가장 보편적으로 활용된다. 국가경쟁력 보고서는 선진국에서 더 활발하게 발간되곤 한다. 이를테면 미국의 보고서(U.S Competitiveness), 영국의 보고서(Competitiveness White

⋮

Paper), 유럽연합의 보고서(Competitiveness Advisory Group)가 여기에 해당된다.

IMD 보고서와 WEF 보고서는 여러 측면에서 차이가 있다. IMD의 국가경쟁력 보고서가 기업 경영의 관점에서 작성되었다면, WEF의 국가경쟁력 보고서는 이와는 다소 차별적인 학술적 관심과 접근을 상당 부분 수용하는 것으로 평가된다. WEF는 1971년 스위스 다보스에서 열린 기업인들 모임에서 비롯한 국제경제전문민간기구로서 79년부터 거시경제, 공공제도, 기술 등의 다양한 항목에 대한 각종 통계와 기업인을 대상으로 하는 설문조사를 통해 국가별 경쟁력 순위를 발표해 왔다. 가장 최근에 발간된 2012년 보고서에는 총 144개국의 경쟁력 지수와 순위가 집계되어 있다(WEF, 2012).

WEF는 국가경쟁력을 한 국가의 생산성(productivity) 수준을 결정하는 요소, 정책, 제도의 세트로 설정하고 있다. 생산성의 증대가 경제성장률을 결정하는 추진력으로 여겨진다. 따라서 더 경쟁적인 경제는 중장기적인 관점에서 보았을 때 더 빠른 성장을 가져다준다는 주장이다(Sala-I-Martin et al., 2011:4). 한마디로 세계경제포럼은 생산성 지향의 경쟁력 시각(productivity-oriented view of com-petitiveness)을 견지한다.

국가경쟁력은 한 국가의 경제활동을 활성화시키는 구조적 요인들과 관련된 개념으로서 생산성과 경쟁력을 추동하는 데 있어 중요한 요소를 종합적으로 총괄하는 총체적인 시각(holistic view)에 기초한다. 글로벌 경쟁력 지수로 표시된 국가경쟁력은 생산성과 경쟁력을 구성

⋮

하는 축으로 12개를 설정하는 다차원적 접근을 택하고 있다. 여기에는 제도, 인프라 구조, 거시경제, 건강과 초등교육, 고등교육과 훈련, 상품시장 효율성(goods market efficiency), 노동시장 효율성(labor market efficiency), 금융시장 발달(financial market development), 기술 준비성, 시장 규모(market size), 기업 경영의 정교함(business sophistication), 혁신의 내용으로 구성되어 있다. 참고로 IMD는 인프라, 거시경제 성과, 정부 효율성, 경영 효율성을 국가경쟁력을 구성하는 축으로 삼고 있다. IMD가 제시하는 국가경쟁력은 기업 활동에 필요한 경쟁 환경의 제공이라는 점에서 친기업적 국가경쟁력 개념에서 크게 벗어나 있지 않다.

WEF는 경제발전을 진화론적인 단계의 개념에 의거하여 접근한다. 각국의 발전 과정을 요인추동 단계(factor-driven stage), 효율추동 단계(efficiency-driven stage), 혁신추동 단계(innovation-driven stage)의 단선형적인 발전 단계로 구분하고, 각 단계에서 경쟁력을 담보하는 항목을 제시한다. 제1단계인 요인추동 단계에서의 경쟁력은 주로 제도, 인프라, 거시경제, 건강과 초등교육에 의존하며, 제2단계인 효율추동 단계에서는 고등교육과 훈련, 상품시장, 노동시장, 금융시장, 그리고 기술에 의해 경쟁력이 만들어지며, 제3단계인 혁신추동 단계에서는 경영전략에서의 생산 과정과 제품 혁신을 통해서 경쟁력이 결정된다고 본다.

경쟁력을 구성하는 12개의 축이 모두 중요하지만 어떤 것이 중심 동력으로 작용할 것인가는 각 발전 단계에 따라 다르기 마련이다. 1단계는 주로 기본요건에 해당하며, 2단계는 효율성 증진력에 해당하며, 3단계는 혁신과 정교 요인(the innovation and sophistication factors)에 해당한다. 그리고 각 발전 단계에 따라 3항목이 차지하는 비중이 다른 만큼 지수 산출에 상이한 가중치를 부여한다. 각 단계별 가중치의 내용은 〈표 6-1〉과 같다. 표에 제시되어 있듯이 요인들에 대한 가중치가 부가된다. 그러나 가중치 부여에 대한 엄격한 학술적 논거는 부족하며, 내부 논의에 의한 자의적인 판단에 의해 이루어진 것으로 보인다.

각 단계별 1인당 국민소득의 분포는 〈표 6-2〉와 같이 5단계로 구분된다. 흥미로운 것은 발전 단계를 세분화하여 1단계와 2단계 사이에 전환기 단계, 2단계와 3단계 사이에 전환기 단계를 배치시키고 있는 점이다. 그리고 각 발전 단계에 따라 1인당 국민소득의 범위를 제시한다. 이를테면 1단계에 속하는 국가는 1인당 국민소득이 2천 달러 미만이며, 혁신추동 단계인 제3단계는 1인당 국민소득이 1만 7천 달러 이상의 국가군으로 분류하였다.

이러한 일련의 측정 과정을 거쳐 최종적으로 국가경쟁력 지수와 순위가 산출된다. WEF가 발표하는 국가경쟁력 지수에는 종합 지수 1개와 기본요건(basic requirements), 효율증진력(efficiency enhancers), 혁신요인(innovation factors)의 3개의 하위 지수, 그리고 국가경쟁력의 결정함수를 구성하는 12개 항목의 점수가 제시된다.

오늘날 국제사회에서 한 국가의 경쟁력을 진단함에 있어 가장

⋮

표 6-1. 발전 단계별 가중치 분포(단위 %)

가중치	기본요건	효율증진력	혁신요인
요인추동 단계	60	35	5
1단계에서 2단계로의 전환기	40-60	35-50	5-10
효율추동 단계	40	50	10
2단계에서 3단계로의 전환기	20-40	50	10-30
혁신추동 단계	20	50	30

출처: Sala-I-Martin et al., 2011: 10-11 재구성

표 6-2. 각 단계별 1인당 국민소득 분포표

발전 단계	1인당 국민소득(US$)	국가 수
1단계: 요인추동 단계	〈 2,000	37
1단계에서 2단계로의 전환기	2,000-2,999	24
2단계: 효율추동 단계	3,000-8,999	28
2단계에서 3단계로의 전환기	9,000-17,000	18
3단계: 혁신추동 단계	〉17,000	35

출처: Sala-I-Martin et al., 2011: 10-11 재구성

큰 영향력을 발휘하는 WEF의 국가경쟁력 지수는 신근대화론(Neo-modernization theory)의 성향을 강하게 보인다. 앞서 소개하였듯이 국가의 경쟁력을 제도를 비롯하여 거시경제, 인프라 구조, 교육, 건강, 기술, 기업, 혁신역량의 다차원의 함수로 파악한다. 그러나 전통적으로 근대화론의 핵심 변수로 간주되는 문화에 대해서는 구체적인 항목으로 고려하고 있지는 않지만 다차원의 설명변수에 배태되어 있다는 입장을 가지고 있다. 뿐만 아니라 WEF는 경제발전의 과정과 이에 조

⋮

응하는 정책의 우선순위를 결정함에 있어 사회는 단선형적인 발전 경로에 따라 진화한다는 진화론적인 단계론에 기초한다.

3) 국가경쟁력 지수의 문제점

국가경쟁력 개념에 대해 강도 높은 비판의 날을 세운 대표적인 학자는 폴 크루그먼이다. 그는 어떤 국가가 특정 상품이나 산업 구조가 다른 국가에 비해 더 경쟁적이거나 혹은 덜 경쟁적일 수는 있지만, 한 국가의 경제 전체가 다른 국가 경제 전체에 비해 덜 혹은 더 경쟁적이라고 하는 것은 적절하지 않다고 주장한다. 경쟁력 개념은 본디 경영전략 분석의 토대가 되는 기업 경영의 문헌에서 비롯한다. 이 경우 기업은 시장과 자원을 대상으로 경쟁하고 시장점유와 이윤으로 경쟁력을 측정하고 이의 성과를 높이기 위해 경쟁 전략을 활용한다. 이러한 기업의 경쟁력 논리가 국가경쟁력에 그대로 적용되어 국가경쟁력의 실체를 형성하는 것이다. 크루그먼은 국가경쟁력 증진 방안을 옹호하는 대부분의 사람은 민족주의적이거나 이데올로기적이라고 신랄하게 비판한다(Krugman, 1994). 그는 이러한 국가경쟁력 논리는 단순 경제이론도 이해하지 못한 데서 비롯한 것으로서, 전통적인 경제학 이론인 비교우위론과 정면 배치된다고 주장한다. 경쟁력 지수는 측정에 있어 여러 문제를 지니고 있는 것으로 지적되지만, 정치권과 언론은 방법론적인 문제점과 한계를 의도적으로 무시한 채 단지 국가 순위에만 관심을 둔다(Hirst et al, 2009).

국가경쟁력의 실행과 관련하여서도 국가경쟁력이 제한적으로 사용되어야 할 필요가 있다는 지적도 나온다. 시장은 주류 경제학이 가정하는 바와 같이 완전한 것이 아니기 때문에 시장의 실패는 변수가 아니라 상수에 해당된다. 시장의 실패를 개선하기 위해 정부가 개입할 수 있지만 모든 시장 실패를 정부가 해결할 수 있는 것도, 모든 정부가 시장 실패를 개선할 수 있는 것도 아니라는 것이다. 따라서 국가경쟁력 개념은 정부가 개선할 수 있는 시장 실패와 관련된 것들에 국한되어야 한다는 것이다(Lall, 2001:1503-1505).

뿐만 아니라 국가경쟁력 개념은 정부의 역할을 과소평가함에 따라 친기업적 태도를 암묵적으로 취한다는 비판을 피해 가기 어렵다(Lall, 2001:1506). 국가경쟁력 옹호론은 경제발전에 있어 정부의 역할을 과소평가함으로써, 경제발전의 해법으로 친시장적(market-friendly) 정책을 지지한다. 실제의 시장은 주류경제학이 가정하듯이 항상 효율적으로 작동하지 않으며 완전한 것도 아니다. 뿐만 아니라 기술의 사용에 있어 선진국과 개도국의 상황 차이는 분명히 존재하며, 기술의 습득 비용을 최소화하기 위해서는 국가의 개입이 반드시 필요할 수밖에 없다. 그럼에도 불구하고 WEF의 국가경쟁력 지수는 국가의 강한 규제를 일률적으로 부정적으로 평가함으로써 친기업적 태도를 취한다.

WEF가 채택하고 있는 국가경쟁력에 대한 시각의 하나는 시장은 효율적이라는 것이다. 정책 개입이 필요한 경우 이는 시장친화적으로 최소화하여야 한다는 입장을 견지한다. 이것은 시장 실패가 선택적으로 등장하는 개발도상국에서의 고려 사항을 배제시키는 셈이다(Lall, 2001:1519). 정리하면 국가경쟁력론은 선진국의 발전 경로에 근거한 법과 제도 및 경제 상황에 근거하고 있다. 다시 말해 경쟁력 지표 구성의 축과 지수 항목이 선진국 중심의 시각에서 전개되고 있음을 부인하기 어렵다는 것이다.

국가경쟁력 지수를 산출함에 있어 경쟁력과 관련된 많은 변수들의 합산 점수로 정리할 경우, 이는 마치 국가 간의 격차가 단순한 양적인 차이에 불과하다는 인상을 줌으로써 국가 간의 실질적 격차가 엄연하게 존재하고 동시에 엄청나게 벌어져 있는 현실을 왜곡할 소지가 있다. 다시 말해 국가경쟁력에 있어 국가 간의 격차가 정확하게 반영되고 있느냐의 문제가 제기되지 않을 수 없다. 일례로 2011년 WEF 글로벌 경쟁력 지수 1위인 스위스의 5.74점과 최하위인 차드의 2.87점은 지수상으로 2배 정도의 격차로 보인다. 이것은 경쟁력 지수의 격차로 보기에는 그리 크지 않은 듯한 착각을 유도한다. 통합적으로 정교하게 점수화된 지수는 1인당 국민소득이 몇 십, 몇 백 배의 질적인 격차와는 매우 다른 양상이라 하지 않을 수 없다. 발표 점수는 질적인 차이를 양적인 차이로 표시함으로써 국가 간의 현실적인 격차를 왜곡하는 문제점을 지니고 있다.

그간의 경쟁력 지수는 선진국을 중심으로 국가경쟁력 척도가 구성되어 있다는 지적을 받고 있다. 이러한 지적과 함께 개발도상국에 적합한 변수 설정과 측정을 시도하는 연구가 나오기도 하였다(Wu et

⋮

al., 2004). 질적인 자료의 사용은 각 개별 국가의 문화적 맥락을 고려해야 함에도 불구하고 이에 대한 평면적 비교만이 진행됨으로써 현실을 왜곡하는 소지를 남겨놓고 있다. 그간의 국가경쟁력 측정은 선진국의 조건과 관심으로 진행된 선진국 편향이라는 비판을 피하기는 어려워 보인다.

또 하나의 쉽게 납득하기 어려운 것은 매년 순위가 심하게 변동한다는 것이다. 사회 발전에 관한 많은 지수 중에서 국가경쟁력 순위만큼 급변하는 순위도 그리 많지 않을 것으로 보인다. 이렇다 할 만한 경제 성과나 제도의 변화가 없었음에도 불구하고 순위의 진폭은 엄청나게 크다. 1년 사이에 국가 순위에 있어 10단계의 변동이 있는 경우도 있다. 진폭이 큰 순위변동만 발표되지 정작 이에 대한 해명은 빈약하다. 이러한 대폭적인 순위 변동과 빈약한 설명은 지수에 대한 공신력의 문제와 관련되지 않을 수 없다. 많은 국가들이 자신들의 국가경쟁력을 전년도와 비교하여, 다른 국가와 비교하여 선뜻 받아들이지 않으려는 까닭도 여기에 있다(Kaplan, 2003).

4) 국가경쟁력 담론의 허와 실

신자유주의적 세계화가 전 지구를 대상으로 모든 영역에 걸쳐 경쟁의 담론을 강요하면서, 글로벌 스탠더드의 정체가 본격적으로 드러난 지 오래되었다. 글로벌 스탠더드가 때로는 경제적 효율성의 기제로, 때로는 정치적 권력의 기제로, 때로는 제도적 동형화의 기제로 확산되는 양상을 보인다. 이제 국가경쟁력은 글로벌 스탠더드의 대명사로 여겨

⋮

지며, 국제사회에서 발간하는 국가경쟁력 보고서의 파급력은 커져만 간다.

오늘날 WEF나 IMD 국가경쟁력 보고서만큼 글로벌 스탠더드의 위력을 유감없이 발휘하는 것도 없을 것으로 보인다. 이들 기관에서 발표하는 개별 국가에 대한 국가경쟁력 진단과 순위는 정부 정책을 비롯하여 사회의 모든 상황을 진단하는 가늠자의 역할을 담당하는 셈이 되었다. 이들 보고서는 단순한 평가를 넘어 정책의 성공과 실패, 개혁의 정당성 여부를 결정하는 잣대로 여겨지곤 한다. 그러나 정작 국가경쟁력 보고서가 작성되는 배경이나 논리에 대한 관심은 그리 많지 않아 보인다.

국가경쟁력은 개념, 이념, 측정, 활용의 모든 면에서 많은 문제점을 지니고 있는 이슈임에도 불구하고 정부, 기업, 언론 등에서 긍정적 의미든 부정적 의미든 열광하는 양상을 보인다. 이들은 국가경쟁력 평가를 자신들의 정책이나 노선에 대한 정당성과 개혁의 논거 혹은 비판의 자원으로 삼는 경향이 강하다. 국가의 정책 입안자들이 국가경쟁력 지수에 자유로울 수 없는 이유를 어렵지 않게 이해할 수 있는 대목이다.

WEF의 국가경쟁력 보고서는 매우 정교한 방법론에 기초함은 물론이고 국가 간 비교를 근간으로 하는 만큼 보고서에서 발표하는 경쟁력 순위가 상당히 정확하다는 인상을 준다. 국가경쟁력 보고서의 허와 실이 여기에 있다. 국제기구에서 생산하는 국가경쟁력 지수는 이

⋮

의 옹호론자들이 주장하듯이 분명 세계화의 가능성을 담아낼 수 있는 측면이 있다. 그러나 이에 못지않게 세계화가 안고 있는 질곡을 그대로 반영시키고 있다는 점도 결코 가볍게 보아서는 안 될 것이다. 작금의 국가경쟁력에 대한 일방적이고 무비판적인 수용을 넘어 글로벌 스탠더드로서의 국가경쟁력 지수에 대한 비판적인 논의가 필요하다.

첫째, 국가경쟁력 개념은 실체가 분명하지 않다. 둘째, 국가경쟁력에 대한 평가가 다분히 시장 중심적인 사고에 기초한다. 셋째, 국가경쟁력을 측정하는 평가기준과 그 종합적 지수는 개발도상국의 선택적 조건을 배제한 채 선진국 중심의 기준에 의해 이루어진다. 넷째, 사회발전의 과정과 정책을 단선형적 신근대화론의 틀에 기초하여 제시한다. 다섯째, 글로벌 스탠더드로서 국가경쟁력 지수의 확산은 분명 거래비용의 감소를 통해 경제적 효율성을 담보하는 측면이 존재하지만, 이에 못지않게 선진국 중심의 국가경쟁력 지표 구성은 국가 간 비대칭적인 권력 관계를 암묵적으로 강요한다.

글로벌 스탠더드로서 WEF의 국가경쟁력 보고서가 전 세계적으로 적지 않은 파장을 미치는 현상을 보면서 이른바 평가의 테일러리즘이 현대사회를 몰아친다는 인상을 지우기 어렵다. 평가의 테일러리즘 속에서는 단지 평가의 당위성과 평가의 절차적 합리성만 과도하게 강조된다. 평가의 정치·경제학적 분석이 요구되는 대목이다. 무엇보다 글로벌 스탠더드로서의 국가경쟁력 지수가 엄밀한 검토 없이 일방적으로 확산되며, 모든 정책을 판단하는 획일적인 기준으로 활용되는 것에 대한 비판적인 사회적 성찰이 필요하다.

⋮

제 III 부

한국사회의 갈등 해법

제7장

공동 가치의 탐색

1. 공동가치의 의미

연대적 공존의 길을 모색함에 있어 공동가치의 중요성은 아무리 강조해도 지나치지 않을 것이다. 어떤 이념적 정향을 취하느냐에 관계없이 공동가치를 사회질서의 중요한 조건으로 설정하자는 제안에 동의를 얻어 내는 일은 그리 어렵지 않을 것이다. 그러나 한 껍질 더 들어가 보면 공동가치의 의미는 정치·사회사상사적 정향에 따라 각기 다르게 규정된다. 정치·사회사상사적으로 사회질서의 형성에 대한 설명은 전통적으로 자유주의와 공동체주의의 양대 축으로 진행된다. 이 둘은 공동가치의 의미를 다르게 규정하는 것은 물론이고, 갈등을 넘어서는 해법도 매우 다르며, 동시에 갈등을 넘어 사회 공존을 모색하는 방법론도 다르게 제시한다.

자유주의의 입장에서 공동가치란 일종의 집합가치(aggregated value)다. 자유주의 옹호론자들은 인간의 선호란 보편적이며 좀처럼 변하지 않는 것으로 본다. 인간은 사회와 독립적으로 스스로 판단할 수 있는 존재라는 전제가 깔려 있다. 개인의 독립성과 개인의 차이를 인정하고 개인의 선택을 존중한다. 따라서 개인이 가지고 있는 가치의 총합이 곧 공동가치에 해당한다. 개인의 선택과 절대적 합리성에 초점을 두는 자유주의적 입장에서 공동가치는 고전적으로는 사회계약으로 등장하고, 오늘날에는 주류경제학의 영향을 받아 최적의 선호균형으로 여겨진다.

한편 공동가치라고 할 경우 흔히들 공동체주의에 근거하여 공통의 가치(common value)로 읽히는 경우가 많다. 아마도 공동체가 함축하는 어의적 의미가 공동을 내포하고 있기 때문일 것이다. 자유주의가 설정하는 인간관과는 대조적으로 공동체주의는 인간은 사회적 동물임을 전제하며 사회와 독립된 별개의 가치 판단을 할 수 없는 존재라는 인식에서 출발한다. 따라서 공동가치는 공동체마다 다르고, 공동체에 소속된 구성원은 공동체적인 환경 속에서 직관적으로 무엇이 공동가치인지 인지할 수 있음을 강조한다. 이 경우 공동가치는 공동의 목표(commom goal)에 가깝다.

이분법적으로 진행되는 자유주의와 공동체주의 논의에는 개인의 수준에서 만들어지는 개인성과 공동체의 수준에서 요청하는 공공성이 결합할 여지가 매우 협소하다. 인간은 분명 사회적 동물이지만, 사회의 공공성과 개인의 개별성의 상호작용을 통해 삶의 가치를 추구

⋮

하는 존재이다. 어느 하나만으로 삶의 가치를 재단하기는 어렵다. 공동가치란 개인의 개별적 존재성을 무한히 강조함과 동시에 공동의 경험과 논의 과정을 통해 형성되는 것으로서, 개인성과 공동성의 결합 형식으로 등장한다. 공동가치는 집합적 가치도 공통적 가치도 아니다. 공동가치는 개인의 가치와 공동체 의식의 조화에 의해 형성되는 공유된 가치(shared value)로 정리된다.

공동가치란 목표에 대한 합의가 아니라 과정에 대한 합의이다. 공동가치를 목표(goal) 중심적으로보다는 과정(process) 중심적으로 보려는 것이다. 공동가치를 모두 함께 가져야 할 목표로 보는 것은 고정된 목표, 주어진 과제, 총체적 접근을 의미한다. 실제로 목표에 대한 합의를 만들어 내기는 매우 어렵다. 목표에 대한 합의는 각자가 견지하는 정체성과 이해관계에 따라 결정되는 것인 만큼 경계가 매우 분명하다. 목표에 대한 합의를 도출하는 일은 어떤 의미에서 정체성의 포기를 전제하는 만큼 그리 간단치 않다.

최근 한국사회에서 표출되는 대표적인 격한 주장을 보면 과정으로서의 공동가치가 얼마나 필요한지 알 수 있다. 상대에 대한 격한 주장들의 공통점은 자신의 확고한 정체성에 근간을 둔 것들이다. 확고한 정체성에 의한 주장은 소통을 원천적으로 봉쇄하는 것이나 다름이 없다. 상대방이 운신할 수 있는 공간의 여지를 전혀 남겨 주지 않는다. 목표는 진리와 마찬가지로 누구도 독점할 수 없는 것이다. 과정 중심으로 공동가치를 보는 것은 합의를 만들어 내기 위한 상호인정,

상호존중, 조정 중시 등에 대한 공유이다. 한국사회에서 일상적으로 목격되는 갈등과 분열의 근본적인 문제는 이해관계에서 비롯하는 목표나 지향점의 차이에 의해 비롯되는 것이기도 하지만, 더 심각한 문제는 합의를 만들어 내는 과정을 중시하지 않는 사회문화적 관성이나 속성에서 비롯하는 측면이 훨씬 많다.

갈등을 넘어서기 위한 과정으로서의 공동가치 탐색으로 네 가지를 제안한다. '비지배적 상호의존', '동의할 수 있는 최소조건의 모색', '강자의 양보', '문화적 접근'으로 공동가치를 향한 사회적 구성을 채워 보려 한다.

2. 적과의 동침—비지배적 상호의존의 도출

포스너는 인류사회에서 고귀한 사회가치(List of social values)로 간주되는 덕목으로 무려 200가지 이상을 나열한 바 있다. 어느 하나 버릴 것이 없는 소중한 가치들이다. 시대 상황에 따라 어떤 가치를 중시하느냐에 따라 보수적 가치가 더 중요시되기도 하고 지배적이기도 하며 진보적 가치가 더 중요시되기도 하고 지배적이기도 한다. 다만 우선순위가 다를 뿐이다. 보수의 가치와 진보의 가치가 각기 다른 역사적 조건과 각기 다른 이해의 상황에서 정책이나 가치관의 설정에 어떤 것을 우선하느냐의 문제인 것이다. 보수와 진보, 우파와 좌파의 갈등과 대립은 선과 악의 대립과 같은 것이 아니다. 그런데 우리 주변에선

⋮

보수의 특권인 느긋함도 진보의 특권인 당당함도 찾아보기 어렵다. 우리 사회의 보수와 진보는 상대방을 배척하기 위한 원리로만 작동한다. 보수의 적은 아집이고 진보의 적은 독설이라고들 한다. 한국사회가 아집과 독설의 덫에 걸린 것은 아닌지 우려스러운 상황이다. 한국의 척박한 정치공학 안에서 느긋함은 냉소로, 당당함은 자학으로 변질되곤 한다. 비지배적 상호의존 관계에 있어야 할 보수와 진보가 지배적 관계로 설정되면서 증오의 앙금만 쌓여간다.

보수와 진보의 간극이 점점 좁혀지는 것이 오늘날 선진사회의 추세이다. 현대 정당정치는 이념의 좁은 틀을 벗어난 지 오래이다. 사회운영에서 이념이 중요한 요소이긴 하지만 보수가 강변하는 '사회의 시장화' 개혁과 진보가 강변하는 '시장의 사회화' 개혁이 일도양단식의 이분법으로 진행되는 선진사회는 없다. 효율성과 공공성은 더 이상 이것 아니면 저것의 배타적인 선택지가 아니다. '정복해야 한다'는 진화론적 사고에서 '함께 살아야 한다'는 생태론적 사고로의 전환이 이 시대의 흐름임을 알고 나면, 오늘날 한국사회에서 진행되는 냉소와 자학의 정쟁이 얼마나 시대에 뒤떨어진 미숙아들의 집단놀이인지 알고도 남을 텐데 말이다. 보존하면서 개혁해야 함은 우리보다 훨씬 오랜 이념 논쟁의 역사를 가지고 있는 서구사회가 내놓은 해법이라는 것에 주목할 필요가 있다. 몇 해 전 미국 보수주의 진영에서는 오바마 대통령이 보수주의의 덕목인 '책임'을 핵심 주제로 연설하는 것을 보고, 이는 진보가 보수의 가치까지 차용하는 것이라고 논평한 바 있다

⋮

(Brooks, 2009). 보수와 진보가 자신들의 전유물이라고 부르는 덕목이 한데 뒤섞여지는 것이 오늘의 모습이다.

현실주의 정치의 대표 격인 윈스턴 처칠 전 영국 총리는 '20대에 진보가 아니면 가슴이 없는 사람이고, 40대에 보수가 아니면 머리가 없는 사람이다'라는 말을 남긴 바 있다. 그의 말은 흑백을 가로지르기에 충분했다. 하지만 그의 이분법적인 세대의 정치, 이념의 정치가 당시의 전략적인 목적에는 부합하는지는 몰라도 오늘의 해법으로 받아들이기는 어려워 보인다. 20대에 보수, 40대에도 진보가 될 수 있는 게 요즘이다. 그게 현실이다. 반대 의견이 지배하는 세상이라고 냉소와 자학에 갇혀 있다면, 성숙사회를 향한 미래는 요원한 꿈으로 남을 수밖에 없다. 긍정의 힘이란 다른 사람의 부정까지도 끌어안아야 하는 것이다. 보수와 진보의 동침(同寢)을 제안하는 까닭이다(박길성, 2008e).

이와 관련하여 최근 자본주의 4.0을 주창한 칼레츠키의 주장은 경청해 볼 만하다. 칼레츠키는 보수 진영에 일침을 가한다. 그는 보수 진영이 금과옥조처럼 신봉하는 시장근본주의가 마르크스주의보다 자본주의에 더 위험하다고 강변한다. 마찬가지로 진보 진영에게도 일침을 가한다. 정부가 모든 것을 해결해 줄 것이라는 진보의 주장도 비현실적이라고 주장한다. 그는 유능하고 적극적인 정부가 있어야만 시장경제가 존재할 수 있다는 사실을 인정하면서, 시장과 정부는 모두 불안하여 오류를 저지르기 쉽다는 사실을 이해할 것을 주문한다(Kaletsky, 2010). 대안의 제시는 분명하지 않지만 칼레츠키의 문제의식만큼은 적실하다.

⋮

동침의 당위성을 넘어 동침은 어떻게 가능한가. 최근 강정인은 한국의 보수와 진보가 갈등을 해결하는 평화적인 관계를 정착시키기 위해서는, 한국 현대사에서 보수와 진보가 기여한 정당한 몫 그리고 그들의 상호의존관계를 찾아서 밝히는 것이 필요하다고 주장하면서 다음과 같은 흥미로운 주문을 구체적으로 제안한다. 보수 쪽에 대해선 대한민국의 자랑스러운 역사를 강조할 때 이승만의 건국과 박정희의 경제발전만이 아니라 그들의 업적이 진보 세력의 끈질긴 투쟁에 의해 민주화로 귀결됐기에 긍정적인 평가를 받는다는 점을 인정해야 한다는 것이다. 동시에 진보 쪽에 대해서도 자유민주주의와 자본주의를 근간으로 한 이승만과 보수 세력의 건국, 그리고 박정희 정권의 경제발전을 토대로 하여 1987년의 민주화가 가능했고, 또 그것이 지속가능한 민주주의로 전개됐다는 점을 인정해야 한다는 것이다(강정인, 2009:17-19). 비지배적 상호의존의 관계가 있음을 인정하자는 것이다. 사회통합의 길은 비지배적 상호의존에서 찾아진다. 역사란 갈아엎는 것이 아니고, 갈아엎어지는 것도 아니다. 단지 퇴적층이 한 겹 두 겹 쌓이는 것처럼 역사도 쌓여 가는 것뿐이다.

지금 한국의 보수와 진보는 무엇을 고민해야 하나. 보수 세력이 보수주의를 반석 위에 올려놓고자 한다면 반북, 친미, 신자유주의, 신개발주의 등과 같은 메뉴에만 의존해서는 안 된다. 보수주의의 덕목을 바탕으로 한국인의 강렬한 욕구가 무엇인지를 읽어 내야 한다. 정치가 가져야 할 열정이란 단순히 주관적인 비창조적 흥분상태가 아니라,

⋮

어떤 대의에 대한 뜨거운 확신이다. 미국의 예를 잠시 살펴보면, 현대 미국의 보수주의는 레이건 미국 전 대통령에 의해 반석 위에 올랐다는 것이 정설이다. 그는 먼저 질서 확립을 바라는 미국민들의 강렬한 욕구를 건드렸다. 이에 관해 오바마 미 대통령은 "그는 우리가 분별없고 비정한 세력에 그냥 쓸려 다닐 것이 아니라, 근면과 애국심, 책임감, 낙관적 태도, 종교적 신념과 같은 전통적인 미덕을 되살림으로써 개개인은 물론, 우리 모두의 운명을 개척할 수 있다는 믿음을 가져야 한다고 역설했다"고 레이건 대통령을 높게 평가한다(Obama, 2006:54-55). 비록 오바마의 입장에서 레이건은 이념적 정적(政敵)이긴 하지만 보수주의의 원단을 강변하고, 자신들이 갖추지 못한 것들을 진솔하게 토로하였다는 점에서 존경의 인물이었다. 레이건은 열심히 일하고 법을 준수하며 가족을 돌보고 조국을 사랑하는 사람들 편에 서겠다고 약속함으로써 국민들에게 공동의 의식을 심어 주었다. 당시 진보세력은 이런 의식을 불어넣지 못하였다. 그리고 진보적인 구호들은 의무와 책임보다는 권리와 자격을 중시하는 것처럼 보일 때가 많았다. 한 치의 틈도 인정하지 않는 갈등으로 대치하고 있는 한국사회의 보수와 진보 진영에게 오바마가 평가한 레이건 메시지의 행간을 독해하여 볼 것을 권한다.

자유주의자들은 '계급'을 배타의 대상이 아니라 매력적인 담론으로 인식하여야 한다. 이들은 평등을 논의의 중심에 끌어들여야 한다. 평등의 이슈를 논의의 중심으로 끌어들이면 보수의 주장은 선택의 폭을 훨씬 더 넓게 가질 수 있다. 그래야 공정의 정당성을 확보할 수

⋮

있다. 그런가 하면 사회민주주의자들은 '개인'이나 '책임'을 배타의 대상이 아니라 매력적인 담론으로 인식하여야 한다. 개인의 책임을 논의의 중심으로 끌어들이면 주장은 훨씬 더 풍부해진다. 그래야 공생의 정당성을 확보할 수 있다.

분쟁의 쌍방은 분명 각기 다른 이해관계와 각기 다른 정체성으로 인한 갈등에 직면하고 있지만, 상대의 몫 그리고 그들 간의 상호의존 관계를 인정하는 것이 필요하다. 특히 상대방의 존재 가치를 부정하는 가슴에 못 박는 얘기는 자제해야 한다. '기회주의가 득세하고 정의가 실패한 역사'라거나 '잃어버린 10년' 같은 얘기는 더 이상 하지 말아야 하는 것이 온당하다. 모두 독설(毒舌)이고 독변(毒辯)이기 때문이다. 상대의 존재적 가치마저 부정하는 정체성에 대한 거부이기 때문이다. 공동가치란 비지배적 상호의존 관계의 인정 속에서 싹튼다.

3. 거중(居中)의 미덕—동의할 수 있는 최소조건의 탐색

갈등은 소멸되거나 분쇄되는 것이 아니라 관리되거나 조정되는 것이다. 조정이란 적절한 선에서 타협을 만들어 낸다는 의미이다. 서양에서 타협 혹은 절충(compromise)은 사회적으로 높게 평가되는 긍정적 규범이자 덕목이다. 갈등으로부터 자유로운 사회는 없다. 아무리 시민사회가 성숙하였다고 하더라도 갈등이 없는 사회는 상상하기 어렵다. 갈등적일 수밖에 없는 사회관계에 있어 타협이나 절충을 바탕으

⋮

로 문제 해결의 가능성을 숙지하느냐의 여부가 관건이다. 타협이나 절충을 빼고 문제를 민주적으로 해결할 수 있는 방안이 없기 때문이다. 그러나 한국사회에서 타협 혹은 절충의 의미는 그리 긍정적이지 않다. 타협이나 절충은 야합 혹은 사이비 등과 같이 매우 부정적인 행동이나 처신으로 여겨진다. 타협하고 절충한다는 것은 무언가 떳떳하지 못한 쪽이 제안하는 방편으로 여겨지곤 한다. 이렇게 볼 때 어떤 의미에서 한국사회는 갈등 문제를 풀어 나가는 데 원천적인 한계를 안고 있는지도 모른다. 절충의 공간이 매우 협소하거나 때로는 아예 존재하지 않기 때문이다.

우리 사회는 갈등을 관리하거나 제도화를 가능케 하는 절충(折衷), 타협(妥協), 조정(調停), 조제(調劑), 거중(居中)의 공간이 부재하거나 매우 협소하다. 역사적으로 보더라도 조선 시대의 경우 거중(居中)을 택한 학자의 학문적 후대는 살아남기 대단히 힘들었다. 명분의 한쪽에 줄을 서야지만 후대의 평가가 관대했다. 그래야만 후대의 세대가, 그것이 문중이든 학파든 행세를 할 수 있었다. 거중은 선비가 택하면 안 되는 덕목인 셈이다. 당시의 현실타협론인 이른바 조제론(調劑論)의 운명은 매우 자명했다. 현실적인 타협은 선비나 학자가 택해서는 안 되는 것으로 여겨진 것이다. 다소 거칠게 표현하면 현실적인 타협은 변절자의 다른 이름에 불과하였다.

오늘의 사회환경은 과거 농경사회, 유교 문화, 전제군주 시대의 사회적 조건과는 완전히 다르다. 그럼에도 불구하고 절충이나 타협이 생

⋮

활에서 제도화되지 못하는 것을 보면서 좀처럼 쉽게 변하지 않는 한국인의 사회적 성격과 문화적 타성을 다시 한 번 생각해 보게 된다. 몇 백 년의 행동양식이 오늘날 그대로 옮겨졌다고 주장하는 것은 적절하지 않다. 그러나 리처드 도킨이 《이기적 유전자》에서 도발적으로 제기한 '문화적 유전자'에 비추어볼 때 과거로부터 오늘날 한국인의 심성을 읽어 내는 것은 여전히 도움이 된다. 도킨은 사회생활에 있어 일상적 수준에서 받아들여지는 생활의 원리나 형태는 그냥 방치해 두면 몇 백 년의 세월이 흘러도 이렇다 할 만한 변화가 관찰되지 않는다고 주장한 바 있다(Dawkins, 1976).

'조선 사람은 급하다, 그러나 돌아서면 금방 잊어버리는 성격을 갖고 있다.' 수백 년 전 서애 유성룡 선생의 지적이다. 조선 사람은 조급하고 감정적이라는 것이다. 수백 년이 지난 지금에도 급하고 감정적인 대응은 오늘날 한국사회에서 어렵지 않게 목도되는 현상이다. 감정적 대응을 앞세우며 문제가 생기고 갈등이 발생하면 누구나 주저 없이 법대로 하자고 한다. 그러나 정작 이 말에 어느 정도의 사회적 진정성이 담보되어 있는지는 대단히 의문스럽다. 고소 공화국이라는 불명예를 걱정하지 않을 수 없다. 갈등의 문제를 접근함에 있어 합리적인 협상이나 절차적 조정에 의존하기보다는 비합리적인 감정적 대응이 앞선다. 민주주의는 급해서는 안 되며, 금방 잊어버려서는 더욱 안 된다. 이런 점에서 한국사회는 합리적 협상이나 절차적 조정을 중시하는 민주주의를 성숙시키기 위한 노력이 필요하다.

아무리 법치주의의 가치를 존중하더라도 모든 것을 법으로 해결하려는 것은 잘못된 것이다. 모든 문제를 사법기관의 판단에 맡기는 것은 사회의 조정 능력을 인정하려 들지 않으려는 사고에서 비롯한다. 특히 오늘날 한국사회에서 진행되는 정치의 사법화 현상은 우려의 수준을 넘어서고 있다. 모든 사회정치적 쟁점을 사법기관의 판단에 맡기는 현상은 사회가 스스로 만들어 내야 할, 합의할 수 있는 최소조건을 모색하면서 공존의 방향을 찾아나서는 시대적 요구와는 거리가 멀다.

갈등이 광범하게 일상화되고 압축의 양상을 보이고 있지만 정작 갈등을 조정하거나 관리할 수 있는 제도적 역량이나 문화 규범적 공간은 매우 제한되어 있다. 앞서 언급하였듯이 갈등을 관리하는 역량의 측면에서 한국사회는 그리 긍정적이지 못하다. 갈등의 문제에 접근함에 있어 합리적 협상이나 절차적 조정의 기제에 의존하기보다는 소모적인 감정적 대응이나 사적 이해의 극대화를 우선시하는 모습이 노출된다. 우리 사회의 과제로 소통과 대화의 부족을 지적하며 배제보다 포용의 정치를 강변하지만, 대부분 자신에 대한 성찰이기보다는 다른 사람에 대한 요구로 귀결된다.

조정의 역량은 어떻게 가능한가. 비록 각기 다른 입장을 견지하지만 먼저 동의할 수 있는 최소조건들을 찾아보아야 한다. 토론도 자신의 주장을 강변하고 대척점을 확인하는 자리가 아니라 동의할 수 있는 것을 찾아보는 자리라는 점에 초점을 맞춰 보는 것이다. 자신에게는 더 엄격하고 다른 사람에게는 더 너그러워 보라고 요청하는 것이기도 하다. 동의할 수 있는 최소점을 찾아내는 일이 갈등적인 분쟁을 넘어서는 출발점일 것이다.

정치는 타협이다. 민주주의는 반드시 반대 진영이 있기 마련이다. 반대 진영을 만들어 내는 것이 민주주의이다. 따라서 상대편과의 타협 없는 민주주의는 불가능하다. 현실정치에서 자신이 원하는 모든 것을 얻을 수는 없다는 것은 상식이다. 건강한 사회는 이러한 상식을 어떻게 실천하느냐에 달려 있다. 이견을 노출시키기보다는 합의가 가능한 부분을 먼저 찾아보아야 한다. 동의할 수 있는 최소조건을 먼저 찾아나서는 것이 공동가치 모색의 기본이다.

4. 강자의 양보—소통의 수순(手順)

소통이 한국사회의 최대 화두이다. 소통에는 힘의 역관계가 존재하기 마련이다. 대칭적인 힘의 관계보다 비대칭적인 힘의 관계가 일상적인 현상이고 보면, 소통을 향한 움직임에는 수순이 있어야 한다. 소통이 정치적 수사에 그치지 않기 위해서는 정부가 먼저 나서야 한다는 데는 쉽게 동의를 구할 수 있다. 어떻게 화해하고 통합하겠다는 것인지 정부가 먼저 답을 해야 하는 것이 상식이다. 소통은 정부가 맡은 가장 중요한 직무이고, 정부는 그것에 대해 무한 책임이 있다. 무릇 한 사회에서 소통이 절실한 쪽은 사회경제적 약자일 수밖에 없다. 소통의 문제는 일차적으로 강자의 문제요 강자의 책임이다. 역시 동원할 수 있

⋮

는 자원을 많이 가진 쪽이 먼저 책임과 배려의 원칙으로 손을 내밀고 무언가 하는 것이 중요하다.

통합을 논의할 때 매우 모범적이고 성공적인 교과서적인 사례로 언급되는 것이 유럽이다. 실제로 현대사회의 대표적인 통합은 2차 세계대전 이후 유럽에서 나타난 국가 간의 통합이라는 국제적인 현상을 대상으로 시작하였다고 하여도 과언이 아니다. 전쟁이나 폭력이 아닌 협상과 대화와 같은 평화적인 절차를 기반으로 국민국가의 경계를 넘어선 공동체의 형성은 갈등을 넘어서는 통합 논의에 많은 것을 제시한다. 실제로 유럽에서 통합을 향한 노력이 수없이 많은 난관과 장애에 부딪쳐 이제 끝났다는 말이 나온 것이 한두 번이 아니었고 통합의 움직임이 실제로 중단된 적도 있었다. 그러나 유럽은 반드시 극복해야 할 역사적 경험을 통해 상호 인정하고 존중하며 대화를 통해 문제를 해결하는 방식을 체득했다. 물론 이것이 입장의 차이나 격렬한 논쟁을 배제하는 것은 결코 아니다. 개별 국가의 헤게모니 싸움 대신에 모든 회원국의 공정한 참여 원칙이 비교적 잘 보장되고 있다는 것도 유럽 통합의 장점으로 꼽힌다. 어찌 보면 수백 년 동안 지속된 고통스러운 유럽 역사의 경험으로부터 도출된 불가피한 결론인지도 모른다. 그러나 역사적 당위성만 앞세우고, 정작 중요한 절차적 과정을 무시하거나 소홀히 하였다면 오늘의 유럽 통합은 일구어 내기 힘들었을 것이다.

유럽 통합이 성공적으로 완성될 수 있었던 원인을 정리하면 크게

⋮

두 가지로 보인다. 하나는 유럽의 경로의존(path-dependence)이고, 다른 하나는 강자의 양보이다. 전자는 질곡의 역사를 겪으며 체화된 유럽인의 오랜 토론과 성찰의 결과이다. 이것은 유럽 통합의 구조적 조건이자 행위자적 선택이다. 후자는 독일, 프랑스 등 강대국의 정치적 경제적 양보가 유럽 통합의 심화, 확대에 중요한 기여를 하였다는 점이다. 이를테면 유럽이사회 의사결정의 만장일치제나 각료이사회의 제한 다수결 등은 모든 강대국의 지나친 영향력 행사 가능성에 대한 약소 회원국들의 우려를 불식시키기 위해 강대국들이 정치적으로 양보한 결과이다. 강자의 양보 논리는 유럽 내의 균형적 산업분업화나 경제 약소국을 위한 결속기금의 조성 등에서 나타난다. 강자의 양보는 통합의 보편적 언표임이 분명하다.

게임에는 상대방이 있고 승자와 패자가 있기 마련이다. 우리에게 필요한 것은 승자의 양보, 패자의 인정이다. 이겼다고 모든 것을 내 것으로 챙기는 승자 독식의 사회, 졌음에도 진 것을 인정하지 않는 불합리한 사회에서 파생하는 부작용을 우리 사회는 반복적으로 경험하고 있다. 사회는 민주화의 길로 들어섰지만, 정작 강자의 양보와 패자의 인정의 균형이 담보되지 못하면서 갈등이 풀어지기는커녕 더 견고해진다. 형식적, 절차적 민주화는 넘어섰지만, 정작 실질적 민주화는 구현하지 못한 사회의 모습을 그대로 보여 주고 있다. 양보는 승자의 도리이고, 인정은 패자의 도리이다. 그러나 공동가치의 모색을 위해 더 절실한 것은 강자의 양보이다.

⋮

5. 문화적 해법—운동과 제도의 해법을 넘어

한동안 한국사회는 갈등 문제를 풀어 냄에 있어 사회운동적 접근이 지배적이었다. 권위주의 시대를 넘어서는 과정에서 사회운동이 담당했던 몫은 결코 가볍게 다룰 수 없다. 민주화의 맥락에서 요청된 갈등 문제를 해소함에 있어 사회운동은 상당 부분 성과도 있었으며, 정당성도 있다. 그러나 운동적 접근은 이분법적 대립을 전제하고 있다. 이것은 옳고 그름을 분명하게 요청해야 하는 시대적 산물이다. 민주화 이후 갈등이 더 표면화되고 갈등의 균열 지점이 더 늘어났지만, 이것이 정치사회적으로 의미 있는 갈등이었느냐에 대해서는 여전히 논란이 많다.

권위주의를 거부하고 민주주의를 요구하였지만 정작 그것을 요구하는 방법은 권위주의 시대의 그것과 크게 다르지 않았다. 여전히 밀리면 죽는다는 사고, 밀어붙이기 식, 할 테면 해 보라는 식의 대응으로 일관하였다. 권위주의 시대의 경로의존이 강하게 지속되고 있는 것이다. 이해가 상충되어 분쟁이 발생할 때 절충이나 협상보다는 실력 행사를 통해 자신의 이익을 관철하려는 것이다. 사회운동의 성장이 잠재된 갈등을 분출시키고 이를 통해 사회갈등을 풀어 내는 기반을 마련하는 데 기여한 바는 크지만 갈등을 조정하고 관리하는 역량은 기대에 훨씬 못 미쳤다.

한편 90년대 중·후반 이후 한국사회에서 갈등과 분쟁이 폭발적으

⋮

로 증가하면서 이에 대한 해법으로 등장한 것이 갈등의 조정과 관리에 초점이 맞춰진 제도적 접근이다. 이것은 서구사회에서 통용되어 온 갈등 해결의 전형적인 방안으로, 갈등에 대한 사전의 예방 및 갈등이 발생한 경우 관리를 강조하는 접근이다. 참여, 협치(거버넌스), 심의민주주의, 공론민주주의, 공론조사 등의 이름으로 등장하는 갈등 관리론적 접근이다. 한국사회에서 아직 성과는 미미하지만 갈등 관리 시스템의 구축을 위한 다양한 제도의 모색이 실험적으로 이루어지곤 한다. 갈등의 제도화가 핵심적인 내용이다. 이의 일환으로 정부는 2007년 대통령령으로 공공기관의 갈등 예방 및 해결에 관한 규정을 만들었지만 이런저런 이유로 실행되지 못했고 효과도 미미한 실정이다. 최근에도 이와 유사한 갈등 예방과 해결에 관한 법률안이 논의되고 있다.

그러나 제도적 접근은 한국인의 갈등 해결 방식과는 거리가 있음을 숙지할 필요가 있다. 한국인은 갈등의 해결 방안에서 제3자에 의한 해결보다는 당사자 중심의 해결에 더 많은 비중을 두고 있기 때문이다. 앞서 한국인의 갈등의식에서 설명하였듯이 사회갈등을 해결하는 바람직한 방법으로 시간이 걸리더라도 기본적으로 당사자들에게 맡겨 두어야 한다는 의견이 제3자에 의한 해결이 효과적이라고 생각하는 의견보다 훨씬 많게 나타난다. 갈등의 원인을 갈등 당사자 관계에서 찾는 것과 마찬가지로 갈등 문제의 해결 역시 당사자 중심으로 풀어 가려는 경향이 강하다. 당사자 간의 분쟁 해결 방식이 제3자적 조정에 의한 분쟁 해결 방안보다 더 선호되고 있음을 의미한다. 사회

⋮

통합을 위한 제도적 접근의 필요성이 제기되고 있지만 한국인의 사유방식과 행동양식에 비추어 볼 때 어느 정도의 효과를 거둘지 세밀하게 진단해 보아야 한다.

무엇보다 연대적 공존의 문화를 정착하면서 갈등을 풀어 가는 방안을 진지하게 성찰해야 할 상황이다. 사회통합에는 운동, 제도 못지않게 문화가 근간을 이룬다. 사회적 거리, 정서적 거리를 좁혀 사회통합을 찾아보는 것이다. 갈등을 넘어 통합을 향한 공존의 문화를 만들어 보는 것이다. '경제 살리기'만으로는 사회통합이 보장되지 않는다는 것은 지난 여러 해의 경험에서 체득하였다. 뿐만 아니라 사회가 점점 더 다원화되고 복잡해지면서 갈등이 줄어들기보다는 늘어나는 경향을 보인다. 뿐만 아니라 사회적 합의를 만들어 내는 데 과거와는 비교할 수 없을 만큼 시간이 더 걸린다. 한국사회의 갈등이 압축적인 복합전환의 성격을 지니고 있으며, 이를 관리하거나 조정할 수 있는 역사적 유산은 취약하고 갈등을 제도화하는 방안은 여전히 검토 중이다. 한국인의 사유방식과 감성에 기초한 통합 문화의 모색을 진지하게 검토할 필요가 있다. 이런 점에서 북유럽의 일상적 사유방식과 통합의 문화는 시사하는 바가 적지 않다.

삶의 질이나 행복의 측면에서 북유럽의 국가들은 단연 전 세계에서 으뜸에 들어간다. 한 예로 최근 전 세계 155개국의 국가별 행복 정도를 수치화한 갤럽조사 발표를 보면, 북유럽 국가들이 행복한 국가 순위의 최상위에 포진되어 있다. 놀랍게도 하나같이 덴마크, 핀란드, 노르웨이, 스웨덴으로 구성된 북유럽 국가들이다(중앙일보, 2010, 7. 22). 나아가 이들 국가들은 오늘날 전 세계적으로 가장 모범적이고 존경받는 국가라 칭해지기에 손색이 없다. 풍요, 복지, 인권, 평등, 공정 등 사회 발전의 그 어떤 기준이나 덕목에 비추어 보더라도 최고의 국가로 여겨지는 품격 있는 국가임이 분명하다. 이어지는 질문은 이들 국가의 품격이나 동력은 어디에서 나오는 것일까? 북유럽 국가들의 무엇이 이들의 품격(品格)과 동력(動力)을 만드는가 하는 것이다. 스칸디나비아에서 전통적으로 내려오는 관습법인 얀테(Jantelangen)의 법칙을 생각해 본다. 얀테의 법칙은 자신을 드러내지 않고 적당히 남들과 비슷한 수준을 유지하려는 북유럽인들의 사회적 성격을 보여 준다. 스칸디나비아 사람들에게 얀테의 법칙은 생활 그 자체의 습속이다.

얀테의 법칙

1. 당신이 특별하다고 생각하지 마라
2. 당신이 남들과 같은 위치에 있다고 생각하지 마라
3. 당신이 남들보다 똑똑하다고 생각하지 마라
4. 당신이 남들보다 더 나은 위치에 있다고 생각하지 마라
5. 당신이 남들보다 더 많이 안다고 생각하지 마라
6. 당신이 남들보다 중요하다고 생각하지 마라
7. 당신이 모든 것에 능하다고 생각하지 마라
8. 남들을 비웃지 마라
9. 아무도 당신을 신경 쓰지 않는다.

⋮

10. 다른 사람을 가르치려 들지 마라.

생득적 지위(ascribed status)와 획득적 지위(achieved status)의 차이로 인한 갈등의 발생은 어느 사회에서나 목도되는 일반적인 사회현상이다. 그러나 얀테의 법칙은 차이와 다름이 갈등으로 이어지지 않게 다스리는 스칸디나비아인들의 사유양식이자 생활방식이다. 북유럽 사람들이 지니고 있는 마음의 습속(habit of heart)이다. 우리가 가지고 있는 마음의 습속과는, 굳이 세세한 예를 들지 않더라도 많이 다르다는 것을 알 수 있다. 한 치의 양보도 없이 힘을 향해 달려가는 오늘의 한국사회가 직면하고 있는 과제를 풀어 내는 실마리로 참고해 봄 직하다. 공동가치의 모색을 통해 누구와 어떻게 조화할 것인가를 시대적 화두로 삼아야 한다.

제8장

연대적 공존의 모색

1. 연대의 복원

연대(solidarity)는 자유(liberte, liberty)와 평등(egalitite, equality)과 함께 프랑스혁명 이후 민주적 시민성의 세 가지 핵심 요소 중 하나로 간주되었다(Brunkhorst, 2005). 연대가 자유와 평등과 함께 사회질서를 구축하는 근간으로 여겨진 것이다. 연대를 시민사회 형성의 기반으로 간주하게 되는 연원은 1789년의 프랑스혁명으로 거슬러 올라간다. 당시에는 연대라는 용어보다는 우애, 박애가 사용되었지만, 1848년 혁명을 거치면서 이는 광범하게 범용되는 사회적 덕목으로 등장하였다. 처음에는 마르크스로부터 영향을 받은 사회운동의 중심 개념으로 간주되곤 하였다. 이를테면 즉자적 계급에서 대자적 계급으로의 이행에 있어 연대가 핵심인자로 간주된 것이다. 이론적으로는 연대가 계급 형성(class formation)에서 계급 실천(class practice)으로의 이행에 있어 중심 위치를 차지한다. 오늘날 연대는 특정 정치적 정향과는 무관하게 사회질서를 구축하는 보편적 조건으로 국내 헌법 조문이나 국제 인권헌장에서도 사용될 만큼 일상의 개념이 되었다.

그러나 연대는 자유와 평등에 비해 소홀하게 다루어져 왔다. 두 차례의 세계 대전을 통해 경험한 전체주의와 집단주의 정치 이데올로기에 대한 반감이 가장 큰 이유일 것이다. 전체의 안위라는 이름으로 개인의 자유를 억압하고 연대라는 이름으로 다양성을 파괴한 극단적 민족주의와 폭력적 경험이 연대에 대한 반감으로 이어진 것이다. 또한 1990년대 현실사회주의의 붕괴와 함께 진행된 민주주의 보편화와 신자유주의 심화의 세계화 추세 속에서, 연대는 시대착오적 발상이라는 인식이 확산된 점도 연대에 대한 관심을 멀리하게 만든 이유이다. 시민적 연대를 강조했던 공동체주의의 퇴조도 이러한 역사적 경험과 맥을 같이한다.

그럼에도 불구하고 연대의 중요성은 지속적으로 중요하게 제기되어 왔다. 특히 모든 것을 개인의 책임으로 돌리고, 모든 것을 시장의 판단에 맡기는 이른바 신자유주의적 세계화의 확산에 따라 연대의 복원에 대한 필요성이 설득력 있게 제기된다. 개인적 차원에서 연대는 정치심리적 소속감이나 정체성과 같은 윤리적·정치적 문제와 연관되어 있으며, 사회경제적 차원에서 연대는 시민적 우애나 시민적 신뢰를 바탕으로 하는 사회경제적 재분배와 갈등 조정의 메커니즘을 제도화하려는 구상과 연관된다.

⋮

연대를 사회질서의 근간으로 설정함에 있어 그 개념의 의미와 이념적 정향에 대해 잠시 언급할 필요가 있어 보인다. 로마 시대의 법적인 개념인 solidus는 전체에 대한 책무(obligation for the whole), 공동의 빚(common debt), 공동 채무(joint liability), 연대적 책무(solidary obligation)를 의미한다. '전체를 위한 하나, 하나를 위한 전체'의 개념이다. 다시 말해 누구든 공동체 내에서 벌어지는 빚을 갚지 못한 사람에 대해 공동체가 책임을 지고, 그 역도 성립한다는 것이다. 연대의 의미를 고대 사회의 질서와 관련하여 언급할 때 자주 인용되는 채권자와 채무자의 예로 설명해 보면, 연대의 끈은 채무자들에게만 확고한 것이 아니라 채권자들에게도 확고하다. 사회 구성원 한 명이 억압을 받고 있다면, 그것은 사회 전체에 억압이 있다는 의미이다. 다시 말해 한 시민의 몰락은 시민 전체의 몰락인 셈이다. 역으로 사회 전체에 억압이 있다면 그것은 각각의 구성원에게 억압이 있다는 논리이다(Brunkhorst, 2005: 2). 로마 시대로 거슬로 올라가는 연대의 기원은 한 시민의 몰락은 시민 전체의 몰락이라는 철학에 기초하고 있다. 연대란 공동체의 책임인 셈이다.

연대의 사상적 기초는 조화 또는 공유와 연관되어 있다. 정치철학적으로는 플라톤이 말하는 조화, 아리스토텔레스가 강조하는 우애는 갈등과 차별에 대한 저항보다는 함께 어우러짐을 의미한다. 다시 말해 연대의 사상적 연원은 저항보다는 공유에서 비롯하며, 이런 점에서 본디 연대는 보수적 정향과 관련성이 크다고 간주되곤 한다. 연대의 문제를 깊이 연구한 에밀 뒤르켐은 개인과 사회의 상호의존 관계를 조절하고 조직하는 개념으로 연대를 거론한다(김종엽, 1998). 연대가 사회통합이나 사회응집의 함수라는 시각은 19세기 사회철학자나 사회학자로 거슬러 올라가며, 현대사회를 구성하는 중심축으로 여겨진다. 서구 기독교의 측면에서 볼 때, 가톨릭의 사회학습과 프로테스탄트의 사회윤리에서 연대는 시간이 지나면서 자선보다 점차 더 중요한 것으로 여겨졌다(Brunkhorst, 2005).

연대는 근현대의 역사적 질곡을 경험하며 그 사회적 의미가 왜곡되면서 자유와 평등에 비해 학문적으로 소홀하게 다루어져 왔다. 그러나 연대는 여러 정치·경제·사회적 주제들과 함께 다양한 방식으로 관심을 모아 온 논제이다. 새로운 공동체 질서의 기반으로서 연대는 여전히 중요하게 인식되었다. 연대에 관한 논의는 전통적으로 공동체 논의와 깊은 관련을 맺고 있다(Delanty, 2010; Collins, 2010). 급격한 사회변동을 배경으로 사회의 제반 영역에서 빈번하게 발생하는 사회해체 양상의 기저에 공동체적 연대의 약화가 자리 잡고 있다는 인식은 사회과학의 고전적인 명제에 해당한다. 상호신뢰를 특징으로 하는 공동체적 자원의 결핍이 사회적 합의와 사회통합의 어려움을 가중시킨다는 것이다(Bauman, 1990; Albrow, 1996; Beck, 2000). 개인과 사회를 연결해주는 기존의 사회적 수단들이 상실 또는 해체됨으로써 불확실한 미래에 대한 개인들의 불안이 증폭되고 있는 한국사회에서 이를 대체할 수 있는 새로운 형태의 연대 구조의 모색은 시급한 과제임이 분명하다. 실제로 오늘날 지구적 수준에서 진행되는 거대 전환인 세계화, 정보화, 민주화, 탈근대화의 국면에서 새로운 질서를 모색하기 위한 다양한 논의는 새로운 형태의 연대 구조의 모색으로 귀결되는 경향을 보인다(Putnam, 2000; Senett, 2012). 현대사회의 최대 작품이자 동시에 쟁점인 복지국가의 본질적인 구성 조건은 연대를 어떻게 제도화하느냐의 문제로 귀결된다. 다시 말해 복지국가란 연대의 제도적 표현인 셈이다.

갈등으로 둘러싸인 오늘의 한국사회문제를 풀어 냄에 있어 연대 혹은 시민적 연대를 대안으로 고려해 본다. 갈등을 풀어 내는 해법, 다시 말해 사회질서의 근간을 어디에서 찾아야 할 것인가의 질문에 대해 연대와 연대적 공존에서 실마리를 풀어 보려는 것이다. 연대 의식의 부재가 갈등의 증폭화를 가져왔으며, 대안으로서 연대적 공존의 재구성이 필요하다는 주장이다. 개인과 사회를 연결해 주는 정치사회적 수단들이 매우 제한됨으로써 불확실한 미래에 대한 개인의 불안이 증폭되고 있는 한국사회에서 이를 대체할 수 있는 새로운 형태의 연대를 모색하는 일은 더 이상 미룰 수 없는 시급한 과제임이 분명하다. 공정의 이슈가 사회적으로 넓은 반향을 얻는 것도 개인과 사회를 연결해 주는 정치사회적 수단들이 없거나 혹은 있는 정치적 수단조차 합리적으로 작동하지 않음에서 비롯하는 측면이 크다. 정치란 공동체를 향해 함께 어울릴 수 있도록 사회를 운영하고 관리하는 것이다. 공동체를 통해 함께 어울릴 수 있도록 사회를 운영하고 관리하는 것이 정치의 근본이라는 명제에 비추어 볼 때 한국사회는 정치의 실종에 처해 있다고 보는 것이 정확하다. 공동체의 해체 양상뿐만 아니라 기존 공동체의 변형 과정과 새로운 공동체의 형성 과정에서 연대는 그 중심적 위치를 차지한다.

연대의 역량은 비록 각기 다른 입장을 견지하지만 먼저 동의할 수 있는 최소조건들을 찾아보면서 강화된다는 점을 주지할 필요가 있다. 자신의 주장을 강변하고 대척점을 확인하는 자리가 아니라 동의할 수 있는 것을 찾아보는 데 초점을 맞춰 보는 것이다. 자신에게는 더 엄격하고 다른 사람에게는 더 너그러워 보라고 요청하는 것이기도 하다(박길성, 2010). 이런 점에서 한국사회가 안고 있는 복합적인 사회갈등을 조정하고 사회통합을 모색하는 일은 개인의 자유와 공동체적 가치가 조화될 수 있는 시민적 연대의 형성과 직결되어 있다. 연대의 복원은 오늘날 갈등 정치의 사회가 요청하는 시대적 과제인 셈이다.

2. 연대적 공존의 기반으로서 공정

경쟁의 사회관계 속에서 함께 동반되어야 하는 점은 제도의 배열 혹은 게임의 규칙이 공정해야 하는 것이다. 따라서 연대적 공존을 구축함에 있어 가장 큰 걸림돌은 사회가 공정하지 않다는 인식이다. 다시 말해 연대적 공존은 공정의 함수인 셈이다. 제도와 정책에서 만들어지는 사회관계의 공정성 여부가 연대적 공존을 결정한다는 것이다.

공정은 궁극적으로 개인의 자유와 공동체의 가치를 어떻게 조화하느냐의 문제로 귀결된다. 공정한 사회(fair society)란 개인의 자유와 권리를 존중하며, 동시에 공동체의 가치를 실현하는 사회이다. 공정사회의 과제는 자신의 목적을 선택하고, 타인에게도 이에 못지않은 동등한 권리가 있음을 인정하고, 나아가 공동체에 대한 의무적 가치, 이를테면 책임, 배려, 관용, 승복의 덕목을 갖춰 가는 것이다. 공정은 공공선의 문제, 공동체의 이익, 공동체의 우애에 관한 메시지가 강하게 배태되어 있는 것으로 해석해야 한다. 이익사회에 기반을 둔 현대사회에서 연대는 유기적 연대일 수밖에 없으며, 유기적 연대의 밑바탕은 일반 규칙의 내용적, 실천적 공정성을 근간으로 한다.

균등한 기회를 주고, 결과에 대해서는 스스로 책임지며, 승자가 독식을 하지 않는 사회의 가치는 연대적 공존으로 이어진다. 시민적 연대를 통해 공동체의 배려와 관용, 윤리의식을 갖춘 교양, 사회적 책임과 신뢰, 권위에 대한 존중을 배양하여 공존의 사회를 만들어 나가는 것이다. 이렇듯 연대적 공존은 공정을 통해 완성된다 할 수 있을 것이다.

공정(公正)이란 규칙을 지키고, 서로 동등한 조건에서 경쟁하고, 상대방을 배려하고, 혼신을 다해 자기가 맡은 바를 책임 있게 수행하고, 결과를 받아들이는 사회관계를 의미한다. 규칙을 지키는 것은 법치(法治)이며, 동등한 조건을 견지하는 것은 균등(均等)이며, 상대방을 배려하는 것은 관용(寬容)이며, 혼신을 다해 자기가 맡은 바를 다하는 것은 책임(責任)이며, 결과를 받아들이는 것은 승복(承服)이다. 페어플레

⋮

이의 핵심 가치는 법치, 균등, 관용, 책임, 승복이다. 공정사회란 페어플레이의 핵심 가치가 사회를 유지하는 기본질서로 안착된 사회를 말한다.

법치가 공정사회의 기본 전제라고 한다면, 기회 균등은 공정사회의 기본 토대에 해당하며, 연대는 공정사회의 형성에 해당된다 할 수 있다. 사회질서의 황금률은 법치의 사회적 덕목과 기회 균등의 사회적 덕목, 그리고 연대적 공존의 사회적 덕목의 유기적 결합에 의해 구성된다. 법치와 기회 균등이 공정사회의 절차적 조건이라 한다면, 연대는 공정사회의 실질적 조건이다. 정리하면 공정사회는 법치와 기회 균등에 의한 절차적 공정과 연대에 의한 실질적 공정에 의해 완성됨을 의미한다.

법치 없이 공정사회를 논의하기는 어렵다. 법의 지배는 공정사회를 구축하는 전제 조건이기 때문이다. 공정사회의 출발은 법의 지배에 의해 비롯한다. 법은 국가와 사회를 이끌어 가는 기본적인 규범이자 제도이다. 법의 지배는 공정의 첫 번째 조건에 해당한다. 법의 지배는 권력을 제한하고 사람들이 정당하게 대우받을 권리가 있다는 것이다. 그럼에도 불구하고 한국사회에서 가장 취약한 덕목의 하나는 법치주의이다. 법규범 인식은 종종 정치적 논리와 상황 논리에 의해 타협되거나 훼손된다. 법은 이해가 상충할 때 이를 해결하는 가장 원초적인 형태이기 때문이다. 법질서의 존중 없이 이해의 상충을 해결하기는 요원하다.

⋮

법의 지배는 절차적 공정성의 핵심 부분이다. 이는 법과 제도의 일관되고 편견이 없는 적용을 의미하는 것으로서, 법 앞의 평등과 법질서의 준수와 같은 국가, 사회의 기본 질서 유지를 위한 전제에 해당한다. 법치란 절차적 공정성을 법적으로 확립하는 것이다. 절차적 공정성은 공정사회의 필요조건이라 할 수 있다. 절차적 공정성이 보장되지 않으면 공정사회를 실현할 수 없을 것이다. 그러나 절차적 공정성이 실체적 공정성이나 본질적 정의를 보장하지는 못한다. 법치에 의한 절차적 공정성은 공정사회를 위한 필요조건이지만 충분조건은 아니다. 이를테면 악법을 공정하게 적용했다고 해서 공정사회나 정의가 실현되는 것은 아니기 때문이다.

공정성에 대한 논의의 큰 축은 전통적으로 기회 균등에 초점이 맞춰져 있다. 실제로 기회 균등으로서 공정은 이론적 뿌리가 매우 깊다. 기회 균등의 적용 범위와 내용에 대한 논란이 없는 것은 아니지만, 공정을 기회 균등으로 이해하는 것에 대해서는 일반적으로 넓게 받아들여지는 것으로 보인다. 공정한 사회의 의미를 기회가 균등한 사회로 등치시키곤 한다. 최근에 경제인문사회연구회가 기획해서 출간한 책(김세원 외, 2011), 《페어 소사이어티》의 부제로 '기회가 균등한 사회'가 붙여진 데서 알 수 있듯이 공정사회의 핵심이 기회 균등임에는 틀림이 없다.

일반적으로 기회가 균등하다는 말이 의미하는 바는 사회경제적 성취를 달성하기 위한 경쟁에 있어 어느 누구도 불공정한 우위를 점하지 말아야 한다는 것이다. 여기에는 두 가지의 원칙이 존재한다. 하

⋮

나는 직무 수행에 적합한 자질 이외의 요소로 어느 누구도 불공정한 우위를 점하지 말아야 한다는 원칙이다. 또 다른 하나는 출발선에 있어 어느 누구도 불공정한 우위를 점하지 말아야 한다는 원칙이다. 이를테면 잠재 능력이 있는 모든 사람들이 그들의 형성기에 미래의 직무 수행에 대한 적절한 자질을 확보할 수 있도록 만들어 줌으로써 모든 개인들이 같은 출발선에서 경쟁을 시작할 수 있어야 한다는 주장이다(이우진, 2011:133-134). 사전적 기회의 균등이다. 모든 사람이 능력을 발휘할 수 있도록 경쟁의 출발과 과정에서 균등한 기회를 제공하는 것이다(서중해, 2011:24).

연대는 제도적, 절차적 공정을 넘어 합의적, 실질적 공정으로의 이행을 담보하는 핵심에 해당한다. 제도적, 절차적 관점에서 본 공정한 사회란 법질서가 잘 지켜지는 법 절차의 공정성과 출발과 과정에서 공평한 기회가 확보되는 사회로 규정된다. 제도적, 절차적 공정의 수준을 넘어 실질적 공정사회의 구현은 공동체적 사회통합을 향한 연대에 의한 공존에서 찾아진다. 연대는 바로 제도적 절차적 공정을 넘어 합의적, 실질적 공정으로의 이행을 담보하는 핵심에 해당된다.

연대의 중요성을 무한히 강조해야 하는 까닭은 사회 구성원들이 그 사회 안에서 구성원들의 존재적 가치와 관계적 가치를 발견할 수 있기 때문이다. 그리고 이를 통해 사회의 구성원으로서의 소속감을 느낄 때에야 비로소 사회가 균열의 틈을 메울 수 있기 때문이다. 연대의 사회관계 속에서 시민들은 자존감과 상호인정을 보장받게 된다. 관계는 높은 수준의 신뢰에 기반을 두어야 하는데, 이것은 높은 수준의 투명성과 책임을 필요로 한다(Abramson, 2011:344). 이런 점에서 모든 측면에서 가장 공정한 사회는 동시에 모든 측면에서 가장 부유하고 풍요로운 사회라고 일컬어질 만하다.

공정 혹은 불공정의 문제는 우리가 일상에서 흔히 목격하고 경험하는 것이지만, 정작 '공정함'이 무엇인가를 정리하기란 쉽지 않다. 공정은 가치 지향적인 쟁점인 동시에 생활 밀착적인 쟁점이기 때문이다. 공정을 추구해야 한다는 것은 누구도 부정할 수 없는 당위론적인 규범적 명제에 가깝다. 따라서 공정과 관련된 문제는 여론을 결집하거나 대중의 감성을 흔들기에 충분한 이슈가 된다. 실제로 공정성의 잣대에서 어긋나면서 발생하는 사회문제는 순식간에 세간의 관심을 불러 모은다. 특히 한국처럼 명분이 실리를 압도하는 문화에서는 무엇이 공정한가의 문제가 논쟁의 중심에 놓이는 경우를 어렵지 않게 목도할 수 있다.

공정은 동서고금을 막론하고 유서 깊은 사상들에서 두루 언급되는 뿌리 깊은 주제이다. 그러나 이것만큼 획일적으로 적용하기 어려운 개념도 없어 보인다. 일상생활의 측면에서 볼 때 공정한 사회란 개인들이 부당한 일 겪지 않고 살 만하다 싶은 사회라고 말할 수 있다. 부연하면 각자가 받기에 합당한 몫을 차지하고, 자기 자리에서 자신의 일을 열심히 하며 행복을 느끼고, 규칙이 공정하게 작동하여 억울한 사람이 없는 사회 정도일 것이다. 그런데 무엇이 공정하고 그렇지 않은가에 대한 판단에는 합리적 이성 못지않게 감성도 적지 않은 영향을 미친다. 여기에는 일상적이고 감정적인 생활 경험이 강하게 배태되어 있기 때문이다. 이러한 까닭으로 지향점으로서 공정한 사회를 말하기는 쉬워도 정작 구체적인 사안을 놓고 공정과 불공정을 가름하기는 쉽지 않다는 것이다.

사회 유지의 기본 원리로서 공정은 추상 수준이 매우 높은 개념이다. 따라서 공정을 사회를 구성하는 모든 영역에 그리고 여러 단계에 걸쳐 진행되는 모든 정책에 공히 적용할 수 있는 기준으로 삼기에는 어려움이 있다. 어떤 일을 두고 그것이 공정한 것인지를 판단하려면 일반원칙으로서 적합한지를 따져야 할 뿐만 아니라 이해 당사자 개개인의 사정도 세심하게 검토해야 한다. 객관적 조건은 물론이고 주관적 가치관이나 인식에 따라 얼마든지 다르게 해석될 수 있는 개념이 공정이다. 공정의 개념에 대한 이해의 정도와는 무관하게 그리고 지위고하를 막론하고 사람들은 누구나 불공정한 상황에 처한 적이 있었다고들 생각하는 까닭도 공정의 개념이 지니고 있는 주관적 인식의 개입에서 비롯한다. 개인 삶의 조건에 따라 공정에 대한 기준과 실제적인 체감도가 달라지는 것이다. 그러므로 공정 자체를 목표로 이해하기보다는 공존, 공생, 통합의 사회를 만들기 위한 조건으로 이해하는 것이 바람직하다.

복합적인 사회갈등을 조정하고 사회 공존을 증진하는 데에는 개인의 자유와 공동체 의식이 조화될 수 있는 시민적 연대의 형성이 필요하다. 자유롭고 평등한 시민 사이의 연대는 공동체 구성원들 사이의

⋮

신뢰와 공유된 책임을 구성하는 조건으로 민주주의 사회에 늘 하나의 규범으로 인정되어 왔다. 그러나 정당정치의 실종과 자발적인 시민 참여의 부재를 모두 경험하고 있는 한국사회이기에 공정에 근간을 둔 연대에 관한 논의가 시대적 과제로 다가오는 것은 당연한 일인지도 모른다. 연대가 한국사회가 만들어 내야 할 과제로 대두되고 있음을 의미한다.

연대적 공존의 기본 틀은 공정에 의해 구축된다는 것이다. 사회질서의 기반으로서 연대를 중시하는 것이다. 연대에 관한 논의는 전통적으로 공동체 논의와 깊은 관련을 맺고 있다. 공동체가 진가를 발휘하려면 연대 의식과 공동선에 대한 공감이 필요하다. 구성원들 사이에서 공유해야 할 책임과 예의와 배려 같은 것 말이다. 호모 키비쿠스(homo civicus), 공동체의 일원으로 유대의식을 지닌 시민으로서의 삶은 더없이 소중하다. 연대 의식과 시민적 우정을 공유한 시민정신이 넘쳐흐를 때 공동체는 이익사회의 분열성을 넘어 가치 사회의 통합성을 지향하게 될 것이 분명하다(박효종, 2010). 그동안 오랜 토론을 거친 공정에 관한 대부분의 논의는 법치와 균등을 중심으로 전개되어 왔다. 연대적 공존의 기반으로서 공정은 법치와 균등 이외에 배려, 책임, 승복이 내포되어 있다.

기회 균등이 '서민'에 관한 이야기이며 사회적 약자에 관한 이야기라면, 연대적 공존은 '시민'에 관한 이야기이다. 우리 사회에는 서민에 관한 담론 못지않게 공동체 안에서의 권리와 의무를 강조하는 시민에 관한 담론이 필요하다. 공정의 시각에서 볼 때 사회경제적으로 취약한 서민이 배려의 대상임에는 분명하지만, 공정은 서민을 포함한 사회 구성원 모두의 규범이자 도덕이라는 점도 분명하게 밝혀 둘 필요가 있다.

신뢰가 낮고 권위가 없는 사회에서 원칙을 허무는 것은 쉬우나 그걸 다시 세우는 일은 매우 어렵다. 신뢰와 권위가 없는 사회일수록 진실이나 미담보다는 허위나 추문에 관심이 많다. 모든 일에 대해 진정성의 잣대로 끊임없이 의문을 제기하는 오늘의 한국사회 상황도 실은 저신뢰, 몰권위와 깊은 관련이 있다. 저신뢰와 권위의 상실에 따른 사회적 비용이 크다. 이럴수록 과정의 공정성이 차지하는 비중은 강조하여야 한다. 결과는 공정하지 않다. 그렇기 때문에 과정은 공정해야 한다. 경쟁의 결과에는 필연적으로 승자와 패자가 있기 마련이다. 과정이 공정할 때에만 패자가 결과까지 수용할 수 있다. 과정의 공정성을 무한히 강조하는 까닭이다. 이는 사회질서의 최소조건이고, 사회통합의 최대 덕목이며, 합리적 권위 형성의 기본이다. 이러한 공정의 원칙은 기회 균등이 강조되는 서민에 관한 이야기라기보다는 시민에 관한 이야기라고 보는 것이 적절하다.

사회는 시민들이 사회 전체를 걱정하고 공동선에 헌신하는 태도를 키울 방법을 찾아야 한다. 사회는 좋은 삶에 관한 지극히 사적인 견해를 배격하고, 시민의 미덕을 키울 길을 찾아야 한다(Sandel, 2009). 이 대목에서 한국사회는 매우 취약하다. 다소 과장하여 표현하면 한국사회에는 개인과 국가밖에 없다. 가운데가 없다. 공동체가 없는 것이다. 한국사회에서 공동체가 없다는 주장은 다소 생소하고 역설적으로 들릴 수가 있다. 전통적으로 공동체적인 특성을 강하게 지니고 있는 사회로 인식하여 왔는데 공동체가 없다니 말이다. 의미는 이런 것이다, 한국사회는 나눔, 배려, 책임, 승복과 같은 공동체적 덕목이 자라날 토양이 의외로 척박하다. 시민사회의 형성 조건으로 간주되는 시민적 연대를 품고 있는 공동체가 취약하다는 것이다. 공동체의 존재적 가치가 절실하다면 여기에는 서민을 포함한 시민의 개념이 더 적합하다. 공정한 사회를 이루는 해법은 개인의 자율성과 공공성의 실현을 조화시킬 수 있는 연대적 공존의 문화에 달려 있다. 시민이라 함은 바로 이러한 연대적 공존의 문화를 껴안고 살아감을 의미한다. 연대적 공존을 향한 우애와 배려의 문화는 사회 구성원들이 공존하는 질서를 만들어 내려는 합의에 이르게 한다는 점에서 공정사회의 실현에 중요한 의미를 지닌다.

공정한 사회가 반드시 좋은 사회(good society)와 일치하지 않을 수도 있다. 공정이 증대하고 그것을 위한 노력이 강화되는 것은 바람직한 일이다. 그러나 동시에 공정의 여러 의미에 대한 섬세한 고찰도 필요하다. 이러한 고찰 없이는, 더러 인용되는 라틴어의 격언 '극단의 정의는 극단의 상해'라는 말이 뜻하는 상황이 현실이 될 수도 있기 때문이다(김우창, 2008). 공정성의 가치를 당위로 간주하면 또 다른 방향으로의 쏠림을 경계해야 한다. 획일적 평등주의에 대한 경계 같은 것 말이다. 공정이 선별적으로 편의적으로 사용되어서도 안 되지만 획일주

⋮

의로 가서도 안 된다. 서민의 담론으로서 공정은 이런 쏠림의 개연성을 지니고 있기에 경계의 끈을 당기게 한다. 한국사회에서는 오랜 기간 이러저러한 이유로 공정을 전면에 내세울 수가 없었던 것이 사실이다. 이제 한국사회의 발전 노정에서 공정의 문제가 본격적으로 제기되고 있다. 공정한 사회의 이상과 현실이 분명하게 존재하는 만큼 여러 가지 우려가 없는 것은 아니지만, 이제 공정사회를 향한 사회적 기대는 누구도 거스를 수 없는 시대적 명분을 지니게 되었다.

다원사회가 될수록 다원적 가치들 간의 긴장이나 갈등이 발생하여, 이 과정에서 공정의 문제는 더욱 크게 제기되기 마련이다. 사실 오늘날 공정성의 문제는 비단 한국사회에서만 제기되는 것은 아니다. 전 지구적 현상으로 등장하고 있다. 선진국에서도 표현의 화법은 다르지만 이 문제를 고심하고 해법을 찾아 나서고 있음을 알 수 있다. 지난 20여 년 동안 진행된 신자유주의적 세계화가 사회의 질, 특히 사회의 포용력을 협소하게 만들었다. 이러한 상황에서 공정에 대한 관심의 고조는 선진국, 후진국 막론하고 국가라면 의당 고민해야 할 당연한 현상인지도 모른다.

오늘의 한국사회가 결여하고 있는 연대적 공존을 향한 공정의 프로젝트가 요청된다. 공정은 국가라면 당연하게 추구해야 하는 방향이다. 여기에서 무엇보다 중요한 것은 공정사회라는 화두를 어떤 비전으로 어떻게 구현할지 정교하게 다듬어야 한다는 점이다. 나아가 공정사회의 화두가 정치권을 넘어 경제, 사회 곳곳으로 파급될 것을 기대해 본다. 뿐만 아니라 지식인 사회와 시민단체도 공정성의 담론을

⋮

다듬고 확대하여 성숙한 사회를 향한 논의를 만들어 내야 할 것이다. 왜냐하면 갈등을 풀어 가는 해법의 상당 부분이 공정의 문제에 달려 있기 때문이다.

3. 한국사회 공정의 현주소

1) 불공정의 근원으로서 공공 영역

공정의 부재가 연대의 부재로 이어지고, 이는 결국 한국사회 갈등 증폭의 기폭제로 작동한다. 이런 점에서 한국사회가 안고 있는 갈등을 넘어서기 위해 연대적 공존의 가능성, 나아가 갈등 해소를 위한 진단은 한국사회 공정의 현주소를 점검하는 것으로부터 시작해야 할 것이다. 한국인이 생각하는 공정의 준거를 진단해 보아야 하는 것은 갈등의 동학을 파악하고 이를 바탕으로 갈등을 넘어서는 방안을 마련하는 방향을 제시한다는 점에서 매우 중요하기 때문이다. 한국인이 가지고 있는 공정 혹은 불공정 개념에는 역사·사회문화적 경험으로부터 강하게 영향받는 독특한 측면이 있음을 간과해서는 안 된다. 한국사회는 체감적 불공정성이 매우 높은 사회이다. 근자에 실시된 공정사회에 관한 조사 자료에 의하면 일관되게 국민 10명 중 7명이 '우리 사회가 불공정하다'고 생각하는 것으로 나타났다. 다시 말해 공정의 가치가 무너져 있으며, 무너진 만큼 한국인들에게 공정에 대한 갈증과 갈망이 크게 부각된다.

⋮

산업화와 민주화의 기적을 달성한 사회에서 공정이나 정의에 심한 갈증을 느끼는 까닭은 무엇일까? 경제성장과 민주화가 정의와 공정을 보장해 주지 못하고 있음을 현실에서 실감하기 때문이다. 60년대 초반을 기점으로 70년대를 거쳐 80년대로 이어진 압축 성장의 산업화, 1987년 이후의 민주화 체제, 1997년 외환위기, 그리고 굴절된 현실정치 속에서 체감적 불공정성은 축소되기는커녕 크게 확대되었다. 갈등의 박람회장이 있다면 그건 아마도 한국사회일 것이라고 할 정도로 한국사회의 폭증하는 갈등의 이면에는 공정의 문제가 폭넓게 자리 잡고 있다.

여러 조사에서 나타나듯이 국민의 절대 다수가 우리 사회를 불공정한 사회로 보고 있다. 불공정하다고 느끼는 체감적 불공정이 매우 높다. 불공정에 대한 한국인의 반발 역시 크다. 불공정의 상당 부분은 공적 영역과 관련되어 있으며, 특권이 개입되었다고 생각한다.

공정한 사회 실현을 위해 가장 중요한 일은 무엇인가에 대한 조사에 의하면(문화일보, 2010. 9. 7), 한국인은 '권력층의 실천 의지와 솔선수범'을 공정의 핵심으로 인식하고 있으며(33.1%), 다음으로 '엄정하고 투명한 법 집행'을 들고 있는 것으로 나타난다(28.1%). 이에 비해 '사회적 약자에 대한 배려'가 중요한 일이라고 응답한 비율은 15.8% 정도에 불과하다. 뿐만 아니라 불공정을 저해하는 원인으로 국민의식의 후진성과 같은 시민의식과 가치관에 대한 지적은 매우 낮다. 공정한 사회의 실현을 위해 '불공정을 묵인하는 국민의식 개선'을 꼽는 비율

⋮

은 10.9%에 불과하다. 시민이 갖추어야 할 사회문화적 덕목으로서의 공정의 의미는 취약하다는 것이다.

다른 조사에서도 비슷한 결과가 나타난다. 《헤럴드경제》의 조사에서는 노블레스 오블리주(23.6%), 복지 확대 등 약자 배려(21.6%), 엄정 공평한 법 집행(17.4%), 사회적 특권 폐지(13.9%), 대기업과 중소기업의 상생(9.5%), 국민의식 개선(6.1%)의 순으로 나타났다(헤럴드경제, 2010. 9. 27). 지도층의 사회적 의무를 공정한 사회 구현을 위한 첫 번째 선결 조건으로 꼽고 있으며, 사회적 약자의 배려를 그 다음으로 꼽았다. 지도층의 책무와 사회적 특권을 합치면 그 응답 비율은 무려 47.5%나 된다. 위의 두 조사에서 공통적으로 드러나는 것은 '공정한 사회의 구현은 사회지도층의 의지와 책임에 달려 있다'는 지적이 가장 많았다는 점이다. 이에 비해 국민의식 개선과 같은 시민적 태도를 공정사회 구현의 조건으로 지적하는 비율은 여타 선진국에 비해 낮게 나타났다.

일상에서 공(公)의 의미는 다양하게 규정된다. 이승환은 동양 전통에서 공이 가지고 있는 의미를 세 가지 범주로 나누어 정리하고 있다(이승환, 2004). 첫째는 지배 권력, 지배 기구, 지배 영역으로서 공이며, 둘째는 공정성, 공평성과 같은 윤리원칙으로서 공이며, 셋째는 다수의 이익과 의견으로서 공이다.

첫째 범주에 해당하는 국가, 최고 권력자, 국가기관(관청)으로서의 공이 공평이나 공정과 같은 윤리원칙을 의미하는 둘째 범주의 공의

⋮

의미와 어떻게 연관되는지는 분명하지 않다. 아마도 정치적 지배의 주체가 결정하고 집행하는 일이 바로 공적인 일로 간주되며, 이러한 정치 권력의 행사에는 공정성과 공평성과 같은 도덕적 기대가 요구되기 때문일 것이다(이승환, 2004). 이러한 연관은 현대사회로 오면서 비단 정치 권력 이외에 대기업과 같은 경제 권력, 시민단체와 같은 시민 권력, 대학이나 전문가를 포함하는 학문 권력이나 문화 권력에도 공히 적용된다. 핵심적인 내용은 권력은 공평과 공정의 원칙과 함께해야 한다는 점이다. 흥미로운 것은 '함께', '공동의 다수'를 의미하는 공동체로서의 의미도 언급되고 있다는 점이다. 결국, 불공정이란 지배 권력이나 기구가 공평성의 윤리원칙에 어긋남으로써 다수의 이익과 의견을 반영하지 못하는 상황을 일컫는다.

이상의 논의를 바탕으로 내릴 수 있는 잠정적인 결론은 공정사회의 구현은 공공 권력의 재구조화로부터 시작해야 한다는 것이 국민의 인식이라는 점이다. 한국사회에서 정의와 공정은 아래보다는 위의 문제이며, 사(私)보다는 공(公)의 문제로 인식되는 경향이 강하다. 한국에서의 공정한 사회 구현은 공공 영역과 지도층에 대한 우려와 기대, 편법과 원칙에 달려 있음을 의미한다.

2) 불공정의 사례

근자에 한국사회에서 제기된 공정과 관련된 사회적 이슈를 정리해 보면 그 종류가 의외로 다양하고 광범하다는 것을 확인할 수 있다. 사회 구석구석에 공정한 사회와는 거리가 먼 후진적이고 때로는 지위

⋮

세습적이기까지 한 봉건적인 영역이 잔존해 있다는 지적이 끊임없이 나오고 있다. 불공정한 사회적 상황이 이렇듯 광범하게 퍼져 있는데 무슨 공정한 사회냐는 냉소적인 지탄이 쏟아지기도 한다. 불공정의 대표적인 사례들은 투명한 과정과 공평한 절차가 결여된 채 특권의 관행이 통용되었다고 인식될 때 어김없이 거론되고 강력하게 여론화된다.

공정 사례보다 불공정 사례를 정리하려는 것은 공정 사례를 찾아내는 일이 쉽지 않기 때문이다. 이러하기에 공정한 사회의 구현에는 불공정 사례를 개선하면서 점진적 진화를 모색하는 이른바 최소주의적 접근이 적절한 것으로 보인다. 즉 공정한 사회라는 거대한 이념적 건축물을 만들어 놓고 사회의 모든 운영을 거기에 맞추는 것이 아니라 불공정의 사례를 하나씩 둘씩 개선하여 공정한 사회를 만들어 가는 것이다. 이런 취지에서 신문이나 방송에서 빈도가 높게 거론되는, 다시 말해 사회에서 많이 회자되는 일상생활과 관련된 불공정의 사례를 정리하면 다음과 같은 몇 가지 유형이 드러난다.

첫째는 지도층, 특히 공직자의 도덕과 법질서 의식과 관련된 것이다. 고위공직자 인사청문회가 열릴 때마다 불공정의 문제가 어김없이 제기되고, 한국사회는 부끄러운 자화상과 마주치곤 한다. 공직자의 도덕과 법질서 의식에 관한 일대 혼란이 벌어지는 것이다. 위장 전입, 부당 증여 및 세습, 탈세, 권력층 인사의 병역 기피, 권력층 자녀의 병역 기피도 어김없이 등장한다. 실제로 여론 조사에서 '불공정 형태가 가

⋮

장 많은 분야는 정치권(59.0%)'이라는 인식이 가장 많은 것으로 나타난다(동아일보. 2010. 9. 10). 국민들이 공정한 사회의 선결 요소로 지도층의 실천 의지와 솔선수범을 주문하는 것을 보면, 사회지도층의 도덕과 법질서 준수가 공정의 문제와 얼마나 깊게 관련되어 있는지를 알 수 있다.

둘째는 인재 등용의 객관성과 관련된 것이다. 고위 공무원 선발 과정의 공정성과 이에 대한 사회적 동의 여부는 전통적으로 한국사회의 역동성, 계층 이동성, 사회통합을 결정하는 중요한 변수로 작동하였다. 한국사회에는 이에 관한 신화가 유난히도 많다. 예컨대 어려운 가정환경에서 공부에 전념하고 고위 공무원 시험에 합격하여 사회적 존경을 받게 된 인물의 이야기 같은 것 말이다. 불공정 채용 시비는 곧바로 현대판 음서제라는 질타로 이어진다. 몇 해 전 행정안전부가 공무원 채용 제도 선진화 방안을 발표한 바 있다. 찬반을 둘러싸고 논란이 많은 것은 불공정 채용 시비와 맞물려 있기 때문이다. 낙하산 인사의 문제는 정권이 바뀌거나 국정 감사 때 어김없이 등장하는 메뉴이다. 여기에 한국사회의 병폐인 연고주의 인사는 공정성에 대한 신뢰를 뿌리내리기 어렵게 만든다. 실제로 불공정에 대한 영역별 조사에서도 '정부 고위직 인사의 불공정성'이 가장 높게 나타나고 있다(동아일보. 2010. 9. 10).

셋째는 법조계와 관련된 것이다. 공정한 사회가 강조될수록 법치주의의 마지막 보루인 법조계에 대한 기대가 커질 수밖에 없다. 그러나 법조계도 불공정 관행에서 자유롭지 못한 것은 마찬가지이다. 전

⋮

관예우, 고무줄 양형, 특혜성 사면 등이 이른바 무전유죄 유전무죄(無錢有罪 有錢無罪)라는 사회적 냉소로 표현되는 대표적인 사례이다. 부정과 비리를 저지른 사람들을 너무 쉽게 너무 많이 사면하는 것은 공정의 규범과 동떨어져 있기 때문에 빈번하게 거론된다. 주로 유명 정치인이나 기업인, 공직자 등이 특별 사면의 대상이었다. 이들의 사회적 기여를 가볍게 취급할 필요는 없지만 공정의 잣대로 볼 때 받아들이기가 쉽지 않다. 하나같이 법 앞의 평등이라는 원칙에 위배되는 불공정의 사례에 해당한다.

넷째는 경제 부문의 공정성 확보 문제와 관련된 것이다. 시장 만능주의의 일방적 통용에 따라 상생의 규범이 흔들리면서 지적되는 불공정의 사례이다. 대표적으로 대기업과 중소기업의 불균형 관계가 바뀌어야 한다는 지적이 있다. 납품 단가 후려치기, 기술 탈취, 지적재산권 유린, 시장 침탈 등 여러 형태의 불공정 행위가 대기업과 중소기업 사이에서 발생한다. 한국사회는 유난히 경제 갑·을의 문제가 심각한 것으로 지적되고 있다. 경제 거래를 둘러싼 갑과 을의 불평등 구조가 업종 구분 없이 만연함으로 인해 갈등 상황이 확산되고 있는 실정이다.

다섯째는 교육 기회의 균등과 관련된 공정성 이슈이다. 한국사회에서 교육만큼 공정한 사회의 구현과 관련하여 관심이 집중되는 분야도 없을 것이다. 사회경제적 계층 이동의 가능성이 교육 시스템 안에 있다고 믿기 때문이다. 오늘날 한국 교육의 특징 중 하나는 공교육이 무너지고 사교육 의존도가 지나치게 높은 것이다. 과도한 사교육

⋮

시장은 교육 기회의 균등에 균열을 만들어 낸다. 교육 기회의 불균형은 계층 세습을 결정하고 공고화한다. 한국사회의 계급·계층 재생산 양상의 상당 부분은 교육 기회의 불균형과 밀접한 관련을 맺고 있다. 근자에 들어 개천에서 용 나오는 교육을 부쩍 강조하는 것은 교육을 통한 신분 상승의 사다리가 사실상 실종된 것이 아니냐는 사회 현실을 반영하는 것이다. 흥미로운 것은 국민의 절대 다수가 한국을 공정하지 못한 사회로 믿는 상황에서 대학 입시 제도가 그나마 가장 공정한 사회제도로 간주되고 있다는 점이다.

3) 한국인의 공정 의식

한국인은 무엇을 공정하다고 인식하며, 한국인의 공정 의식은 어디에 준거를 두고 있는가? 공정성은 보편타당한 추상적인 일반원칙을 가지고 있지만, 동시에 특정한 역사와 문화에서 토의하고 수용하는 의식과 가치관에 영향을 받는다. 다시 말해 역사·사회문화적 상황 조건이나 경로의존에 따라 공정성 여부에 대한 판단이 달라진다는 것이다.

공정한 사회의 의미에 대한 조사 결과를 정리하면 다음과 같다. '공정한 사회란 공정한 시장 경쟁이 이뤄지는 사회'라는 응답이 28.9%로 가장 많았다. '뒤진 사람에게도 기회를 보장하는 사회(26.9%)', '법 집행이 공평하게 이뤄지는 사회(20.6%)', '더 많은 복지 혜택을 제공하는 사회(19.7%)'라는 응답이 뒤를 이었다. 주목할 것은, '공정한 시장 경쟁과 법 집행'과 같은 보수의 공정 개념(49.5%)과 '복지와 낙오자에게 기여 부여'를 강조하는 진보의 공정 개념(46.6%)이 팽팽하게 맞서고 있다는 점이다(김형준, 2010). 다시 말해 일반 국민들은 공정의 개념을 진보가 주장하는 균형 또는 형평과는 다른 의미로 받아들이고 있다는 점이다.

이론적으로 정리된 공정한 사회의 일차적 기준은 누구에게나 균등한 기회를 줘야 한다는 것이다. 이른바 기회 균등의 원칙이다. 기회 균등의 신념은 우리 사회에서 광범하게 지지되는 것으로 분석되었다. 이를테면 누구나 정부의 간섭 없이 성공할 기회를 똑같이 가져야 한다는 의견에 대해 응답자의 81.1%가 동의한 반면 단지 4.7%만이 동의하지 않아 정부 간섭 없는 기회 균등은 시비의 대상이 아닐 정도로 폭넓은 지지를 받는 것으로 해석된다. 기회 균등을 옹호하는 입장은 개인의 능력과 재능에는 명백한 차이가 존재하기 때문에 개인의 자유를 극대화할 때 사회는 도움을 받는다고 믿는다. 정부의 간섭 없이 균등한 성공 기회를 보장하는 것에 대해 다수가 지지하는 것은 공정한 시장적 경쟁에 대한 지지가 높음을 보여 준다(박종민, 2010). 한국사회를 지배하는 공정성의 원리는 산술적 평등이나 필요보다는 비례적 평등, 형평임을 시사한다.

한편 결과의 평등에 관해 한국인은 부정적인 입장을 취한다. 평균적 한국인들은 차별의 원리에 의해 경제적 공정성을 판단하고 있음을 보여 준다. 모든 사람이 비슷한 소득을 얻도록 만드는 경제 제도는 오히려 개인의 능력, 재능 및 노력의 차이를 반영하지 않으며, 따라서 공정하지 않다고 판단하는 것이다(박종민, 2010). 경제적 보상이 산술적

⋮

으로 평등하게 이루어져야 한다는 데 대해 한국인은 부정적인 시각을 견지하고 있다. 동일하지 않은 일에 대해 차별적인 보수를 지급하는 것은 공정한 것이지만 하는 일과 무관하게 배분하는 소득은 불공정하다는 것이다.

사회적 약자를 배려하는 일에 대해서는 정부의 개입을 광범하게 지지하는 것으로 나타난다. 이러한 정부 개입은 결과의 평등보다는 기회의 균등을 이루기 위한 것으로 보이며, 특히 사회적 배려층에게 학비를 지원하여 교육 기회를 부여하는 것에 대해 거의 전폭적으로 지지한다는 것은 실질적 기회 균등에 대한 신봉을 보여 주는 것이다(박종민, 2010). 실질적 기회 균등을 이루기 위해 정부가 적극적으로 나서야 한다는 입장을 보이고 있다.

사회경제적 지위에 따라 공정과 불공정에 대한 인식의 준거가 다르다는 것도 한국인의 사회적 성격을 분명하게 보여 주는 흥미로운 대목이다. 논의를 간명하게 하기 위해 가진 자와 못 가진 자로 구분하여 정리해 보면, 공정에 대한 가진 자의 준거는 자신이 성취한 것에 대한 사회적 인정(social recognition)으로 모아진다. 실제로 자신들이 가지고 있는 것에 대해 사회적으로 인정받지 못하거나 권위가 부여되지 않음에 대한 불만의 소리를 자주 듣게 된다. 이것은 나의 노력의 결과들에 대해 사회가 인정해 주지 않는다는 것이다. 그런가 하면 못 가진 자의 준거는 출발점이 같아야 하는데 그러지 못하다는 기회 균등과 관련된 문제로 모아진다.

4. 연대적 공존의 문화를 위한 방안

1) 타협과 절충 규범의 생활화

사회는 연대의 질서를 달성하는 방식에 따라 평가가 달라진다. 오바마 미 대통령은 이라크 전쟁을 종식하는 담화에서 '나와는 처음부터 견해가 달랐지만 조국에 대한 사랑은 누구도 의심할 수는 없다'라고 말문을 열면서 '지지했던 애국자도 반대했던 애국자도 미래에 대한 희망으로 하나가 되었다'라고 강변하였다. 연대적 공존의 문화란 이런 것이 아닌가 싶다. 입장은 다르지만, 각기 다른 입장의 진정성은 의심하지 말고, 하나로의 합의를 강조하는 것이 연대적 공존이 아닌가 한다. 가치는 사라진 채 정치공학만이 난무하는 한국 정치에 시사하는 바가 크다.

진실이나 진리가 어느 한쪽에 의해 완전히 독점되기란 힘든 일이다. 특히 이념적 성향에 의한 진실 논쟁은 더욱 그러하다. 입장이 달라도 공동체의 구성원이 될 수 있어야 건강한 사회이다. 경험에서 비롯한 확신을 경청할 수 있어야 하고, 동시에 자신의 경험이 전부가 아님을 인정해야 한다. 연대적 공존은 타협과 절충의 규범을 어떻게 일상화하느냐에 달려 있다.

연대적 공존이란 다른 사람의 존재를 인정하는 것은 물론이고, 부정까지도 끌어안는 것이다. 함께 묶일 수 있는 차이, 이질성, 분열이 연대를 위한 기반이다. 연대란 일치, 동질성, 통합에서만 이루어지는 것

⋮

이 아니다. 브룬크호르스트가 강변하듯이 연대는 단순히 확고(solid)하기만 한 것이 아니라 강건(robust)한 것으로 여겨진다(Brunkhorst, 2005). 연대의 개념은 공동체적인 게마인샤프트(Gemeinshaft)에 기반을 두는 것이 아니라 사회적인 게젤샤프트(Gesellshaft)에 기반을 둔다. 연대란 이익집단 사이에서 발생할 수밖에 없는 이질과 차이를 전제하고 있는 것이다.

연대란 이익을 둘러싼 이질과 차이를 전제하고 있는 만큼, 타협과 절충의 규범 없이 연대적 공존이란 형성되기 어렵다. 앞장에서 언급하였듯이 한국의 사회적 성격에 비추어 볼 때 타협과 절충의 공간이 매우 협소하다는 점을 부인하기는 어렵다. 타협과 절충의 공간을 확보하기 위해 무엇보다 먼저 상대의 몫을 인정하는 것이 필요하다. 그리고 상대와의 상호의존 관계를 인정해야 한다. 타협과 절충의 규범은 물질적 이해를 둘러싼 갈등은 물론이고 정체성을 둘러싼 갈등을 풀어 가는 근간이다.

2) 시민 교육

시민 교육(civic education)에서 연대적 공존의 문화로 가는 길을 찾아야 한다. 한국사회의 압축적인 발전 과정에서 크게 빠진 것이 시민 교육이다. 이제는 시민 교육을 진지하게 고민해야 할 때이다. 시민 교육은 식견 있는 혹은 교양 있는 시민을 양성하는 교육이며, 개인과 사회에 대해 성숙한 생각을 할 수 있도록 만들어 주는 교육이다. 시민 교육의 기본은 공동체에 대한 우애이다. 우리가 속한 공동체에 대한 합

⋮

리적 애정과 우애를 키워야 하는 것이다. 다른 사람의 견해를 존중하고 사회적 구분을 가로질러 타협하는 법을 배우는 것으로부터 시작한다. 우리는 시민 교육을 통해 공존, 통합, 화합에 대해 더 많이 토론해야 한다. 이에 관해 더 많이 논의할수록 공존하는 삶에 더 가까워진다는 믿음을 가질 수 있기 때문이다.

그러나 시민 교육의 측면에서 우리의 학교 현실은 거의 절망적이라 하여도 지나친 표현이 아니다. 초등학교가 그나마 양호한 것으로 보인다. 초등교과 과정인 《바른 생활》, 《슬기로운 생활》을 살펴보면 시민으로서 갖추어야 할 덕목의 인식과 실행에 관한 내용을 접할 수 있다. 그러나 중·고등학교에서의 시민 교육은 입시 교육에 파묻혀 교과과정에 있는지 의심스러울 정도이다. 학교에는 입시 교육만이 존재한다. 이 대목에서는 대학도 크게 다르지 않다. 조금 심하게 표현하면 앞서 대학의 굴절에서 지적하였듯이 한국의 대학에는 입시 정책만이 존재할 뿐이다. 미래를 향한 지식 정책이나 세계 시민과 코즈모폴리턴을 향한 교육은 그동안 많이 강조하였지만 여전히 빈약하다. 교육의 가치를 출세나 신분상승과 같은 도구적 수단으로 간주하면서 정작 교양 있는 시민에게 필요한 양식으로서의 교육의 개념은 미약하기만 하다. 오늘날처럼 교육이 경쟁의 수단으로 경도되면서 교육의 의미가 경제적 관점으로 편협해지는 상황에서 시민 교육은 아무리 강조해도 지나치지 않을 것이다.

교육을 많이 받았다고 더 공정하고 더 정의롭게 산다는 보장은 없다.

⋮

어떤 교육을 받는지가 중요하다. 공동체에 대한 배려가 몸에 밴 식견 있는 교양 시민(civilized citizen)이 필요하다. 학생들이 도덕 가치를 토론하는 능력을 갖추도록 교육해야 한다. 우리가 직면한 거대한 도덕적 도전들에 대해 질문하고 배워야 한다. 민주주의는 시민들이 공동선과 정의에 대해 심사숙고하는 것이다. 숙고하지 않는 다수는 군중일 뿐이다. 시민적 삶은 대중적 심의와 시민 교육의 질에 모든 게 달려 있다 하여도 크게 지나친 주장이 아니다(Sandel, 2009). 사회가 도덕 가치를 토론할 수 있는 능력을 갖추도록 교육해야 한다.

마이클 샌델의 《정의란 무엇인가》, 쉽게 읽히지 않는 책이다. 그럼에도 불구하고 인문서적으로는 이례적으로 번역 출간된 지 몇 달 만에 100만 부 넘게 팔리는 그야말로 경이로운 현상에 대해 여러 해석이 가능하겠다. 이 역시 쏠림의 한 예로 보이는 측면이 있기는 하지만, 경제 논리에 휘둘려 오랫동안 침잠된 진정한 정의에 대한 갈증으로 보인다. 시장 영향력은 강해지지만 정작 이로 인해 나타나는 각박한 사회현상에 대한 가치적 고민이나 도덕적 토론은 좀처럼 찾아볼 수 없었기 때문이다.

자유는 우리가 아무런 노력을 하지 않아도 생래적으로 타고나는 것이거나 우리가 공공 회의장에 자리를 잡고 앉아 있기만 하면 되는 그런 것이 아니라는 비롤리의 주장은 새겨들어 볼 만하다(Viroli, 1999). 우리 스스로 노력을 해야만 갖게 되는 것이며, 또 그만큼 합당한 자격을 갖추기 위해서는 더 많은 노력이 필요한 것이다. 이 대목에서 가장 필요한 것이 시민 교육이다. 민주주의가 가져온 다양한 자유에는 책임이 따른다는 사실을 일상화하는 것도 시민 교육이 담당해야 할 중요한 내용이다.

이제 시민 교육을 통해 가치적 고민과 도덕적 토론의 장을 열어야 한다. 시민 교육을 통해 이타성, 우애, 동료애, 연대, 신뢰와 같은 덕목이 필요함을 얘기해야 한다. 다른 사람에게 불편을 주지 말라는 행동 교훈도 숙지하도록 해야 한다. 공직은 헌신하고 봉사하고 절제하는 자리라는 것도 일깨워야 한다. 민주주의 틀 속에서 정당정치나 의회 정치의 중요성도 끊임없이 강조해야 한다. 민주주의를 하려면 조급하지 말아야 하고 동시에 쉽게 잊어서는 안 된다는 것을 반복적으로 주지시켜야 한다. 무릇 한 사회에서 소통이 절실한 쪽은 사회경제적 약자일 수밖에 없으며, 소통의 문제는 일차적으로 강자의 책임임을 끊임없이 강변해야 한다. 같은 맥락에서 근자에 들어 한국사회의 실천적 과제로 제기되는 노블레스 오블리주의 필요성을 지속적으로 부각시켜야 한다.

시민 교육은 제도권의 학교에만 국한되어서는 안 된다. 학교 교육 외에 비정부민간기구(NGO)나 주민자치단체가 주관이 되어 교양 시민을 위한 프로그램 운영 및 토론의 장을 만들어야 한다. 한국사회에서 교양 시민을 양성하고 토론의 장을 마련하는 일에 대한 NGO의 관심은 다른 활동에 쏟는 관심에 비해 미약하다. 시민 교육은 향후 NGO가 관심을 가져야 할 중요한 어젠다가 되어야 한다.

⋮

한국사회의 경우 갈등이 일상화되고 구조화되어 있지만 갈등을 풀어 내는 제도적 기반이 빈약하기에 시민 교육을 통한 연대적 공존 문화의 배양이 더욱 절실하다. 공정 규범의 확립을 통한 사회 공존과 사회 통합으로의 길은 시민 교육에 달려 있다. 분명한 것은 우리가 공정에 대해 더 많이 논의할수록 공존하는 삶, 좋은 사회에 더 가까워진다는 점이다. 공정에 대해 더 많이 논의할 수 있는 일차적 장이 시민 교육이다.

3) 생태론적 사고

생태론적 사고의 핵심은 공생이다. 현대사회는 과거와는 비교할 수 없을 만큼 복잡한 생태계 구조로 구성되어 있으며, 복잡한 만큼 양극화의 정도도 커진다. 함께 사는 공존의 생태계를 구축해야 좋은 기업으로, 존경받는 기업, 좋은 사회, 존경받는 사회로 평가되는 시대이다. 이를테면 오늘날 어느 단일 기업의 경쟁력은 무의미하다. 기업을 둘러싸고 복잡하게 얽혀 있는 기업 생태계의 경쟁력을 함께 동반하는 것이 중요하다. 최근 세계적으로 각광받고 있는 아이폰의 예를 들어보면, 이들 기업은 커다란 관계망으로 연결되어 있다. 제품 제작자들과 수없이 많고 동시에 향후 빠른 속도로 무한히 늘어날 애플리케이션(앱) 개발자들의 거대한 연결망이 그것이다. 생태계의 구조가 복잡할수록 이해 관계자는 다양하다. 여러 이해 관계자들이 기여한 정당한 몫 그리고 그들과의 상호의존 관계를 인정하는 것이 필요하다. 이 경우 제품에 대한 평판은 소비자 못지않게 개발자와 협력업체의 판단에 크게 영향을 받지 않을 수 없다.

이러한 문제를 둘러싸고 한국사회에서 가장 빈번하게 거론되는 것이 중소기업과 대기업의 불공정 여건이다. 대기업은 중소기업과의 관계에서 상생의 규범을 실행으로 옮겨야 한다. 동시에 중소기업은 대기업과의 관계에서 교섭력 격차를 줄이려는 노력을 경주해야 한다. 대기업과 중소기업의 불공정 문제는 오랜 기간 통용되어 온 관행이기에 단시간에 고치기는 쉽지 않다. 생태계의 공생을 위한 사회적 대협약이 필요하다는 인식을 함께 공유해야 한다. 상대적 비교 우위를 점한 입장에서는 배려의 원칙을, 상대적 비교 열위에 있는 입장은 책임의 원칙이 동반되어야 한다.

오늘날 공생 경영(shared management)이 시대적 필요로 여겨지기 시작하였다. 공생 경영이란 공동선을 위해 수월성을 무한히 추구하는 과정이다. 단순히 좁은 범위의 기업 이익을 추구하는 것이 아니라 넓은 범위의 사회 전체 가치를 실천하기 위해 노력하는 것이다. 생태계 구성원들이 공생해야 함은 비단 기업, 특정 제품에만 국한되는 것은 아니다. 공동체의 이름으로 진행되는 사회의 모든 영역에서 관통되어야 할 원리인 것이다. 공정을 둘러싸고 발생하는 갈등에 대한 진지한 고민과 해법을 찾으려는 노력 없이 존경받는 선진국으로 진입하기란 매우 어려운 일이다. 생태계와의 공생은 페어플레이의 다른 표현이다. 공정의 핵심 구성인자로 거론된 관용의 문화와 책임의 문화는 생태론적 사고의 기반이다.

⋮

생태계에는 힘의 역관계가 있기 마련이다. 대칭적인 힘의 관계보다 비대칭적인 힘의 관계가 일상적인 현상이고 보면, 공존을 향한 움직임에는 수순이 있어야 한다. 역시 힘 가진 쪽이 먼저 배려의 손을 내밀고 무언가 하는 것이 중요하다. 안타깝게도 한국사회에 널리 퍼져 있는 생태론적 사고는 상대방의 입장을 고려하기보다는 자기 입장으로의 편입을 강요하는 쪽으로 경도되어 있다. 통합과 소통은 정부가 맡은 가장 중요한 직무이고, 정부는 그것에 대해 무한 책임이 있다. 무엇보다도 어떻게 화해하고 통합하겠다는 것인지 정부가 먼저 답을 해야 하는 것이 상식이다. 정부는 공생을 향한 사회적 대협약의 균형자로서의 역할을 수행하여야 한다.

4) 도덕적 리더십과 합리적 팔로십의 사회적 정착

한국에서의 연대적 공존의 구현은 공정한 사회를 구현하는 요건과 마찬가지로 공공 부문과 지도층의 책임과 깊은 관련성을 지니고 있다. 앞서 소개하였듯이 '공정한 사회 구현을 위한 가장 시급한 과제'로 '복지 확대 등 사회적 약자 배려'보다는 '사회지도층의 솔선수범'을 언급하는 국민들이 더 많은 것으로 나타나고 있다. 공정한 사회와 노블레스 오블리주가 강하게 연동되어 있음을 보여 준다. 한국사회의 공정성과 관련하여 개선해야 할 상당 부분은 공적 영역과 사회지도층과 연관되어 있다. 지나친 불균형, 불공정에 대한 불만과 분노가 어떤 방향으로 표출될 것인가를 어렵지 않게 예단할 수 있다는 것이다. 많은 국민들이 공직 사회의 투명성과 사회지도층의 도덕성이 공정한 사

⋮

회로 가는 지름길이라 주장하는 까닭이다. 뿐만 아니라 무릇 사회적 소통이 절실한 쪽은 사회경제적 약자일 수밖에 없다. 따라서 소통의 문제는 일차적으로 사회지도층이 더 많은 부담과 책임을 가져야 할 문제이다.

누구나 수긍하는 공정한 기준과 편파적인 법 집행을 방지할 제도적 규칙을 만드는 것이 공정한 사회를 위한 선결 과제라고 할 때, 지도층과 상류층의 솔선수범은 아무리 강조해도 지나치지 않다. 이는 신뢰 구축의 지름길이기 때문이다. 현재의 법과 정책이 우리 사회 특정 계층을 우대하는 불공정 게임이라는 인식은 국민들의 헌법기관에 대한 불신과 법질서에 대한 경시와 무관하지 않은 것으로 보인다(권순우 외, 2010). 신뢰의 부재는 사회적 공론의 장을 심각한 분열로 밀어 넣는다.

선진국의 경우 사회지도층이 반칙, 편법, 불법을 저지를 경우 엄청난 대가를 치르는 것으로 알려져 있다. 사회지도층은 사회로부터 받은 혜택이 큰 만큼 그 의무도 크다는 원칙을 준용한 것이다. 사회로부터의 혜택과 사회에 대한 책임을 연동시키는 모범적인 규범이다. 사회가 발전하고 성숙할수록 특권과 특혜가 통하지 않는 투명한 사회를 향한 국민의 도덕적 요구는 점점 높아지게 마련이다.

노블레스 오블리주를 실천에 옮기고자 하는 움직임이 근자에 들어 많아졌다. 고귀함에는 책임이 따른다. 그러나 외부의 압박에 의해 마지못해 특권이나 특혜를 버리거나 사회적 책임을 수행하는 듯한 인상을 주는 것은 바람직하지 않다. 노블레스 오블리주를 인사치레 정도로 넘어 가기는 어려운 것이 현실이다. 불합리한 특권과 특혜를 스스로 버리는 노력을 가시적으로 보여 주는 것이 필요하다. 노블레스 오블리주를 자발적으로 가시적으로 실천하는 모습을 보여야 한다. 개혁은 철저한 자기 혁신으로부터 시작해야 실패하지 않는다고 한다. 공정사회가 한국사회의 미래를 담보하는 중심 원리로 거론되고 있는 작금에 사회지도층의 도덕적·실천적 자기 혁신은 연대적 공존의 필수조건임이 분명하다.

리더십의 구현은 건강한 팔로십(followership)에 의해 완성된다. 리더십만으로 갈등의 정치 시대를 넘어서기에는 한계가 있어 보인다. 공공문제 해결의 능동적 참여자로서 지식을 갖춘 교양 시민의 존재가 고귀함에는 책임이 따른다는 도덕적 리더십의 존재와 함께 공존해야 한다. 연대적 공존은 도덕적 리더십 못지않게 건강한 팔로십 없이 불가능하다. 건강하고 합리적인 팔로십의 구축이 연대적 공존을 위한 사회문화적 조건임을 동시에 강조해야 할 것이다.

⋮

참고문헌

강정인. 2009. 〈한국 정치의 진보와 보수 — 남북통합과 역사적 화해를 위한 시론〉. 2009년 한국 정치사상학회 발표 논문.

고득영. 2008. 〈연금 제도의 현황과 앞으로의 방향〉. 2008년 서울대 행정대학원 한국정책지식센터 정책 & 지식 포럼 발표문.

곽준혁. 2005. 〈심의 민주주의와 비지배적 상호성〉. 《국가 전략》. 11(2):141-168.

국민연금재정추계위원회. 2008. 《국민연금 장기재정추계 및 운영개선방안》.

국정홍보처. 2006. 《2006년 한국인의 의식·가치관 조사결과 보고서》.

권순우·신창목 외. 2010. 《SERI 전망 2011》. 삼성경제연구소.

김경필. 2008. 〈신자유주의적 전환에 관한 정치사회학적 연구〉. 《한국사회》. 9(1):189-228.

김기수·승미영·박윤지. 2001. 〈한국 대표 세대들의 특징〉. 제일기획 편. 《Cheil Communications》. 2001년 11월호. pp.10-25.

김문조. 2007. 〈한국사회의 양극화 — 진단과 전망〉. 한국정치학회·한국사회학회 공편. 《한국사회의 새로운 갈등과 국민 통합》. 인간사랑. pp.305-336.

김선업. 2008. 〈일상적 갈등의 분화와 교차〉. 《한국사회》. 9(1):53-94.

김세원 외. 2011. 《페어 소사이어티 — 기회가 균등한 사회》. 한국경제신문사.

김영기·박재규. 2001. 《IMF 경제위기, 실직위험 그리고 삶의 질》. 나눔의집.

김우창. 2008. 《정의와 정의의 조건》. 생각의나무.

김원동. 2005. 〈정보사회의 지식 권위 — 구조적 변화의 원인과 특징, 대안의 탐색〉. 조대엽·박길성 외. 《한국사회 어디로 가나?》. 굿인포메이션. pp.69-95.

김은미·장덕진·Mark Granovetter. 2005. 《경제위기의 사회학》. 서울대학교출판부.

김정한. 2009. 〈보수화 또는 막다른 골목〉. 《세계의문학》. 제131호.

⋮

김종엽. 1998.《연대와 열망》. 창작과비평사.

김철규. 2008.〈한국의 개발주의와 환경 갈등〉.《한국사회》. 9(1):95-118.

김탁환. 2008.《뒤적뒤적 끼적끼적》. 민음사.

김태기. 2005.〈갈등 해결 정책의 문제점과 개선방안—공공 갈등을 중심으로〉.《분쟁해결 연구》. 3(2):97-124.

김태홍 외. 2005.《국민통합을 위한 사회갈등 해소 방안 연구》. 한국여성개발원.

김형준. 2010.〈자유민주주의와 공정한 정치질서〉.《시대정신》. 49.

김호기. 1999.《한국의 현대성과 사회변동》. 나남출판.

______. 2007.〈사회갈등과 거버넌스〉.《현대사회와 문화》. 1(1):97-121.

노대명·이현주·강신욱·강은정·전지현·이은혜. 2009.《사회통합을 위한 과제 및 추진 전략》. 경제인문사회연구회·한국보건사회연구원.

노대명·강신욱·김호기·이동원·유 진영. 2010.《한국사회통합 의식에 대한 연구》. 한국보건사회연구원.

노동부 임금근로시간정책팀. 2006.〈2005년 연봉제·성과배분제 실태조사 결과〉.《노동》. 40(2):72-74.

대한상공회의소. 2006.〈사회갈등이 경제에 미치는 영향 조사〉.《대한상의 보고서》. 2006년 8월호.

박길성. 1996.《세계화—자본과 문화의 구조변동》. 사회비평사.

______. 2002.〈왜 세대인가〉.《계간사상》. 54:8-27.

______. 2003.《한국사회의 재구조화—강요된 조정, 갈등적 조율》. 고려대학교출판부.

______. 2006a.〈글로벌 스탠더드로서의 국가경쟁력 지수에 대한 비판적 검토〉. 7(1):173-200.

______. 2006b.〈권력 이동의 실제와 전망〉. 박길성·한준 외.《한국사회 권력 이동》. 굿인포메이션. pp.17-45.

______. 2008a.《IMF 10년, 한국사회 다시 보다》. 나남출판.

______. 2008b.〈한국사회의 갈등 지형과 경향〉.《한국사회》. 9(1):5-29.

______. 2008c.〈글로벌 스탠더드의 배반과 또 한 번의 위기—외환위기 이후 한국사회의 변화〉.《현대사회와 문화》. 27:35-61.

⋮

______. 2009. 〈세대와 한국사회 — 정치사회학적 시각〉. 2009년 한국정치사회학회 특별 심포지엄 발표논문집.
______. 2010. 〈사회통합을 위한 공동가치〉. 굿소사이어티 엮음. 《2010년 대한민국 — 사회통합의 새로운 지평》. 영림카디널. pp.17-49.
______. 2011. 〈한국사회의 세대 갈등 — 연금과 일자리를 중심으로〉. 《한국사회》. 12(1):3-25.
박길성·김선업. 2003. 〈한국사회의 연고주의 — 사회적 자본으로서의 연결망적 접근〉. pp.109-158. 장대홍 외. 《경제 사회 구조와 복지》. 小花.
박길성·장하성. 2005. 〈기업의 지배 구조와 시장 권위〉. 조대엽·박길성 외. 《한국사회 어디로 가나?》. 굿인포메이션. pp.169-202.
박길성·함인희·조대엽. 2005. 《현대 한국인의 세대경험과 문화》. 집문당.
박재묵. 2005. 〈서장 — 공공 갈등의 이해〉. 대통령자문지속가능발전위원회. 《공공 갈등 관리의 이론과 기법 上》. 논형. pp.32-60.
박재흥. 2002. 〈세대 개념에 관한 사회학적 고찰〉. 2002년 한국사회학회 추계 특별 심포지움 발표논문집.
______. 2005. 《한국의 세대 문제》. 나남출판.
박종민. 2010. 〈한국인의 평등의식〉. 《한국사회의 불평등과 공정성 의식의 변화》. 성균관대학교출판부. pp.151-213.
박준 외. 2009. 〈한국의 사회갈등과 경제적 비용〉. 삼성경제연구소. 《SERI CEO Information》. 제710호.
박찬욱·임경훈·임혜란. 2007. 〈한국 정치의 변화와 연속성〉. 정운찬·조흥식 편저. 《외환위기 10년, 한국사회 얼마나 달라졌나》. 서울대학교출판부. pp.103-147.
박찬웅·염유식. 2008. 〈기업혁신 유형과 조직 특성 — 팀제, 연봉제, 식스시그마 운동의 비교를 중심으로〉. 《현대사회와 문화》. 26:27-56.
박철현. 2005. 《한국사회의 갈등 구조》. 한국형사정책연구원.
사법연감. 2010. 《2010년 사법연감》. 법원행정처.
서문기. 2004. 〈한국의 사회갈등 구조 연구〉. 《한국사회학》. 38(6):195-218.
사회발전연구소. 1998. 〈현대 한국인의 의식과 관행 조사〉. 서울대 사회발전연구소 한

⋮

국학술진흥재단 보고서.
______. 2007. 〈국민의식조사 — IMF 10년 한국사회 어떻게 변했나〉. 동아일보·서울대사회발전연구소 공동기획 발표.
서중해. 2011. 〈시민사회와의 공감대 형성 필요〉. 경제인문사회연구회. 《미래 정책 포커스》. 제15호. pp.24-25.
선우현. 2002. 〈한국사회에서 '진보/보수 간 이념적 대립 구도'의 왜곡화 — 대북 정책을 둘러싼 '남한 내 갈등 상태'를 중심으로〉. 《사회와 철학》. 4:79-118.
송호근. 2003. 《한국, 무슨 일이 일어나고 있나 — 세대, 그 갈등과 조화의 미학》. 삼성경제연구소.
신광영. 2008. 〈위기 이후 한국사회의 구조 변화와 불평등 체제〉. 《시민과세계》. 13:13-24.
______. 2009. 〈현대 한국사회의 불평등 구조 변화〉. 2009년도 한국사회학회 제1차 특별심포지엄 '한국 자본주의를 되돌아본다' 발표논문집.
우석훈·박권일. 2007. 《88만원 세대 — 절망의 시대에 쓰는 희망의 경제학》. 레디앙 미디어.
윤상우. 2005. 《동아시아 발전의 사회학》. 나남출판.
______. 2012. 〈한국의 경제 갈등 — 계층 갈등과 노사 갈등을 중심으로〉. 한국사회연구소. 《한국인의 갈등의식의 지형과 변화 — 2007년과 2010년 한국인의 갈등의식 조사결과 비교분석》. 고려대학교출판부. pp.53-83.
윤상철. 2009. 〈세대 정치와 정치 균열 — 1997년 이후 출현과 소멸의 동학〉. 《경제와 사회》. 81:61-88.
윤성이. 2006. 〈한국사회 이념 갈등의 실체와 변화〉. 《국가전략》. 12(4):163-182.
윤인진 외. 2009. 《한국인의 갈등의식 — 2007년 한국인의 갈등의식 조사 결과 분석》. 고려대학교출판부.
이내영. 2002. 〈세대와 정치이념〉. 《계간사상》. 54:53-79.
이명진. 2005. 《한국 2030 신세대의 의식과 사회정체성》. 삼성경제연구소.
이서원. 2010. 〈청년 일자리 창출의 베스트 프랙티스〉. LG경제연구소. 《LG Business Insight》. 2010년 1월. pp.20-36.

⋮

이수훈. 2000. 〈IMF 개입과 사회경제적 파장 비교연구 — 멕시코와 한국〉. 《비교 사회》. 3:234-269.
이승환. 2004. 《유교 담론의 지형학》. 푸른숲.
이우진. 2011. 〈기회의 평등, 누구에게나 기회가 균등한 사회〉. 김세원 외. 《페어 소사이어티 — 기회가 균등한 사회》. 한국경제신문. pp.104-139.
이창용·이종화. 2007. 〈한국경제의 변화와 과제〉. 정운찬·조흥식 편저. 《외환위기 10년, 한국사회 얼마나 달라졌나》. 서울대학교출판부. pp.17-57.
임혁백. 2000. 《세계화 시대의 민주주의》. 나남출판.
임희섭. 2007. 〈세계화 시대의 사회통합〉. 한국정치학회·한국사회학회 공편. 《한국사회의 새로운 갈등과 국민통합》. 인간사랑. pp.15-34.
전상인. 2006. 《우리 시대의 지식인을 말한다》. 에코리브르.
전상진. 2010. 〈세대 경쟁과 정치적 세대 — 독일 세대 논쟁의 88만원 세대론에 대한 시사점을 중심으로〉. 《한독사회과학논총》. 20(1):127-150.
정운찬. 2007. 〈한국사회의 도전과 과제 — 새로운 패러다임을 찾아〉. 정운찬·조흥식 편저. 《외환위기 10년, 한국사회 얼마나 달라졌나》. 서울대학교출판부. pp.1-13.
정일준. 2008. 〈한국 갈등사회의 경험적 연구와 전망 — 공공 사회학의 시각〉. 《한국사회》. 9(1):153-186.
______. 2009. 〈지구 자본주의 시대의 한국 — 신자유주의 통치성 비판〉. 2009년도 한국사회학회 제1차 특별 심포지엄 '한국 자본주의를 되돌아본다' 발표논문집.
정책기획위원회. 2006. 《사회지표를 활용한 국가경쟁력 개념연구》. 대통령자문위원정책기획위원회.
제일기획. 2003. 《대한민국 변화의 태풍 — 젊은 그들을 말한다》. 제일기획.
조대엽. 2002. 〈386세대의 문화와 세대 경험〉. 임희섭 외. 《한국의 문화변동과 가치관》. 나남출판. pp.249-280.
______. 2007. 《한국의 사회운동과 NGO — 새로운 운동 주기의 도래》. 아르케.
조중빈. 2003. 〈16대 대통령선거와 세대〉. 2003년 한국정치학회 춘계학술회의 자료집.
조흥식. 2007. 〈외환위기 10년에 대한 사회과학적 평가와 전망〉. 정운찬·조흥식 편저. 《외환위기 10년, 한국사회 얼마나 달라졌나》. 서울대학교출판부. pp.431-449.

⋮

통계청. 2012.《고용동향》. 2012년 7월.

한국고용정보원. 2009.《2008년 통계연보》. 한국고용정보원.

한국사회연구소. 2007.《제1차 한국인의 갈등의식조사 결과표》. 고려대한국사회연구소.

______. 2011.《한국인의 갈등의식의 지형과 변화—2007년과 2010년 한국인의 갈등의식 조사결과 비교분석》. 고려대 한국사회연구소.

한국여성개발원. 2005.《국민통합을 위한 사회갈등 해소 방안》. 한국여성개발원.

한준. 2006.〈한국에서의 권력 이동〉. 박길성·한준 외.《한국사회 권력 이동》. 굿인포메이션. pp.47-83.

한준·설동훈. 2007.〈한국사회 이념 갈등의 현황과 구조〉. 한국정치학회·한국사회학회 공편.《한국사회의 새로운 갈등과 국민통합》. 인간사랑.

함민복. 1996.《모든 경계에는 꽃이 핀다》. 창작과비평사.

함인희. 2000.〈세대 갈등을 넘어 세대 공존을 향해〉.《계간사상》. 44:188-209.

함준호. 2007.〈금융 시스템의 변화와 평가〉. 2007년도 한국경제학회·중앙일보 주최 학술세미나 '외환위기 이후 10년—전개 과정과 과제' 발표자료.

Abrams, Philip. 1982. *Historical Sociology*(신용하 외 옮김. 1986.《역사사회학》. 문학과지성사).

Abrahamson, Peter. 2011.〈세계 석학 좌담—왜 공정사회가 중요하고, 기회 균등이 필요한가?〉. 김세원 외.《페어 소사이어티—기회가 균등한 사회》. 한국경제신문. pp. 338-371.

Albrow, Martin. 1996. *The Global Age*. Standford: Standford University Press.

Amsden, Alice H. 1989. *Asia's Next Giant: South Korea and Late Industrialization*. New York: Oxford University Press.

Bauman, Zygmunt. 1990. *Thinking Sociologically*. Oxford: Blackwell.

Beck, Ulrich. 1995. *Die feindlose Demokratie*(정일준 옮김. 2000.《적이 사라진 민주주의—자유의 아이들과 아래로부터의 새로운 민주주의》. 새물결).

⋮

Beck, Ulrich. 2000. *What is Globalization?* Cambridge: Polity.

Brunkhorst, Hauke. 2005. *Solidarity: From Civic Friendship to a Global Legal Community*. Cambridge: MIT Press.

Clark, Burton R. 1983. *The Higher Education System: Academic Organization in Cross-National Perspective*. Berkeley and Los Angeles, CA: University of California Press.

Collins, Patricia H. 2010. "The New Politics of Community". *American Sociological Review*. 75(1): 7-30.

Corning, Peter. 2011. *The Fair Society: The Science of Human Nature and the Pursuit of Social Justice*. Chicago: The University of Chicago Press.

Delanty, Gerard. 2010. *Community*. London, NY: Routledge.

DiMaggio, Paul J. and Walter W. Powell. 1983. "The Iron Cage Revisited: Institutional Isomorphism and Collective Rationality in Organizational Fields". *American Sociological Review*. 48(2): 147-160.

Dawkins, Richard. 1976. *The Selfish Gene*. Oxford: Oxford University Press.

Duderstadt, James J. 2000. *A University For the 21st Century*(이철우 · 이규태 · 양인 옮김. 2004.《대학혁명—미국 대학 총장의 고뇌》. 성균관대학교출판부).

Etzkowitz, Henry, Andrew Webster, and Peter Healey. 1998. *Capitalizing Knowledge*. Albany, NY: State University of New York Press.

Evans, Peter B. 1995. *Embedded Autonomy: States and Industrial Transformation*. Princton, NJ: Princeton University Press.

Evans, Peter B., Dietrich Rueschemeyer, and Theda Skocpol(eds.). 1985. *Bring- ing the State Back In*. Cambridge: Cambridge University Press.

Feuer, Lewis S. 1968. *The Conflict of Generations: The Character of and Significance of Student Movements*. NY: Basic Books.

Giddens, Anthony. 1997. *Sociology*(김미숙 외 옮김. 1998.《현대사회학》. 을유문화사).

Heberle, Rudolf. 1951. *Social Movements: An Introduction to Political Sociology*. New York: Appleton-Century-Crofts.

⋮

Held, David, Anthony McGrew, David Goldblatt and Jonathan Perraton. 1999. *Global Transformations: Politics, Economics, and Culture*. Stanford, California: Stanford University Press.

Hirschman, Albert O. 1994. "Social Conflicts as Pillars of Democratic Market Society". *Political Theory*. 22(2): 203-218.

Hirst, Giles, Daan Van Knippenberg and Jing Zhou. 2009. "A Cross-Level Perspective on Employee Creativity: Goal Orientation, Team Learning Behaviour and Individual Creativity". *Academy of Management Journal*. 52(2): 280-293.

IMD. 2012. *IMD Competitiveness Yearbook*.

Johson, Chalmers. 1982. *MITI and Japanese Miracle: The Growth of Industrial Policy, 1925-1975*. Stanford: Stanford University Press.

Kaletsky, Anatole. 2010. *Capitalism 4.0: The Birth of New Economy in the Aftermath Crisis*. London: Blumsbury.

Kaplan, David. 2003. "Measuring Our Competitiveness: Critical Examination of the IMD and WEF Competitiveness Indicators for South Africa". *Development Southern Africa*. 20(1): 75-88.

Katznelson, Ira. 1997. "The Subtle Politics of Developing Emergency: Political Science as Liberal Guardianship". pp.233-258 in Chomsky, Noam et al. *The Cold War and the University: Toward an Intellectual History of the Postwar Years*(정연복 옮김. 2001. 《냉전과 대학—냉전의 서막과 미국의 지식인들》. 당대).

Keese, Mark and Jae Hung Lee. 2002. "Older but Wiser: Politics to Improve labor market Outcomes for Older Workers in Korea". a paper presented at KLI-IWE-OECD Conference on Labor Market Policies in an Aging Era. Seoul.

Krugman, Paul. 1994. "Competitiveness: A Dangerous Obsession". *Foreign Affairs*. 73(2):28-44.

_____. 1998. *The Accidental Theorists*(김이수 옮김. 2002. 《우울한 경제학자의 유쾌

한 에세이》. 부키).

Lall, Sanjaya. 2001. "Competitiveness Indices and Developing Countries: An Economic Evaluation of the Global Competitiveness Report". *World Development*. 29(9):1501-1525.

Lipset, Seymour M. 1960. *Political Man: Where, How and Why Democracy Works in the Modern World*. Garden City, NY: Doubleday & Company.

Lipset, Seymour M. and Stein Rokkan. 1967. "Cleavage Structures, Party Systems, and Voter Alignments: An Introduction". pp. 1-64 in Lipset, Seymour M. and Stein Rokkan(eds.). *Party Systems and Voter Alignments: Cross-National Perspectives*. New York: Free.

Lenzer, Robert, and Stephen S. Johnson. 1997. "Seeing Things as They Really Are". Forbes. 159(5):122-128.

Lewontin, Richard C. 1997. "The Cold War and the Transformation of the Academy". pp.1-34 in Chomsky, Noam et al. *The Cold War and the University: Toward an Intellectual History of the Post-war Years*(정연복 옮김. 2001.《냉전과 대학—냉전의 서막과 미국의 지식인들》. 당대).

Lopez-Claros, Augusto et al. "The Global Competitiveness Index: Identifying the Key Elements of Sustainable Growth". in Michael Porter et al.(eds.). *The Global Competitiveness Report 2006-2007: Creating an Improved Business Environment*. Palgrave Macmillan.

Mannheim, Karl. 1952. *Essays on the Sociology of Knowledge*, edited by Paul Kecskemeti. New York: Oxford University Press.

Meyer, John and Brian Rowan. 1977. "Institutionalized Organizations: Formal Strucure as Myth and Ceremony". *American Journal of Sociology*. 83(2):340-363.

Mittleman, James. 2000. *The Globalization Syndrome: Transformation and Resistance*. Princeton, NJ: Princeton University Press.

Montgomery, David. 1997. "Introduction: Prosperity under the Shadow of the

Bomb". pp. xi-xxxvii in Chomsky, Noam et al. *The Cold War and the University: Toward an Intellectual History of the Post-war Years*(정연복 옮김. 2001.《냉전과 대학—냉전의 서막과 미국의 지식인들》. 당대).

Mouffe, Chantal. 1993. *The Return of the Political.* London: Verso.

Myles, John. 2002. "A New Social Contract for the Elderly?" pp.130-173 in Gøsta Esping-Andersen, Duncan Gallie, Anton Hemerijk and John Myers(eds.). *Why We Need a New Welfare State.* New York, NY: Oxford University Press.

Obama, Barack 2006. *The Audacity of Hope*(홍수원 옮김. 2007.《버락 오바마 담대한 희망》. 랜덤하우스코리아).

OECD. 2011. *OECD Better Life Initiative.*

______. 2012. *OECD Employment Outlook 2012.*

Ozawa, Terutomo. 1992. "Foreign Direct Investment and Economic Development". *Transnational Corporations.* 1:27-54.

Pampel, Fred. 1998. *Aging, Social Inequality and Public Policy.* Thousand Oak, CA: Pine Forge Press.

Park, Gil-Sung, and Kyung-Pil Kim. 2008. "Financial Crisis and Minority Shareholders' Movement in Korea: The Unfolding and Social Consequences of the Movemen". *Korean Journal of Sociology.* 42(8):59-76.

Porter, Michael. 1990. *The Comparative Advantage of Nations.* Macmillan.

Posner, Roy. "What are Society's Values". http://www.gurusoftware.com/Guru Net/Social/Topics/Values.htm

Preston, Samuel. 1984. "Children and the Elderly: Divergent Paths for America's Dependents". *Demography.* 21(4):435-457.

Putnam, Robert. 2000. *Bowling Alone: The Collapse and Revival of American Community.* New York: Simon and Schuster.

Readings, Bill. 1996. *The University in Ruins.* Cambridge, MA: Harvard University Press.

Sala-I-Martin, Xavier, Benat Bilbao-Osorio, Jennifer Blanke, Margareta D. Hanouz, and

Thierry Geiger. 2011. "The Global Competitiveness Index 2011-2012:Looking Beyond the Global Economic Crisis". pp. 3–49 in *The Global Competitiveness Report 2010-2011*. Geneva: World Economic Forum.

Sandel, Michael J. 2009. *Justice: What'd the right thing to do?* New York: Farrar, Straus and Giroux.

Sennett, Richard. 2012. *Together: The Rituals, Pleasures, and Politics of Cooperation*. Yale University Press.

Shils, Edward. 1983. *The Academic Ethic*(안계춘 옮김. 1992. 《대학의 이념과 학문의 윤리》. 나남).

Slaughter, Sheila, and Larry Leslie. 1997. *Academic Capitalism: Politics, Policies, and Entrepreneurial University*. Baltimore, MD: The Johns Hopkins University Press.

Sommer, John ed. 1995. *Academy in Crisis: The Political Economy of Higher Education*. New Brunswick, NJ. Transaction Publishers.

Torres-Gil, Fernando M. 1993. "Interest Group Politics: Generational Changes in the Politics of Aging". pp.239–258 in Vern L. Bengtson and W. Andrew Achenbaum(eds.). *The Changing Contract across Generations*. New York, NY: Walter de Gruyter.

Viroli, Maurizio. 1999. *Repubblicanesimo*(김경희·김동규 옮김. 2006. 《공화주의》. 인간사랑).

Wade, Robert. 1990. *Governing the Market: Economic Theory and the Role of Government in East Asian Industrialization*. Princeton, NJ: Princeton University Press.

Wallerstein, Immanuel. 1997. "The Unintended Consequences of Cold War Area Studies". pp.195–231 in Chomsky, Noam et al. *The Cold War and the University: Toward an Intellectual History of the Post-war Years*(정연복 옮김. 2001. 《냉전과 대학—냉전의 서막과 미국의 지식인들》. 당대).

Weiss, Linda. 1998. *The Myth of Powerless State: Governing the Economy in an*

Global Era. Cambridge, UK: Polity Press.

WEF. 2012. *The Global Cometitiveness Report 2012-2013*. WEF:Geneva.

Wilde, Lawrence. 2007. "The Concept of Solidarity: Emerging from the Theoretical Shadow?". *British Journal of Politics and International Relations* 9: 171-181.

Williamson, John. 1990. "What Washington Means by Policy Reform". pp. 7-20 in John Williamson(ed.). *Latin America Adjustment: How Much Has Happened?* Washington D.C.: Institute of International Economics.

Wohl, Robert. 1979. *The Generation of 1914*. Cambridge, MA: Harvard University Press.

Wolff, Richard and Stephen Resnick. 1987. *Economics: Marxian Versus Neoclassical*. Johns Hopkins University Press.

Wu, Wann-Yih et al. 2004. "An Integration of Approaches for the Evaluation of National Competitiveness: A Survey of Laos". *Asia Pacific Management Review*. 9(2):247-263.

Wyatt, John. 1999. *Commitment to Higher Education: Academic Organization in Cross-National Perspective*. Buckingham: The Society for Research into Higher Education and Open University Press.

Zemsky, Robert and Gregory Wegner. 1998. "A Very Public Agenda". *Policy Perspectives*. 8(2). Philadelphia: Knight Higher Education Collaborative.

Brooks, David. 2009. "The Long Voyage Home". in *The New York Times*. 2009.05.04.

Fukuyama, Francis. 2008. "Back to the End of History". in *Newsweek*. 2008.09.19.

김기천. 2009. 〈웰치와 그린스펀의 반성〉. 《조선일보》. 2009.03.17.

남윤호. 2013. 〈논객 송호근이 '벼랑끝 50대'에게 말을 건 사연〉. 《중앙일보》. 2013.03.08.

⋮

박길성. 2008d. 〈대학은 제 몫을 했나〉. 《조선일보》. 2008.07.09.

______. 2008e. 〈적과의 동침〉. 《조선일보》. 2008.08.07.

박효종. 2010. 〈친서민 담론의 함정〉. 《중앙일보》. 2010.08.28.

《내일신문》. 2007.06.07.

《동아일보》. 〈IMD 국가경쟁력 지수 대응〉. 2006.07.12.

《동아일보》. 〈IP 세대〉. 2008.09.30 – 2008.10.11.

《동아일보》. 2010. 9. 10.

《매일경제》. 〈대한민국 뉴파워 1525세대〉. 2009.04.01.

《문화일보》. 2010.09.07.

《월간중앙》. 2009. 2009년 11월호. 중앙일보 시사미디어.

《조선일보》. 2008.08.07.

《조선일보》. 2010.01.25.

《중앙일보》. 2010.07.22.

《한국경제》. 2006.12.31.

《헤럴드경제》. 2010.09.27.

논문 발표 및 수록지

이 책에 실린 글은 아래에 명시한 문헌을 바탕으로 새로이 재구성되었음을 밝힌다.
논문이 게재된 잡지, 저작 및 학술회의를 편집, 출간, 기획한 분들께 감사를 드린다.

제2장

〈한국사회의 갈등지형과 경향〉. 《한국사회》. 2008. 9(1):5-29.

〈사회통합을 위한 공동가치〉. 굿소사이어티 엮음. 《사회통합의 새로운 지평》. 영림카디널. 2010. pp.17-49.

제4장

〈왜 세대인가〉. 《계간사상》. 2002. 54: 8-27.

〈세대와 한국사회—정치사회적 시각〉. 한국정치사회학회 특별심포지엄 발표논문. 2009.

〈한국사회의 세대갈등—연금과 일자리를 중심으로〉. 《한국사회》. 2011. 12(1): 3- 25.

제5장

〈글로벌 스탠더드의 배반과 또 한 번의 위기—외환위기 이후 한국사회의 변화〉. 《현대사회와 문화》. 2008. 27:35-61.

〈한국 대학 어디로 가나〉. 고려대 사회학 콜로키엄 150회 기념 특별심포지엄 기조연설.

⋮

제6장

〈글로벌 스탠더드의 배반과 또 한 번의 위기—외환위기 이후 한국사회의 변화〉. 《현대사회와 문화》. 2008. 27: 35-61.

〈글로벌 스탠더드로서의 국가경쟁력 지수에 대한 비판적 검토〉. 《한국사회》. 2006. 7(1):173-200.

제7장

〈사회통합을 위한 공동가치〉. 굿소사이어티 엮음. 《사회통합의 새로운 지평》. 영림카디널. 2010. pp.17-49.

제8장

〈사회적 연대, 누구와 어떻게 조화할 것인가〉. 김세원 외. 《페어 소사이어티》. 2011.

찾아보기

인명

⋮

용어

⋮

인문사회과학총서77

사회는 갈등을 만들고 갈등은 사회를 만든다

초판발행 2013년 6월 25일
초판 4쇄 2019년 2월 25일
지은이 박길성
펴낸곳 고려대학교출판문화원
www.kupress.com
kupress@korea.ac.kr
02841 서울특별시 성북구 안암로 145
02-3290-4230, 4232
Fax 923-6311
찍은곳 한국컴퓨터인쇄정보

ISBN 978-89-7641-824-1 94330
ISBN 978-89-7641-359-8 (세트)

값 14,000원
* 잘못 만들어진 책은 바꿔드립니다.